팩트체크의 정석

사실과 거짓은 어떻게 판단하는가

이 도서의 국립중앙도서관 출판예정도서목록(CIP)은 서지정보유통지원시스템 홈페이지(http://seoji.nl.go.kr)와
국가자료종합목록 구축시스템(http://kolis-net.nl.go.kr)에서 이용하실 수 있습니다.
CIP제어번호: CIP2020024366

팩트체크의 정석

사실과 거짓은
어떻게 판단하는가

| 박세용 지음 |

한울

기자한테 질문 받는 기자

"팩트체크 아이템을 대체 어떻게 찾나요?"

어느 시상식장에서 받은 질문이다. 상을 받게 된 팩트체크 보도에 대해 여러 사람 앞에서 브리핑하고 나니, 대뜸 이런 질문이 들어왔다. 질문한 사람은 다른 언론사 기자였다. 그 기자도 팩트체크 담당이었다. 경쟁 상대인 타사 기자로부터 아이템 찾는 법을 질문 받고 나니 당혹스러웠다. '영업 비밀' 좀 알려달라는 공개적인 요청이었기 때문이다. 특별할 것 없다는 취지로 웃으면서 답변하고 넘어갔지만, 사실 그 기자도 정답은 알고 있었을 것이다.

정답은 이슈와 정면으로 맞서야 한다는 것이다. 이슈를 피하면 팩트체크는 살아남을 수 없다. 대중의 이목이 쏠리지 않은 쟁점을 팩트체크한다면 누가 그 기사에 관심을 갖고 클릭하겠는가. 실제로 야심차게 팩트체크 코너를 시작했다가 어느새 없앤 언론사도 있다. 팩트체크 보도도 수많은 스트레이트 기사 또는 기획 기사와 경쟁하면서 대중의 소비와 유통을 기다릴 뿐이다. 그래서 여러 기자가 벌떼처럼 달라붙어 있는 사회적 이슈에 팩트체크 담당 기자도 괴롭지만 뛰어들어야 한다. 어디

비집고 들어가 콘텐츠를 만들어낼 틈은 없을까, 뭔가 다른 시각으로 새로운 것을 발굴할 수는 없을까, 집요하게 탐색해야 한다.

이 책은 그 집요한 탐색을 응축한 결과물이다. 이슈를 중심으로 끈질기게 팩트체크 보도를 이어온 만큼 책의 목차부터 흥미로워졌다. 책에서 다룬 소재 가운데 '청년수당'이나 '출산장려금' 등은 지금도 한국 사회에서 이슈인 논쟁적인 키워드다. 이 책에서는 여러 이슈 가운데 팩트체크 아이템을 어떻게 선정했고, 사실과 거짓을 어떻게 판단했으며, 그 판단은 현재 시점에서 사실에 부합하는지 되돌아봤다. 팩트체크 담당 기자도 신이 아닌 만큼 언제든지 틀릴 수 있기 때문이다. 그런 오류는 보도 이후 시간이 흐르면서 서서히 확인되기도 한다.

사실 이 책의 본질은 팩트체크 방법론에 대한 것이다. 팩트체크 저널리즘의 실무 사례집 느낌이다. 기자가 '사실'과 '사실이 아닌 것'을 어떻게 판단했는지 구체적으로 풀어냈기 때문이다. 자칫 지루해질 수 있는 방법론을 흥미를 끄는 여러 소재들로 엮어서 책으로 묶었다. 딱딱한 법조문보다 실제 판례가 읽기에 더 재미있고 가슴에 와 닿는 법이다. 이 책도 마찬가지이다. 술술 읽다 보면 취재진이 사실 확인을 대체 어떻게 한 것인지, 기사를 어떻게 쓴 것인지 감을 잡게 될 것이다. 팩트체크 보도의 이면이 궁금한 사람들, 특히 미디어에 관심 있는 사람이나 언론사 지망생에게 이 책이 작은 도움이 되길 바란다.

팩트체크 보도의 숙명에 대해 한 가지 덧붙여야겠다. 팩트체크는 기계적 균형과는 거리가 멀다. 대중의 관심이 쏠린 이슈에 대해 무엇이 사실이고, 사실이 아닌지를 가려낼 뿐이다. 그러다 보니 정치적 쟁점을 다룰 때는 곤혹스러워진다. 어떤 정치인의 발언이 사실이 아니라고 팩트체크 하면 당사자는 '저격' 당했다고 생각할 수 있다. 그래서 팩트체크 담당 기자는 해당 정치인과 지지자들로부터 공격과 비난을 받는 것이 다반사다. 팩트 자체는 정치적이지 않지만, 정치적으로 소비되기 때문에 이런 비난은 감수하면서 묵묵하게 팩트를 기록해야 한다.

이 책에 담긴 어떠한 내용이든 SBS의 입장과는 아무 관련이 없다는 점을 미리 밝혀둔다.

제1장

팩트를 가진 사람,
대체 누구일까?

'국민 밉상'의 훈민정음 상주본,
1조의 근거는 있을까?

    뉴스에는 가끔 국민적인 '밉상'이 등장한다. 『훈민정음해례본』 '상주본'을 갖고 있는 것으로 알려진 배익기 씨가 그렇다. 나라의 국보급 문화재를 숨겨두고선 이 해례본에 대한 대가로 "1000억 원을 달라"라고 벌써 몇 년째 주장하고 있으니 온라인에서 그를 옹호하는 사람을 찾기는 어렵다. 매년 한글날이면 아직도 그걸 숨겨두고 있는 배익기 씨 관련 뉴스가 보도되기도 한다. 국보급 문화재를 나라에 기증해 잘 관리해 달라고 하면 미담 기사가 될 텐데, 어디 꽁꽁 숨겨두고 거액을 달라고 하니 국민 밉상이 될 수밖에 없다.

    『훈민정음해례본』은 1446년 훈민정음의 창제 원리와 그 문자의 소리 내는 법 등을 담은 것으로, 목판으로 찍은 한 권짜리 책이다. 사실 한 권이 더 있는데 그 책은 세계기록유산으로서 이미 국보 제70호로 지정되어 있다. 배익기 씨가 숨겨두고 있는 책은 국보 제70호와 똑같이 생긴 것이다. 지역 이름을 빌려 '상주본'이라고 부른다. 문화재청은 어

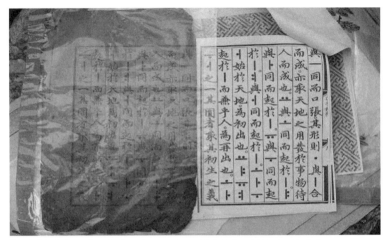

『훈민정음해례본』 상주본(왼쪽)과 국보 제70호 복사본(오른쪽)을 비교한 사진.
자료: 문화재청 도난문화재 정보 사이트.

디 있는지 알 수 없는 상주본이 현재 국보 제70호보다 상태가 더 좋을 것으로 추정하고 있다. 실물을 본 사람은? 아마 배익기 씨 말고는 문화재청에도 거의 없을 것이다. 상태가 더 좋다는 것도 배 씨가 한 번 공개한 적 있는 상주본 '사진'을 근거로 추정할 뿐이다.

무엇을 팩트체크 할 것인가

배익기 씨가 국민들의 미움을 산 본질은 '돈' 때문이다. 100만 원도, 1000만 원도 아니고, 1000억 원이라니. 새로운 문자를 만든 창제자를 밝히고 그 문자를 해설한 책을 낸 것은 세계적으로 유사한 사례를 찾아볼 수 없는 일이라고 한다. 그래도 그렇지, 1000억 원이라니. 2019년 7월 상주에서 지진이 났다는 기사가 뜨자, 누군가가 배익기 씨 집 천장은 안 무너졌느냐고 댓글을 달 정도였다. 배 씨는 상주본 은닉처에서 불이 나는 바람에 일부가 타버린 상주본 사진을 공개해서 국민들 가슴에 불을 지르기도 했다. 배 씨는 나중에 대법원에서 무죄가 최종 확정되긴 했지만, 한때 상주본 절도 혐의로 구속된 적까지 있는 사람이다. 국가에 내놓을 생각이었다면 벌써 내놓았을 것이다.

안동MBC가 상주본을 촬영해 대중에게 처음 공개한 것은 2008년. 매듭은 풀리지 않고 있었다. 핵심은 돈이다. 그는 왜 1000억 원을 달라고 하는 것일까. 배익기 씨는 2018년 국회 국정감사에 증인으로 나와서 자신의 주장에 대한 근거를 설명한 바 있다.

> "상주본을 국가에 돌려주는 조건으로 1조 원을 요구한 적 없습니다. 다만 문화재청에서 그게 최소 1조 이상의 가치가 나온다고 감정을 했기 때문에 최소한 10분의 1 정도로, 관행은 20%까지이지만 10분의 1 정도를 주면 돌려줄 수 있다, 그런 얘기는 한 적은 있습니다."
> _ 2018년 국회 문화체육관광위원회 국정감사(2018년 10월 29일)

'1000억 원' 요구가 어디서 처음 시작되었을까 찾아보니, 그 뿌리는 문화재청 감정에 있다는 게 배익기 씨의 주장이었다. 그렇다면 문화재청이 상주본을 1조 원으로 감정한 것은 과연 사실일까?

어떻게 팩트체크 할 것인가

사실 난 편견을 갖고 있었다. 일반 국민들과 마찬가지로 나 또한 배익기 씨에 대해 비판적인 감정을 어느 정도 갖고 있었다. 그래서 검증을 해봐야 알긴 하겠지만, 문화재청이 상주본을 1조 원으로 감정한 적이 과연 있을까, 의문이 들었다. 마침 2019년 7월에는 "상주본 가치 1조 원은 오도"라는 제목의 기사가 보도되기도 했다. 문화재청이 '1조 원'으로 감정한 적이 없는데 배익기 씨가 있지도 않은 감정을 근거로 삼는 것이 아닌가 의심하는 마음도 있었다. 그래서 가장 먼저 취재한 쪽은 배익기 씨가 아니라 문화재청 쪽이었다. 배 씨를 먼저 취재하면 같은 주장만 반복할 가능성이 높다고 판단한 것이다. 문화재청을 먼저 취재해야 효율적일 것 같았다.

문화재청 관계자는 '예상대로' 1조 원으로 감정한 적이 없다고 설명했다. 문화재청은 문화재 감정 업무를 하긴 하지만 가격을 매기는 감정 자체를 하지는 않는다는 것이다. 과거 유물평가 회의가 열린 적이 있는데, 거기서 상주본에 대해 1조 원의 상징적인 가치를 지니고 있다고 한 건 맞지만 "상주본이 1조 원이다"라고 감정한 적은 없다는 해명이었다. 1조 원은 엄청난 가치가 있다는 취지에서 나온 상징적인 표현일 뿐인데, 배익기 씨가 그 표현을 덜컥 가져와 1000억 원을 달라는 근거로 악용하고 있다는 것이 문화재청의 핵심 주장이었다. 이는 당시 다른 언론사 보도와도 일치하는 내용이었고, 배익기 씨가 억지 주장을 하고 있을 것이라는 짐작에도 들어맞는 해명이었다. 다만 '1000억 원' 요구에 근거가 전혀 없다고 보도하기는 부족하다고 봤다. 상징적이든 실질적이든 '1조'라는 표현은 문화재청으로부터 나온 것이 맞기 때문이다.

그다음엔 고서의 금액을 전문적으로 감정하는 민간 감정사를 취재하기로 했다. 다들 취재에 응하는 것을 부담스러워했다. 한 감정사를 어렵게 접촉했다. 그는 상주본 가치에 대해 1조 원은 터무니없는 금액이라고 말했다. 2004년에 세계에서 가장 오래된 금속활자본인『직지심체요절』이 '8700억 원'의 문화적 가치가 있다는 연구 결과가 나온 적이 있는데, 상주본은 『직지심체요절』과 비교하면 가치가 떨어진다는 것이 그 감정사의 주장이었다. 『직지심체요절』은 '전 세계에서 가장 오래된'이라는 수식어가 붙지만 상주본은 『직지심체요절』보다 오래되지도 않았을뿐더러 한국에만 국한된 문화재이기 때문이라는 게 감정사의 논리였다. 감정사 한 명의 주관적인 판단이기는 하지만 기사의 톤을 조절하는 데는 도움이 된다고 판단했다. 특히 '1조 원'은 터무니없는 금액이라고 했으니 배익기 씨가 '1000억 원'을 달라고 하는 것도 부당하게 느껴졌다. 돌이켜 보면, 기자는 이럴 때 자신이 취재한 내용이 '팩트'에 가깝다고 믿기 쉬워지는 것 같다. 보도의 방향을 머릿속으로 정리했다.

보도하기로 한 날, 예상치 못한 반전이 생겼다. 반론을 듣기 위해 배익기 씨를 접촉했는데 그는 '1조 원'의 근거 자료를 보내주겠다고 했다. 뭘 보낸다는 거지? 궁금했다. 자료를 받아보니, 문화재청이 2011년 작성한 공문의 사본이었다. 받는 기관은 대구지방검찰청 상주지청장이었다. 제목은 "[훈민정음해례본] 압수 대상 문화재에 대한 평가심의 결과 통보"라고 되어 있는데, 뒷장에 '붙임' 문건이 있었다. 그 문건의 제목은 "훈민정음해례본 감정평가서"였다. 특히 심의 내용은 "상주본의 금전적 환산 가치 또는 감정가액에 대해서"라고 되어 있었다. 배익기 씨는 국정감사에서 문화재청이 상주본을 '감정'했다고 주장했는데, '감정평가서'라는 문건이 실제로 있었던 것이다. 감정평가서에는 문화재청장 직인이 찍혀 있다. 만일 1000억 원의 대가를 주장한 배익기 씨한테 곧바로 근거가 뭔지 물어봤으면 취재가 더 효율적이었을 것이다.

이 문건이 생산된 배경을 알아보니 이러했다. 조 모 씨라는 사람이 자신의 골동품상에서 배익기 씨가 상주본을 훔쳐 갔다면서 민사소송을 제기해 이겼다. 검찰은 이 판결을 근거로 배익기 씨를 '문화재보호법' 위반 혐의로 재판에 넘겼는데, 그 과정에서 상주본이 얼마짜리인지 판단하기 위해 2011년 문화재청에 공문을 보내 감정평가를 의뢰했다. 그 물음에 대한 답변으로 문화재청이 '훈민정음해례본 감정평가서'를 작성해 대구지검 상주지청장 앞으로 보낸 것이다.

감정평가서에는 '1조 원'이라는 표현이 있을까? 실제로 있었다. '1조 원 이상'이 볼드체로 처리되어 있었다.

> '훈민정음해례본 상주본'은 가격을 산정할 수 없는 무가지보로 한번 멸실되면 다시 재생산할 수 없는 민족적 자산에 해당한다. 자국의 문자와 관련된 세계 유일의 문화유산에 대한 금전적 판단이 부적절하나 굳이 그 가치를 따진다면 **1조 원 이상**으로 판단된다.

여기까지는 1조 원의 근거가 있는 건지, 판단이 애매해 보였다. '1조 원'을 상징적 의미로 썼을 뿐이라는 문화재청과, 문화재청이 '1조 원'으로 감정했다는 배익기 씨의 주장, 둘 다 완전히 틀린 말은 아닌 것 같았다. '1조 원'이라는 표현이 어떻게 나온 것인지 그 맥락을 확인해야 했다. 문화재청 감정평가서에는 이런 추가 설명이 있었다.

- 현존하는 세계 최고의 금속활자본인 '직지'의 경제적 가치가 1조 원 이상으로 평가된 전례가 있음(앞서 『직지심체요절』은 2004년 충북개발연구원 보고서에서 8700억 원으로 평가되었으나 문화재청은 '1조 원 이상'으로 표현하고 있었다)

- 국보 제83호로 지정된 '금동미륵보살반가상'은 1996년 미국 애틀랜타 올림픽 문화 교류전에 출품될 당시 5000만 달러의 보험에 가입(보험가는 유물감정가의 0.1~0.25% 수준에서 책정)
- 거래의 관점에서 문화재의 가치는 논할 수 없지만, 국민 1인당 평균 지출 금액을 바탕으로 '창덕궁'은 연간 3097억 원, '팔만대장경판'은 연간 3079억 원의 평가가 가능하다는 결론이 나온 적 있음

문화재청은 이러한 사례들을 근거로 상주본은 창덕궁이나 팔만대장경판보다 수십 배 이상의 무형적 가치를 지니고 있다고 결론을 내렸다. 결국 '1조 원'이라는 금액이 아무런 근거 없이 상징적 측면에서만 나왔다고 보기는 힘들었다. 금액을 평가하기에 부적절하다고 계속 토를 달면서도 문화재청은 어쨌든 나름대로 근거를 들어 '1조 원'이라는 금액을 검찰에 알려준 것이다. 물론 배 씨가 보내온 문화재청 공문 사본이 가짜일 가능성도 있었다. 그래서 당시 회의에 참석한 문화재청 관계자가 누구인지 여러 경로로 확인해, 문건 내용이 사실인지 일일이 크로스체크 해야 했다. 문화재청 관계자는 공문의 존재와 내용을 부인하지 않았다. '문화재청이 상주본의 가치를 1조 원으로 감정한 적 있다'는 배익기 씨의 주장을 사실과 전혀 다르다고 보기는 어려웠다.

그렇다면 '1조 원'은 정확한 금액일까? 비교 대상이 된 『직지심체요절』의 값어치가 어떻게 나온 것인지 추가 확인을 해야 했다. 보도의 톤을 조절하려면 이런 배경까지 파악해야 한다. 『직지심체요절』은 문화재 감정사들이 매긴 것이 아니고, 경제학 학위 논문에 나온 금액이었다. 또 창덕궁과 팔만대장경판의 값어치는 일반인을 대상으로 한 설문조사에서 나온 것으로 확인되었다. 한 민간 감정사는 고서의 가치를 평

가할 때 그것의 부가가치를 합해서 감정한다고 설명하면서도, 앞서 소개한 『직지심체요절』과 창덕궁, 팔만대장경판의 금액은 신뢰하지 않는다고 했다.

　감정사의 평가 방법과 경제학자의 평가 방법은 서로 다르기 때문에 누가 정확하게 맞다고 판단하기는 어려웠다. 이렇게 정답이 없는 수치를 근거로 문화재청이 '감정평가서'에 상주본을 1조 원 이상이라고 언급한 것이 현재 1000억 사태의 시발점이 되었던 것이다. 기사를 처음부터 다시 써야 했다. 팩트는 예상과 달리 미묘하고 복잡했다.

팩트체크 그 후　　　취재 당시 문화재청은 배익기 씨를 고발하는 방안을 검토

중이라고 했다. '문화재보호법' 제92조에 따르면 국가의 '지정문화재'를 훔치거나 숨기면 3년 이상의 유기징역에 처한다고 되어 있다. 그런데 상주본은 아직 지정문화재가 아니다. 문화재청은 도난문화재 정보 사이트에서 상주본을 '비지정문화재'로 소개하고 있다. 비지정문화재는 말 그대로 '문화재보호법' 등에 의해 지정되지 않은 문화재 가운데 보존할 만한 가치가 있는 문화재를 뜻한다. 아마 문화재청이 상주본의 실체를 육안으로 확인하지 못한 상황이어서 상주본이 비지정문화재로 관리되고 있을 것이다.

2019년 한글날에도 상주본 보도가 잇따랐다. 고등학생들이 배익기 씨를 찾아갔다는 기사도 나왔다. 학생 900여 명이 상주본 반환을 촉구하는 서명을 하고 손편지를 써서 배 씨에게 전달했다고 한다. 선물이라고 하지만 선물은 아닌 '멈춘 시계'도 주었다고 한다. 멈춘 시계는 국가의 품으로 돌아오지 못하고 있는 상주본을 상징한다고 학생들은 설명했다. 배 씨는 학생들에게 반환은 말도 안 된다는 취지로 설명한 것으로 보도되었다.

문화재청이 배익기 씨를 고발했다는 소식은 아직 들려오지 않고 있으며, 배익기 씨 또한 문화재청의 감정을 근거로 '1000억 원을 달라'라는 요구를 여전히 거둬들이지 않고 있다. 매년 한글날이 되면 배 씨의 주장은 또 다시 언론의 주목을 받게 될 것이다.

하얀 카니발의 타다,
11인승이라 법적 문제 없다?

하얀색 카니발로 상징되는 '타다'. 한때는 '타다' 두 글자만 들어가면 기삿거리가 되었다. 그만큼 보도할 가치가 높은 것처럼 여겨졌다. 길거리에 차량이 워낙 많이 보이는 데다, 이용객은 늘고 택시업계와의 갈등은 점점 심해지고 있었기 때문이다. 택시업계는 2019년 2월 타다를 검찰에 고발했다. 몇 달 뒤에는 한 택시기사가 극단적인 선택을 하고 말았다. '카풀 OUT'에 이어 '타다 OUT'을 외치면서 서울광장 근처에서 분신을 한 것이다. 타다의 모회사 쏘카의 이재웅 대표는 SNS에 분신은 안타까운 일이지만 죽음은 정당한 문제제기 방식이 아니라는 글을 올렸다.

무엇을 팩트체크 할 것인가

타다는 자신들이 "합법"이라고 주장했지만, 택시업계는 사실상 택시 영업이라면서 "불법"이라고 맞섰다. 그런데 위법 여부에 대한 보도는 타다에 무척 유리한 쪽으로 쏠리고 있었다. 상당수 언론이 타다는 합법이며 법적 문제는 일단락되었다는 식으로 보도하고 있던 것이다. 근거는 간단했다. 국토교통부가 타다는 합법이라고 유권해석을 해주었다는 것이다. 실제로 포털 사이트에서 '국토부 타다 유권해석 합법'이라는 키워드로 검색을 해보면 기사가 상당히 많이 나온다.

- "타다 측은 국토부로부터 합법이라는 유권해석을 받아 영업에 돌입했다."
- "국토부도 타다 서비스에 대한 유권해석을 마쳤고 문제가 없다는 입장이다."
- "국토부도 타다가 시범운영을 시작한 2018년 10월엔 합법이라고 유권해석을 내렸다."

근데 택시업계는 왜 불법이라고 주장하고 있을까? 이건 합법일까, 불법일까? 시청자 입장에서는 궁금한 사안이겠지만 사실 팩트체크 보도가 손을 대기에는 부담스러운 쟁점이었다. 기자가 판사도 아니고, 불법 여부를 명쾌하게 가려줄 수는 없다. 늘 조심스럽다. 하지만 국토부가 합법이라고 결론을 내린 게 사실인지, 그렇다면 택시업계는 멀쩡히 합법이라는 타다에 왜 결사적으로 반대하는 것인지 궁금했다. 반대로 국토부가 합법으로 결론 내린 게 아니라면? 상당수 보도가 사실과 다른 내용을 전하고 있다는 뜻이니까, 당연히 팩트체크 보도를 해야 한다고 생각했다.

어떻게 팩트체크 할 것인가

복잡한 논란을 쉽게 이해하려면, 타다의 사업 모델을 알아야 한다. 일반인들은 타다가 '렌터카'라는 사실을 잘 모른다. 타다는 렌터카다. 타다 회사가 카니발 렌터카를 빌려주는 것이다. 현행법에 따르면 렌터카를 빌린 사람은 다른 누군가를 목적지까지 태워주고 돈을 받으면 안 된다. 또 렌터카를 빌릴 때는 대개 차가 필요한 본인만 직접 운전을 해야 하므로, 렌터카 회사가 차를 빌려주면서 다른 운전자를 알선해서도 안 된다. 렌터카와 운전자를 함께 제공하면 마치 택시회사처럼 되니까 그건 안 된다는 뜻이다. '여객자동차법' 제34조는 이런 제한 사항들을 자동차대여사업자의 '유상운송 금지'라고 표현하고 있다.

그런데 타다를 부르면 렌터카만 오는 게 아니라 분명 기사가 같이 딸려온다. 타다를 타는 사람이 운전자를 알선받은 것이다. 운전자를 알선하는 것은 법에 금지되어 있는데 어떻게 된 일일까? 바로 예외 조항(시행령 제18조) 때문이다. 법에서는 국내 교통 법규에 익숙하지 않은 외국인이 렌터카를 빌릴 때 운전자도 알선할 수 있도록 예외조항을 만들었다. 또한 장애인도 운전자를 알선받을 수 있고, 꽃 달린 웨딩카도 차량과 함께 운전자 알선이 가능하다. 신랑 신부가 직접 운전하기는 힘들기 때문이다. 그리고 '11인승 이상 15인승 이하 승합차', 즉 카니발도 가능하다. 카니발이 아니어도 11인승 이상 15인승 이하면 운전자 알선이 가능하다. 큰 승합차를 몰아본 사람이 많지 않으니까, 운전에 적응하지 못해서 사고가 날까 봐 운전자 알선이 가능하도록 2014년에 예외조항을 만든 것이다. 타다는 이 조항을 영리하게 이용해 신규 사업을 창출해 냈다.

이 사업에 대해 국토부가 '합법'이라고 유권해석을 내린 게 사실일까? 팩트를 취재하려면 당연히 국토교통부 담당자에게 가장 먼저 확인해야 한다. 담당자는 타다의 사업 모델 자체는 현행법에서 정해놓은 내용을 근거로 하고 있다고 말했다. 택시업계는 '11인승 승합차'에 운전자를 알선해 주는 것은 "관광이 목적일 때만" 가능한데, 타다는 그게 아니니까 불법이라고 주장하며 검찰에 고발한 상태였다. 이에 대해 국토부 담당자는 웨딩카처럼 운전자 알선의 목적을 법에 명시해 놓은 경우도 있지만, 11인승 승합차는 '관광이 목적일 때만 가능하다'라고 법에 정해놓은 바가 없기 때문에 타다의 사업 모델이 명확하게 불법이라고 보기는 어렵다는 취지로 설명했다. 핵심은 '사업 모델' 자체는 현행법 테두리 안에 있다는 것이다.

그럼 국토부가 합법으로 결론을 내렸느냐, 그건 또 아니었다. "타다는 이미 국토부에서 합법 판정을 받고 영업하는 것"이라는 일부 언론 보도와는 뉘앙스가 완전히 달랐다. 국토부 담당자는 타다는 렌터카이기 때문에 시내에서 '배회 영업'을 하면 불법이 된다고 설명했다. 타다 카니발이 택시처럼 손님을 찾는다고 시내를 돌아다니면 문제가 된다는 뜻이다. 또 렌터카는 계약이 끝났으면 차고지로 돌아가 대기해야 하는데, 타다가 손님을 내려준 뒤 그렇게 하지 않으면 역시 문제가 될 수 있다고 했다. 즉, 타다의 '사업 모델' 자체는 불법이 아니지만, 실제로 타다를 어떻게 운영하는지에 따라 불법 여부가 갈릴 수 있다는 것이다. 검찰 판단을 기다려봐야 한다고 했다. 당연하게도 타다가 합법이라고 유권해석을 내린 적은 없다고 국토부 담당자는 밝혔다. 사업 모델은 합법인데, 실제 사업 과정에서 불법 행위가 생길 수 있는 건 타다뿐만 아니라 여러 사업이 다 마찬가지다. 이미 합법이라고 유권해석을 얻었다는 기사는 전혀 사실이 아니었다.

국토부의 유권해석은 없었던 걸로 확인했고, 타다 영업이 불법인지 아닌지를 좀 더 취재해 볼 수 없을까 고민했다. 타다는 택시처럼 길거리에서 손드는 손님을 태울까? 만일 그랬다면 택시기사들이 가만히 있지 않았을 것이다. 당장 채증해서 검찰에 제출했을 것이다. 사람들도 타다는 손을 흔들어 세우는 시스템이 아니라는 것을 알고 있다. 그렇다면 손님을 내려주고 나면 렌터카를 반납하기 위해 차고지로 돌아갈까? 판단이 힘들었다. 길거리를 돌아다니는 카니발이 손님을 찾아서 돌아다니는 것인지, 손님을 태우러 가는 것인지, 아니면 손님을 내려주고 차고지로 돌아가는 것인지, 차량 겉만 봐서는 알 수 없었다.

타다 측은 콜이 지속적으로 오기 때문에, 차고지로 돌아갈 시간도 없이 계속 콜을 이어 받으면서 영업하고 있다고 설명했다. 타다 운행 기록 전체를 강제로 입수한다면 모를까, 언론이 검증하는 데는 한계가 있었다. 그래서 국토부가 합법으로 유권해석했다는 기존 보도는 사실이 아니라고 팩트체크 하고, 실제 영업에 따라 불법이 될 수도 있다는 취지로 보도했다.

팩트체크 그 후 다른 언론사의 보도 뉘앙스도 조금씩 달라지기 시작했다. 팩트체크를 보도하고 5개월 뒤, 검찰은 타다 영업을 불법이라고 판단해 재판에 넘겼다. 타다의 본질은 렌터카가 아니라 '유사택시'라는 것이다. 그걸 타는 사람도 택시를 불러서 탄다고 생각하지, 렌터카를 빌린다고 여기지 않는다는 게 검찰 설명이었다. 따라서 타다가 '여객자동차법'의 '유상운송 금지' 규정을 어겼다는 것이다. 사용자 입장에서는 편리한 혁신 산업에 발목을 잡는다는 비판이 제기되기도 했지만, 2019년 겨울부터는 본격적인 법정 공방이 시작되었다. 서울중앙지방법원은 쏘카 이재웅 대표에게 무죄를 선고했다. 타다의 본질은 콜택시가 아니라 렌터카로 봐야 한다는 게 1심 법원의 판단이었다. 검찰은 항소했다. 이렇게 치열한 법적 다툼이 벌어진 만한 사안을 재판이 시작되기도 전부터 '합법'이라고 보도하는 것은 적절하지 못하다.

2020년 국회의원 총선을 앞두고 있어서였을까. 타다는 송사에 휘말린 데 이어 국회에서도 수세에 몰렸다. 이른바 '타다 금지법'이 일사천리로 추진되기 시작했다. 타다가 사업 모델을 개발한 법적 '빈틈', 즉 승합차 렌터카에 운전자를 알선할 수 있게 한 예외 규정을 손보겠다는 것이다. 예외 규정은 '11인승 이상 15인승 이하'라고 되어 있는데, 여기에 렌트의 '목적'을 명시하겠다는 방향이었다. "관광 목적으로 대여시간이 6시간 이상이거나 대여 및 반납 장소가 공항이나 항만일 경우"에만 운전자를 알선할 수 있게 한다는 개정안이다. 이 법이 통과되면 출퇴근 시간은 물론 단순한 이동 목적일 경우에는 타다를 부를 수 없다. 관광 목적이 아니기 때문이다.

법안은 2019년 12월 국회 상임위원회를 통과했고, 총선을 한 달가량 앞둔 2020년 3월 국회 본회의를 통과했다. 이렇게 특정 업체가 사실상 사업 자체를 할 수 없도록 사후에 법 조항을 고친 것은 보기 드문 사례다. 타다가 찾은 법적 '빈틈'은 졸지에 막혀버렸다. 수도권을 중심으로 사업을 확장해 온 타다에 관광객을 대상으로만 영업하라는 것은 사업을 접으라는 얘기로 들릴 것이다. 쏘카 이재웅 대표는 대표이사 자리에서 물러났다.

박근혜 전 대통령 탄핵 당일,
국가 공권력에 다섯 명이 숨졌다?

2019년 여름, 서울 광화문 앞에서는 '천막 전쟁'이 벌어졌다. 당시 우리공화당이 천막을 설치하면 서울시는 그 천막을 철거했다. 서울시는 우리공화당이 사전 허가 없이 천막을 설치했다면서 천막을 강제 철거하기도 했다. 우리공화당 당원들이 천막 철거를 저지하다가 40여 명이 다치기도 했다. 하지만 철거는 그때뿐, 다시 설치하면 그만이었다. 천막을 46일 만에 겨우 철거했더니, 반나절 만에 다시 설치하는 일이 벌어졌다. 서울시는 또 철거하겠다고 엄포를 놓고, 우리공화당은 다시 설치하겠다고 으름장을 놓고, 기사는 이 상황을 보도하고……. 마치 도돌이표 같았다. 보도 날짜만 다를 뿐, 그게 그 내용이었다.

무엇을 팩트체크 할 것인가

언론은 노동자의 집회를 보도할 때 종종 비판을 받는다. 노동자가 주장하는 내용은 쏙 빼고 시민의 불편에만 초점을 맞춰 보도한다는 이유에서다. 서울시와 우리공화당의 천막 전쟁에 대한 보도에서도 기사의 패턴은 비슷했다. 천막을 왜 설치했는지, 합당한 이유가 있는지 따져보는 기사는 드물었다. 하루하루가 바쁜 사회부 기자가 그 이유를 속속들이 따져보고 기사에 담는 건 쉽지 않다. 우리공화당은 자유한국당보다 더 오른쪽에서 극우적 색채의 목소리를 내왔기 때문에 그전에도 우리공화당의 목소리를 진지하게 담은 기사는 사실 많지 않았다. 이러한 보도 패턴의 연장선상에서 우리공화당과 관련된 천막 기사에서도 수면 위의 갈등이 주로 보도되었다.

하지만 언론이 '설치-철거'의 악순환을 하루 이틀도 아니고 장기간에 걸쳐 중계만 할 수는 없는 일이었다. 대체 무엇을 주장하고 있는지, 사실에 부합하는지, 팩트체크 할 필요가 있다고 느꼈다. 우리공화당은 박근혜 전 대통령이 파면된 2017년 3월 10일에 "태극기집회에 참석한 열사 다섯 명이 경찰의 공권력에 의해 숨졌다"라고 주장하고 있었다. 열사들이 당한 억울한 죽음의 실체를 밝혀야 한다는 것이 천막을 설치하는 핵심적인 이유였다.

어떻게 팩트체크 할 것인가

태극기집회 당시 사망자가 있었다는 사실은 이미 다 보도된 내용이다. 우선 모두 몇 명이 숨졌는지 추려봤다. 우리공화당은 '열사 다섯 명'이라고 했지만, 아무리 세어봐도 네 명이었다. 이들에 대한 사망 원인을 취재하기로 했다. 한 명에 대해서는 법원 판결문이 있었다. 70대 남성이다. 당시 경찰의 소음관리 차량에서 떨어진 대형 스피커에 맞아

병원으로 실려갔고 1시간 20분 만에 숨졌다. 대형 스피커는 왜 떨어졌을까. 태극기집회에 참석한 사람이 무단으로 경찰버스에 올라타서 운전석에 앉은 뒤 버스로 소음관리 차량을 50여 차례 들이받았기 때문이다. 물론 경찰이 잘못한 점도 있다. 경찰은 대형 스피커가 충격을 받아 기울어져 있다는 걸 알고도 스피커를 바닥에 내리지 않은 채 현장을 떠났다. 대형 스피커는 결국 집회 참가자를 덮쳤다.

경찰 소음관리 차량을 들이받은 집회 참가자는 '특수폭행치사', 그러니까 스피커를 흔들리게 해서 결과적으로 사람을 숨지게 한 행위에 대해 재판에 넘겨졌는데 대법원에서 무죄 판결을 받았다. 자기 마음대로 경찰버스 운전석에 앉아 경찰 소음관리 차량을 들이받음으로써 스피커를 직접적으로 흔들리게 한 사람도 무죄가 나왔는데 경찰이 그 스피커를 제대로 관리하지 못했다고 해서 특수폭행치사의 책임을 물을 수 있을까? 집회 참가자의 죽음은 안타까운 일이지만, 이 죽음을 '경찰 공권력에 의한 살인'으로 볼 수는 없었다.

숨진 네 명 가운데 나머지 세 명의 사망 원인을 추가로 확인해야 했다. 모두 60~70대 남성이었다. 사람이 숨지면 경찰은 이게 자연사인지 범죄 혐의가 있는 타살인지 확인해야 한다. 애매하다면 부검을 통해 범죄 증거를 확보할 수 있다. 이 부검 정보는 누가 갖고 있을까. 당연히 경찰이다. 서울지방경찰청에 집회 참가자 세 명이 숨진 사건을 누가 조사했는지 수소문했다. 그는 취재 당시 서울청에 근무하고 있었다. 사망 원인을 누가 조사했는지 여러 사람에게 확인하고, 통화가 연결되는 데만 하루 넘게 걸렸다. 세 명 모두 부검을 했다고 했다. '공권력에 의한 살인'이었다면 숨진 사람들의 몸에서 뭔가 흔적이 나왔을 것이다.

먼저 한 명은 특별한 외상이 없었다. 대형 스피커가 떨어지면서 숨진 남성과 다르게 몸에 외부적인 충격이 가해진 흔적이 없다는 뜻이다. 부검의는 '심인성 급사'로 추정했다고 한다. '심인성 급사'는 사망할 만한 질병이 없는데 갑자기 증상이 생겨서 1시간 이내에 숨지는 경우를 뜻한다. '심장 돌연사'라고 부르기도 한다. 숨진 남성은 태극기집회 당시 갑자기 쓰러져 병원으로 옮겨졌다. 다른 한 명은 서울지하철 안국역에서 헌법재판소로 이동하다가 집회 참가자들에게 떠밀리는 과정에서 쓰러져 병원으로 옮겨졌다. 그는 다음날 숨졌다. 부검의는 역시 특별한 외상이 없다고 결론 내렸다. 마지막 한 명은 3월 10일 태극기집회에서 쓰러져 병원으로 옮겨졌는데 4월 중순에 숨졌다. 부검의는 '심정지로 인한 저산소성 뇌 손상'으로 숨졌다고 봤다. 당시 쓰러진 남성에게 경찰이 심폐소생술을 하는 CCTV가 있다고 했다. '공권력에 의한 살인'이라는 주장과는 달리, 쓰러진 집회 참가자를 살리려고 공권력이 노력했다는 근거가 있다는 게 경찰 얘기였다.

이 세 건의 사례에서 우리공화당이 아닌 유족이 '공권력에 의한 살인'을 공개적으로 주장한 적은 없었다. 죽음에 직접적인 영향을 미쳐 수사기관의 조사를 받거나 재판에 넘겨진 경찰도 없었다. 누군가가 '경찰에 의한 살인'이라고 주장하는데, 경찰 말만 100% 믿고 기사를 쓸 수 있을까? 물론 그럴 수는 없다. 공권력에 의한 살인을 주장하는 우리공화당 쪽을 추가 취재해서 주장의 근거가 있는지 물어야 한다. 주장하는 사람에게 근거를 묻는 것, 팩트체크의 기본이다.

우리공화당 측은 취재진에게 서면 답변을 주기 어려우니 천막으로 직접 오라고 했다. 취재진이 광화문광장을 찾아가 당시 조원진 대표를 만났다. 경찰에 부검 결과를 다 확인했다고 하니 예상했던 답변이 나왔다. 경찰은 피의자다, 공권력에 의한 살인을 자행한 조사 대상자다, 그쪽에서 하는 말은 믿을 수 없다는 것이었다. 그래서 '공권력에 의한 살인'이라는 근거가 있는지 물었다. "영상을 확보 중"이라고 했다. 당시는 태극기집회가 열린 지 2년이 넘은 시점이었다. 사건이 벌어진 지 2년이 지난 시점에서 영상을 확보 중이라고 했다. 영상이 하나라도 나왔으면 정파적으로 오른쪽에 서 있는 매체들이 가만히 있었을까? 언론이 안 쓴다고 그게 묻힐 성격의 사건이었을까? 경찰이 집회 참가자들의 사망에 직접적인 영향을 미친 증거가 있었다면 보수 유튜버들이 가만히 있지 않았을 것이다. 영상을 확보 중이라는 얘기는 아직까지는 근거가 없다는 말로 들렸다. '공권력에 의한 살인'은 정치적 구호로 보였다. 국회 속기록을 찾아보니 조원진 대표도 "세 분이 질식, 그러니까 밀려가지고, 경찰이 방어벽을 쳤기 때문에 갈 곳이 없어진 분들이 돌아가셨다"라고 말한 바 있었다.

사실 우리공화당은 '열사'로 부르는 사람의 숫자도 오락가락했다. 우리공화당은 2018년 3월 브리핑 자료에서 탄핵 반대 투쟁을 함께한 열사의 이름을 열거했다. 당시에는 열사가 모두 '여섯 명'이었다. 그런데 그해 10월 경찰청 국정감사 속기록을 뒤져봤더니, 조원진 대표는 "네 사람이 사망했다"라고 말한 걸로 확인되었다. 국감에 나온 서울경찰청장도 '네 명'이라고 말했다. 몇 달 사이에 열사 두 명이 사라진 것이다. 그러더니 2019년 중순에는 열사 한 명이 다시 추가되어 '다섯 명'이 되었다. 열사가 처음엔 여섯 명이었다가 갑자기 네 명으로 줄어들었고, 다시 한 명이 늘어나 다섯 명으로 변해온 것이다.

광화문광장에서 조 대표를 만났을 당시, 취재 결과 숨진 사람이 네 명인데 왜 다섯 명이라고 하는지 물었다. 조 대표는 "신 모 씨라는 여성이 돌아가셨다. 증언이 많아서 분명하다. 현재 사망을 확인하는 과정에 있다"라고 말했다. '신 씨' 성을 가진 사람은 과거 열사가 여섯 명일 때도 없던 새로운 사람이었다. 조 대표는 동영상이 다 있고 증인이 다 있다고 했다. 하지만 취재진이 확인할 수 있는 단계는 아니었다. 경찰은 우리공화당이 왜 다섯 명이라고 주장하는지 이유를 모르겠다고 했다.

'공권력에 의한 열사 다섯 명의 죽음'이라는 주장에서 사망의 원인이 공권력이라는 근거는 없었고, 그 수가 다섯 명이라는 근거도 확인하지 못했다. 사람들이 잘 믿지 않는 것 같은 주장도 막상 팩트체크를 하려면 쉬운 게 하나도 없다.

팩트체크 그 후 〈8뉴스〉에서 팩트체크 보도를 하자, 우리공화당은 즉시 반박 자료를 배포했다. "'사실은'이란 제목을 달고서 왜곡 허위보도하는 SBS는 언론의 정도를 가기 바란다'라는 제목이었다. 자료를 보니 한 명은 스피커 추락에 의해 숨졌고, 다른 세 명은 '심정지'였으며, 그리고 추가로 한 명의 애국열사 신 모 씨가 새롭게 밝혀졌다고 했다. 이 비극적인 참사가 경찰과 박원순 서울시장에 의해 은폐되었다고 주장했다. 참사의 실체가 은폐되었다고 주장하면서도 새로운 근거는 없었다. 우리공화당은 법적 조치를 통해 허위보도에 철저하게 대응하겠다고 밝혔다.

반박 자료의 마지막 문장은 엄중한 경고로 끝났다. "조심하시오." 하지만 '신 모 씨'를 제외하고 네 명이 숨진 정황은 팩트체크 보도와 우리공화당의 반박 자료가 사실 비슷한 내용이었다. 우리공화당은 법적 조치로 허위보도에 대응하겠다고 으름장을 놓았지만 회사나 기자 개인에게 들어온 법적 조치는 없었다.

취재 당시 조원진 대표는 열사들의 죽음을 진상규명하기 위해 특별법을 발의하겠다고 했었다. 실제로 "3·10 태극기항쟁 참사 진상규명과 희생자 지원 등을 위한 특별법"이 발의되었다. 국회 입법조사관은 2019년 11월 이 법안에 대한 검토보고서를 작성했다. 국회가 새 법안을 제정할 필요가 있는지 검토한 내용이다. 사망자는 몇 명이었을까. 입법조사관 보고서에도 '네 명'으로 적시되어 있었다. 보도 내용대로 한 명은 스피커 추락에 의한 사망이고, 나머지 세 명은 경찰 수사 결과 범죄 관련성이 없는 것으로 판단되어 사건을 내사종결했다고 되어 있었다. 경찰이 목격자 진술, 부검 결과, 채증 자료 분석을 종합해 판단했다는 것이다.

국회가 진상규명 특별법을 만들 필요가 있을까? 법안에 따라 검토보고서에 '입법 필요성이 있다'라고 적시되는 경우도 있다. 이 법은 달랐다. 입법 필요성에 대해 "희생자·유족과 경찰청·소방청 등 관계 당국의 의견을 종합적으로 고려해 입법정책적 판단이 필요하다고 보임"이라고 되어 있다. 굳이 특별법을 만들 필요가 있느냐, 이런 회의적인 뉘앙스가 느껴졌다. 법안은 상임위원회를 통과하지 못하고 20대 국회의 임기가 끝나면서 자동 폐기되었다. 우리공화당은 여전히 '다섯 명'의 열사가 희생되었다고 주장하고 있다. 한 명의 정확한 사망 원인이 이제는 밝혀졌을까?

'공권력에 의해 사망'했다는 근거가 지금이라도 확보된다면 정치적 입장을 떠나 어떠한 언론이라도 보도해야 마땅하다. '단독' 기사가 난무하는 시대에 그런 기사야말로 '단독' 타이틀을 붙일 만한 가치가 있다.

"5·18 암매장은 유언비어",
전두환 씨 주장 따져보니

전두환 씨 관련 보도의 키워드는 언젠가부터 '29만 원', '골프', 그리고 '재판'이 되었다. 최근 기사 대부분은 재판에 대한 것이다. 2017년에 나온 『전두환 회고록』때문이다. 회고를 사실대로만 하면 괜찮다. 회고록 1, 2, 3권 가운데 2, 3권은 큰 문제가 없다. 소송에 휘말린 건 1권이다. 5·18 민주화운동 당시 헬기사격을 봤다고 증언한 고 조비오 신부를 '파렴치한 거짓말쟁이'라고 비난해 형사재판에 휘말렸고, 5·18 관련 수십 개의 허위 내용을 책에 담았다가 법원으로부터 2017년 8월 출판 금지 가처분을 받기도 했다. 사실을 회고한 게 아니라 사실과 다른 내용을 회고를 빙자해 책으로 낸 것이므로 출판의 자유를 제약할 수 있다는 게 법원 판단의 취지였다.

그러자 전 씨 측은 문제가 된 부분만 시커멓게 지워서 다시 책을 팔기 시작했다. 말하자면 1권의 수정본인 셈이다. 하지만 5·18 단체는 수정본에도 아직 거짓말이 남아 있다면서 재차 출판 배포 금지를 요청하는 2차 가처분 신청을 법원에 냈다. 언론에 크게 보도된 적은 드물지만 5·18의 역사적 사실을 왜곡하려는 전두환 씨의 시도를 5·18 단체는 법적 절차를 통해 꾸준히 저지하고 있다.

이렇게 문제가 되는 책을 내면 전 씨가 집권한 5공화국 시절엔 쥐도 새도 모르게 잡혀갈 수 있었을 텐데, 지금은 출판의 자유가 보장되니 대놓고 책을 내고, 책 속의 일부 내용이라도 출판을 금지하려면 법원의 오랜 판단을 거쳐야 한다. 일반인들 중에 책을 내는 사람이 얼마나 있을까. 헌법에 보장된 출판의 자유를 제대로 누리는 사람 가운데 한 명이 바로 전두환 씨다.

무엇을 팩트체크 할 것인가

법원이 『전두환 회고록』 1권에 대한 2차 가처분 신청을 검토할 때, 취재진은 '사실은' 코너를 통해 『전두환 회고록』을 집중 검증하기로 했다. 5·18 단체와 전두환 씨 측이 맞선 쟁점이 여럿 있었다. 그 쟁점들을 하나씩 검증해 연속 보도하기로 했다.

'당연히 회고록이 거짓말이겠지'라고 생각하는 건 쉽지만, 막상 팩트체크를 하려고 보면 간단치 않은 사안이 대부분이다. 특히 법적 다툼이 벌어지고 있는 소재를 팩트체크 하면, 팩트체크 성격상 어쩔 수 없이 한 쪽이 더 사실에 가깝다는 판정을 내리는 경우가 많다. '이쪽 말도 맞고, 저쪽 말도 맞다'는 식의 기사는 거의 없다. 사실과 다른 발언을 한 사람의 반론을 기사에 충실하게 담아줘도 당사자 입장에서는 '저격' 당한 느낌이 들 수 있다. 또 기사에서 회고록의 어떤 쟁점에 대해 판정을 내렸는데, 나중에 법원이 더 방대한 근거를 들어 팩트체크 보도와 다른 결론을 내릴 수도 있고, 재판에 영향을 미치려는 의도가 없더라도 사건의 당사자는 보도에 불만을 가질 수 있다. 그래서 재판이 진행 중인 사안을 팩트체크 하는 것은 사실 대단히 부담스러운 일이다. 안 건드리는 게 편하다.

하지만 『전두환 회고록』의 일부 내용이 역사적 사실과 엄연히 다른데도 재판이 진행 중이라는 이유로 언론이 보도하지 않으면, 결과적으로 전두환 씨의 역사 조작 시도를 방관하는 셈이 될 것 같았다. 또한 『전두환 회고록』에서 논란이 된 부분을 하나씩 따져 팩트체크 한 보도를 당시까지는 찾아볼 수가 없었다. 전두환 씨가 출판을 통해 5·18 민주화운동을 대놓고 왜곡하려고 한다면 기자가 나름 할 일이 있을 것 같았다.

회고록에서 논란이 된 여러 쟁점 가운데 10가지를 뽑아 팩트체크 하기로 했다. 『전두환 회고록』 팩트체크 연속 보도는 그렇게 시작되었다. 여기서는 당시 연속 보도 중에서 "5·18 당시 암매장은 유언비어"라는 전두환 씨 주장의 사실 여부를 어떻게 검증했는지를 소개한다. 전 씨는 회고록에서 이렇게 주장했다(『전두환 회고록』 1권은 5·18 민주화운동에 대한 왜곡 서술로 아래 인용된 내용 등에 대해 출판 및 판매 금지 판결을 받아 지금은 해당 부분이 삭제되어 있다).

광주사태 당시에 나돌았던 유언비어 가운데 계엄군이 광주 시민들을 마구 학살해 여기저기 암매장했다는 내용들이 있었다고 한다. 그러한 의혹은 국회 청문회에서도 제기되었고 그 뒤 5·18특별법에 따른 검찰의 조사 때에도 거론되었다. 조선대학 뒷산에 묻었다는 주장, 또 암매장하기 위해 시청 청소차에 시체를 대량으로 실어 어디론가 갔다는 소문들도 있었다. 암매장 장소로 지목된 곳을 실제로 파헤쳐 보기도 했지만 그런 주장들은 모두 사실이 아닌 것으로 밝혀졌다.

_『전두환 회고록』 1권

어떻게 팩트체크 할 것인가

한마디로 5·18 당시 암매장은 유언비어이고 사실이 아니라는 주장이다. 어떻게 검증할 수 있을까? 5·18 민주화운동과 관련해 국가 차원의 조사가 여러 차례 있었지만, 암매장 시신이나 흔적을 발굴한 공식 기록이 남아 있는 것도 아니었다. 그런 역사가 기록되어 있다면 회고록을 저렇게 쓰지 못했을 것이다.

처음엔 뾰족한 취재 루트가 떠오르지 않았다. '암매장은 유언비어라니, 말도 안 돼'라고 누구나 쉽게 생각할 수 있지만, 그것의 사실 여부를 검증하려고 들면 생각만큼 쉽지 않다. 일단 전두환 씨 변호인을 취재하기로 했다. 암매장은 유언비어라는 주장의 근거가 무엇인지 궁금했다. 전 씨 변호인으로부터 법원에 제출한 문건을 받았다. 크게 두 가지 근거를 들고 있었다.

- 5·18특별수사본부는 '5·18사건 광주 현지조사 결과' 발표문에서 암매장설은 신빙성 없는 주장이라고 밝힘(광주 황룡강 주변 등 12개 사체 암매장 가능 지역에 관해 관련자 11명 조사 및 3개 지역에 대한 현장조사 실시. 그러나 신빙성 있는 자료를 찾을 수 없어 현재로서는 발굴 불가)
- 5·18사건 수사와 재판에서도 계엄군이 시신을 암매장한 사실

은 확인되지 않음

지금까지 수사기관이나 법원에서 사실로 확정되지 않았으니까 암매장은 사실이 아니라는 얘기다. 변호인이 든 근거에서 특히 눈에 들어온 표현은 '가매장'이다. 전 씨 변호인은 "5·18 수사기록에는 계엄군이 교전 중 사망한 사람의 시신을 즉시 수습할 수 없었기 때문에 일단 현장에 가매장하고, 매장된 장소에 표시를 남겨놓았다가 나중에 이를 수습했다는 기록은 있다"라고 설명했다. 즉, '몰래' 묻어놓은 암매장을 한 사실은 없고, 급하니까 임시로 묻어놓고 다른 사람이 알게 표시해 놨다가 나중에 정식으로 매장했다는 것이다. 국어사전에 나오는 암매장, 가매장의 개념과 비슷했다. 40여 년 전 광주에서 묻힌 시신은 누군가 임시로 표시를 해놓은 '가매장'인가, 아니면 몰래 완전히 묻어버린 '암매장'인가. 이를 확인할 수 있는 방법이 대체 있을까 하는 회의적인 생각도 들었다.

장시간의 취재 과정에서 중요한 사실을 알게 되었다. 5·18 당시 광주 일대에서 직접 시신을 수습하러 다닌 사람이 있다는 것이다. 광주시청 직원이었던 조성갑 씨다. 직접 연락이 닿았다. 조 씨는 광주시청 사회과에서 근무했는데, '노정계'라는 곳에서 노조 업무를 담당했고, 공무원이면서도 전면에 나서 매일 저녁 시위에 참여했다고 1980년 5월을 기억했다. 조 씨는 시신을 수습하는 것은 본인 일이 아니었지만 누군가는 해야 할 일이었기 때문에 했을 뿐이라고 했다. 수습한 시신은 모두 41구였다. 그 시절 남아 있는 사진은 없지만, 시신을 찾아내고 수습한 순간은 기억이 생생하다고 말했다.

이런 인물을 취재할 때는, 전화를 건 취지만 간단히 얘기하고 검중하려는 쟁점은 명확히 설명하지 않는 게 좋다. 취재원의 대답이 기억과 다르게 편향될 수 있기 때문이다. 『전두환 회고록』때문에 여쭙는다는 설명은 하되, 당시 상황을 기억에 근거해 최대한 자세히 취재하기 시작했다.

여기서는 조 씨의 증언을 가감 없이 싣는다. 그는 수습한 시신 41구 가운데 매장되어 있던 시신은 광주교도소 근처가 대부분이라고 했다.

> "공수부대 애들이 나뭇가지를 이렇게 한 50cm 올라오게 꽂아놓은 거예요. 그냥 자기들만 알아보게 표시를 해놓은 거야. 그게 다섯 구예요. 구덩이 세 개를 파서 두 구, 두 구, 한 구, 그렇게 묻어놨어요. (중략) 밭에 물 빠지라고 고랑 있잖아요. 거기 묻혀 있을 거라고는 생각을 못할 정도로 은폐를 한 것이라니까요. (중략) 한 1m 정도 판 다음에 짚 가마니로 시신을 묶어가지고 흙으로 덮어버린 거예요."
>
> _ 2018년 1월 16일 조성갑 씨와의 첫 번째 통화

처음엔 시신을 묻은 사람이 그 자리에 '나뭇가지를 꽂아놓았다'는 증언이 나왔다. 조 씨는 시신을 '은폐한 것'이라고 말했지만, 사실 나뭇가지를 꽂아놓았기 때문에 그걸 계엄군이 몰래 묻고 은폐했다고 보기는 어려웠다. 재판에서 '그건 가매장이었을 뿐입니다'라고 설명할 경우, 논란은 있을 수 있겠지만 어쨌든 시신을 묻은 곳에 표시를 해놓은 사례가 있다는 건 사실인 것이다. 이런 사례를 암매장의 근거로 볼 수는 없다. 비슷한 사례가 또 있었다.

(광주교도소 부근에서 시신을 발견하셨는데, 이건 누가 신고한 건가

요?) "아, 그건 거시기 당시 군부에서 시청으로 연락을 했어요. 당시 공수부대죠. 걔들이 20연대하고 퇴각하면서 이제 말을 흘리고 간 거죠, 시청에다. (중략) 거기에 가면 시체가 어디에 있다, 몇 구가 있다, 말을 한거죠. 가봤더니 짚 가마니로 그냥 싸서, 야물게 빳빳하니, 그때는 시체가 더워 가지고 금방 썩으니까 바로 가마니로 싸가지고 두 구씩 묻은 거예요. 동산에도 세 구를 묻었다고 해서 보니까 그거는 찾기가 쉬웠어요."

_ 2018년 1월 16일 조성갑 씨와의 두 번째 통화

조 씨는 당시 공수부대가 시신을 어디다 묻었는지 직접 전화로 알려줘서 찾을 수 있었다고 증언했다. 통화를 시작하면서 "전두환 씨는 5·18 당시 암매장이 있었다는 것은 유언비어라고 주장하면서 가매장이 있었다는 사실만 인정하고 있습니다. 혹시 아무 표시도 없거나, 힘들게 찾았다거나, 그런 시신이 있을까요?" 이렇게 물어봤다면 훨씬 빨랐을 것이다. 하지만 그렇게 하지 않았다. 취재진이 궁금한 핵심을 바로 말해버리면, 더 물어볼 게 없어져서 신빙성을 판단하기가 쉽지 않아진다. 조 씨는 시신을 수습한 사람 가운데 유일하게 접촉되는 사람이었기 때문에, 취재진은 당시 상황을 최대한 풍부하게 듣고 싶었다. 얼마나 섬세하게 기억하는지, 설명의 앞뒤에 모순되는 건 없는지, 여러 차례에 걸쳐 한참 들어봐야 감을 잡을 수 있다. 그래서 이곳저곳 시신을 찾은 기억을 얘기할 때마다 계속 듣고 이야기를 끌어냈다. 암매장으로 볼 수 있는 사례는 세 번째 통화에서야 들을 수 있었다.

"주남마을에서 누가 또 주민들이 신고를 했어요. 그쪽에서 사람 둘이

죽은 것 같다고. 그래서 내가 가서 산을 뒤져봤지. 자갈밭을 뒤져보니까 찾기가 힘들어요, 아주. 그때 5월이라 수목이 얼마나 짙었습니까. 그거 찾아보니까 찾을 길이 없어. 아무리 찾아봐도 못 찾았어요. 근데 뭐가 손이, 딱 꼬부러진 손이 하나 나와요. 다 묻히지를 못하고 손을 발견해서 찾아보니까, 거기다가 두 구를 묻어놨어요. 한 50cm 정도 파서 두 구를 묻어놓은 거예요. 그걸 파서 보니까 머리가 스포츠머리이고, 오리엔트 시계도 차고, 그래서 그걸 유품으로 가져다가 저기 망월동에다가 진열을 했잖아요. (중략) 거기는 표시가 안 되어 있었어. 그 근방을 샅샅이 뒤져서 찾았지. 그냥 사살한 것이 아니고 거시기 뭐여, 곤봉이 깨져 있고, 그랬어. 그 근방에서 곤봉으로 아마 맞아 죽은 것 같아. 곤봉으로. 공수부대 곤봉이 크거든. 경찰들 곤봉이 아니고 특별히 더 커. 그거 한 세 배는 더 커.”

_ 2018년 1월 29일 조성갑 씨와의 세 번째 통화

'오리엔트 시계'라는 표현이 귀에 들어왔다. 이런 디테일은 언론사로부터 갑자기 전화를 받은 사람이 순발력 있게 꾸며내기 어려운 표현이다. 물론 취재진을 속여야 할 만한 명확한 이유가 있다면 사정이 달라지겠지만, 조 씨에게 그럴 만한 이유는 없었다. 주남마을에서 조 씨가 발견한 시신은 계엄군이 위치를 알려준 게 아니다. 또 매장된 자리에 어떤 표시가 있었던 것도 아니다. 시신을 50cm 정도 깊이에 묻었다고 하니 깊게 묻은 건 아니지만, '가매장'과 '암매장'을 가르는 매장 깊이가 정해져 있는 것은 아니다. 이 사례는 전두환 씨 측의 '가매장, 암매장' 분류법에 따르더라도 암매장에 가까웠다.

전 씨 측은 수사기관이나 재판에서 '암매장'이 사실로 확정된 적

없다는 이유로 암매장이 유언비어라고 주장했지만, 과거 수사나 재판 결과만으로 사실 여부를 판단할 수는 없었다. 암매장된 시신을 직접 수습한 사람의 새로운 증언에 대해서 전두환 씨는 뭐라고 말할 수 있을까?

비단 팩트체크만의 어려움은 아니겠지만, 단 한 사람의 증언이 사실 여부를 판단하는 근거가 될 수 있을까? 불안하다. 그 사람이 거짓말을 할 특별한 이유가 없다고 해도 불안한 건 마찬가지다. 그럼 두 사람의 증언이면 안심할 수 있을까? 세 사람은? 네 사람은? 한 사람의 증언만 취재했을 때보다는 불안함이 덜해지겠지만, 그렇다고 100% 사실이 담보되는 것은 아니다. 취재원의 숫자가 절대적으로 중요한 건 아니다. 늘 그렇다. 한 사람의 증언이라도 진실일 수 있고, 한 사람의 제보가 세상을 바꿀 수도 있다. 반면 여러 사람의 일관된 증언이 거짓으로 탄로 날 수도 있다. 한때 지구가 둥글지 않고 평평하다고 믿는 사람들의 모임에서는 다수의 증언이 결국 황당한 거짓이었다.

취재 당시 5·18재단은 고 서만오 씨의 가족이 암매장되어 있던 서 씨의 시신을 발견한 적이 있다고 설명했다. 서 씨의 유족을 만나기 위해 오랜 시간에 걸쳐 여러 방면으로 시도했지만 결국 만나지 못했다. 또 5·18 당시 3공수여단 하사였던 정규형 씨는 본인이 광주교도소 근처에서 시신을 암매장한 사실을 1993년과 1997년, 그리고 2001년, 몇몇 언론에 고백하기도 했다. 그는 "밤마다 꿈속에 광주 시민 세 명이 나타나 잠을 설친다"라면서 정신병원을 오가며 삶을 이어가고 있다고 말한 것으로 보도되었다. 그를 수소문했지만, 결국 만나지 못했다. 광주 일대에서 시신을 수습한 조성갑 씨의 증언을 최대한 자세히 들을 수밖에 없던 이유다.

광주지방법원은 암매장 여부를 어떻게 판단했을까. 법원은 가처분 결정에서는 팩트체크 보도와 달리 암매장을 사실로 인정하지 않았다. 결정문을 보면, 국방부 과거사 진상규명위원회의 「5·18사건 조사결과보고서」에 두 명을 암매장한 기록이 있고, 광주시청 직원이었던 조성갑 씨는 이 두 명이 암매장된 것이라고 주장하고 있지만, 이것만 가지고는 당시 계엄군이 시민을 암매장한 사실이 소명되었다고 보기 부족하다고 법원은 판단했다. '사실은' 코너에서는 주남마을에서 발견된 시신 두 구를 암매장의 근거로 들었는데, 법원도 똑같은 시신 두 구를 놓고 고민하다 암매장이 소명되었다고 보기는 힘들다고 결정한 것이다.

국방부 과거사 진상규명위 보고서에는 암매장과 관련해 이렇게 되어 있다.

> 주남마을 뒷산 헬기장 부근에 암매장된 시신은 6. 2. 주남마을 주민들의 신고로 광주시청에서 수습해 망월동 시립묘지에 안장했고, 2002. 망월묘지 이장과정에서 유전자 감식을 통해 신원이 확인되었다.
>
> _ 국방부 과거사진상규명위 「5·18사건 조사결과보고서」(2007)

법원은 그러면서도 당시 상당수의 시민이 숨졌다는 역사적 사실을 고려하면, 암매장에 관한 소문이 아무런 근거도 없이 퍼뜨린 유언비어라고 볼 수는 없다면서 해당 부분을 삭제하라고 결정했다. 암매장이 명확하게 소명될 정도는 아니지만, 회고록에 '암매장이 없다고 밝혀졌다'라고 쓴 것도 허위라는 얘기다. 한 마디로, 암매장을 했는지 안 했는지 분명치 않은 상황에서 전두환 씨가 "안 했다. 유언비어다"라고 단정적으로 썼으니 회고록에서 삭제하라는 뜻이다.

일부 언론은 이런 결정을 전하면서 마치 법원이 암매장을 역사적 사실로 인정한 것처럼 읽히는 기사를 보도하기도 했다. "법원이 『전두환 회고록』 출판 배포 가처분

재판을 통해 간접적으로 80년 5월 광주에서 암매장이 있었다는 사실을 인정했다"라는 식의 문장이 그렇다. 하지만 간접적으로 인정했다는 것은 사실이 아니다. 법원은 가처분 결정에 이어 1심 재판에서도 해당 부분을 삭제하라고 했지만, 암매장 여부는 공적 기관의 조사를 통해 분명하게 밝혀진 적은 없다는 취지로 판결했다.

암매장된 유골을 발굴하려는 시도가 그래서 꾸준히 이어져 왔다. 2020년 봄에는 또 한 번의 발굴 시도가 있었다. 자신이 암매장을 했다는 계엄군의 고백, 암매장된 시신을 발견했다는 시민의 증언은 있지만 명확한 물증은 찾지 못했기 때문이다. 지금까지 몇 차례에 걸쳐 광주교도소 근처를 중심으로 여러 곳을 발굴했지만 성과가 없었다. 그러다 결국 전두환 씨의 '유언비어' 주장이 책으로 나오게 된 것이다.

회고록 출간 2년 뒤인 2019년 말에는 광주교도소 근처에서 갑자기 유골 40여 구가 무더기로 발견되어 사람들을 놀라게 했다. 광주에서 유골이 나왔다는 소식에 사람들은 자연스럽게 암매장을 떠올렸다. 5·18 당시 행방불명된 사람은 아닐까. 5·18 단체는 촉각을 곤두세우고 있다. 국과수의 1차 감식 결과는 타살 흔적이 보이지 않는다는 것이었다. 만에 하나 유골이 5·18 행방불명자로 확인된다면, 암매장에 대한 법원의 판단도 바뀔 수 있다.

회고록을 둘러싼 재판은 아직도 현재 진행형이다. SBS '사실은' 팀은 암매장 쟁점을 포함해 『전두환 회고록』에 대한 팩트체크 연속 보도로 제2회 한국팩트체크대상에서 우수상을 수상했다.

중국을 휩쓴 돼지열병,
라면스프 속 돼지고기는 어쩌나?

코로나 바이러스가 발생하기 이전에 중국을 휩쓴 질병이 있다. 바로 아프리카돼지열병이다. 중국 건국 이래 돼지고기 값이 가장 비싸졌다는 기사가 쏟아졌다. 그때까지만 해도 단순히 외국 관련 기사였다. 북한을 휩쓸었다는 기사도 이어졌지만, 이런 기사는 사실 사람들이 크게 신경 쓰지 않는다. 사람한테 치명적인 질병이 아닐뿐더러, 중국에서 일어난 일이라면 '남의 일'이라고 생각하기 때문이다.

그러다가 중국인 여행객이 인천공항으로 갖고 들어온 소시지에서 아프리카돼지열병 바이러스의 유전자가 나왔다는 기사가 보도되었다. 바이러스? 유전자? 무슨 말이지? 암호 같았다. 하지만 인천공항 정도가 언급되면 사람들이 조금씩 관심을 갖는다. 공항이 뚫리는 거 아닐까, 국내로 퍼지는 거 아닐까, 궁금하니까 기사를 찾는다.

우리나라에서 처음 아프리카돼지열병 확진 판정이 나온 건 2019년 9월, 경기도 파주의 한 농장에서였다. 이제 아프리카돼지열병은 국내 관련 기사가 되었다. 국내 현안이 되면서 여러 언론사의 보도량이 급증하기 시작했다.

무엇을 팩트체크 할 것인가

이런 상황에서 대중의 관심사는 무엇일까? 검색해 보니 괜히 찜찜해서 돼지고기를 잘 사 먹지 않게 되었다는 뉴스가 가장 많았다. 하지만 아프리카돼지열병에 걸린 돼지고기를 먹는다고 사람이 감염되지는 않는다는 것은 여러 매체가 이미 보도한 상황이었다. 그게 사실이기도 했다.

취재진은 온라인에서 아프리카돼지열병을 언급한 글이나 댓글을 찾아보기도 했다. 그러다가 예상치 못한 곳에서 사람들의 관심사를 발견했다. "외국에 라면이나 컵밥 가져가면 안 되나요?", "헉, 컵라면도 안 되는 건가요?", "저는 쌀국수 면만 사와야겠어요", "외국에 가지고 나가는 건 상관없는 걸로 알아요. 우리나라 들어올 때 문제가 되는 걸로~", "전 9월에 국내로 다 가져왔어요".

우리나라에서 아프리카돼지열병이 생겼으니까 외국 여행을 갈 때 라면을 갖고 나가도 되느냐, 이걸 묻는 사람들이 그렇게 많았다. 반대로 외국에서 라면을 갖고 들어와도 되는지, 그것도 관심사였다. "나랑 무슨 상관이야?" 했던 아프리카돼지열병이 외국 여행을 준비하는 사람들에게는 당장 '눈앞의 문제'가 되어 있었다. 한국 사람들은 역시 라면을 많이 먹고 라면에 대한 관심도 많았다. 이런 건 질문하는 글에 누가 "됩니다~" 댓글을 달아도 온라인에서는 도무지 믿을 수가 없다. "답변 감사합니다!"라고 댓글을 달아놓고도 100% 신뢰하지 못한다. 검역 과정에서 걸리면 누군지도 모르는 그가 벌금을 대신 내줄 것도 아니니까 말이다.

라면 속 돼지고기의 팩트는 무엇일까? 아무리 검색해 봐도 정확한 정보를 찾기 힘들었다. 대중의 관심과 불확실한 정보, 팩트체크가 필요해 보였다.

어떻게 팩트체크 할 것인가

팩트를 정확하게 알고 있는 사람은 누구일까. 당연히 정부 기관의 검역 담당자다. 우리 정부에는 '농림축산검역본부'라는 곳이 있다. 외국에서 돼지고기를 갖고 들어올 수 있는지, 가장 신뢰할 만한 답변을 얻을 수 있다. 돼지열병 때문에 외국에서 라면스프도 못 갖고 들어온다고 하는데, 사실인지 문의했다.

우선 외국에서 돼지고기를 갖고 들어오는 건 '원래' 안 된다고 했다. 아프리카돼지열병이 발병했다고 해서 갑자기 안 되는 것이 아니었다. 검역 담당자 입장에서는 정부에서 늘 금지해 오던 행위를 돼지열병 때문에 갑자기 되는지 문의하니 당황했을지도 모른다. 비행기를 타고 귀국할 때 작성하는 여행자 휴대품 신고서에 '육류를 소지하셨습니까?' 질문은 이미 오래 전부터 기재되어 있었던 것이다.

그렇다면 스프에 돼지고기가 함유된 라면의 경우는 어떠할까? 외국에서 우리나라로 라면을 갖고 들어오고 싶다면, 원칙적으로는 해당 국가의 검역 당국에서 '수출검역증명서'를 발급받아 오면 된다고 한다. 하지만 여행이나 출장 끝나고 라면 하나 갖고 오고 싶어서 외국 정부에 증명서를 떼달라고 할 사람이 누가 있겠는가. 일반인이 신청하면 상대

국가에서 잘 발급해 주지도 않는다고 한다. 스프에 돼지고기가 포함된 라면을 갖고 들어오는 것, 그냥 안 된다고 알면 편하다. 돼지고기뿐만이 아니다. 소고기와 양고기 등 다른 육류도 마찬가지다.

단 예외가 있다. 돼지고기가 어떤 상태로 존재하느냐에 따라 국내 반입이 가능할 수도 있다. 돼지고기가 가루 형태로 분말 스프에 들어 있는 라면은 국내 반입이 허용된다. 검역본부 직원은 그런 돼지고기는 고기가 아니라 '향신료'로 간주한다고 했다. 라면 성분명에 '돼지고기'라고 적혀 있다고 해서 다 안 되는 건 아니므로 귀국 직전 호텔 쓰레기통에 라면을 버리지 않아도 된다는 얘기다. 하지만 일본이나 대만의 일부 라면처럼 손바닥 절반 크기의 큼지막한 돼지고기가 들어 있는 경우에는 당연히 반입 금지다. 건더기 스프에 작은 돼지고기 덩어리가 들어 있는 라면도 있는데 이것도 반입 금지다.

라면 스프 때문에 국내 반입이 된다, 안 된다, 네티즌의 '카더라' 설만 무성한 상황에서 이는 신뢰할 수 있는 정보라고 판단해 팩트체크 보도했다. 누군가는 온라인에 "난 다 가져왔어요~" 하면서 마치 제도적으로 허용되어 있는 것처럼 댓글을 달아놓았지만, 본인 운이 좋았을 뿐이다. 전수 검사가 아니니까 요행히 단속을 피한 것을 공개적으로 인정하는 셈이다.

검역본부를 통해 과태료 정보도 정확히 확인했다. 과태료는 나라에 따라 다르다. 아프리카돼지열병이 발생한 국가에서 들여오다 적발되면, 처음 걸렸을 땐 과태료가 500만 원, 두 번째는 750만 원, 세 번째는 1000만 원에 달한다. 돼지열병 비발생국의 경우는 1, 2, 3회가 각각 100만 원, 300만 원, 500만 원이다. 이건 외국에서 우리나라에 들여올 때 그런 것이고, 국내에서 갖고 나가다가 외국 검역 당국에 적발되면 더 피곤하다. 나라에 따라 검역 규정이 모두 다르기 때문에, 이건 불편하더라도 여행을 가는 사람이 직접 확인해야 한다. 특히 타이완은 벌금이 센 것으로 유명하다. 돼지열병 발생국의 경우 1회 위반이면 벌금이 754만 원, 2회 이상 위반이면 3770만 원에 달한다. 우리나라에서 저런 규모의 벌금은 들어본 적이 없다.

음식이 입맛에 안 맞으면 어쩌지, 하고 가방에 라면을 챙겼다면 가급적 빼길 권한다. 설레는 마음으로 공항에 내렸다가 한방에 여행을 망치거나 가족과 다툼만 생길 수도 있다.

팩트체크 그 후
이 라면 스프 얘기는 팩트체크 보도 뒤에 살짝 붙이려다가, 아무래도 대중의 관심은 라면 스프 쪽이 더 크지 않을까 싶어서 기사 전체를 바꾼 사례다. 사실 처음 관심사는 한 언론사의 '단독'이라는 기사였다. "국내에 몰래 들어온 아프리카돼지열병 감염 소시지·순대가 공항에서 방치 중"이라는 내용이었다. 국내에서도 아프리카돼지열병 확진 판정이 나온 상황에서 잘 모르는 사람이 읽었을 땐 덜컥 겁이 나는 기사일 수 있다. '공항에서 방치 중이라니, 바이러스가 퍼지기라도 하면 어쩌지?' 하는 생각이 들 수밖에 없다. 그걸 먹는다고 사람이 감염되는 것은 아니지만, 뭔가 위험하다는 느낌을 주기에는 충분한 기사였다. 보도가 사실인지 궁금했다.

검역본부는 이 보도가 사실이 아니라고 부인했다. 기사를 쓴 기자도 사실을 잘못 알고 쓴 거라고 인정했다는 게 검역본부 담당자의 말이었다. 검역본부는 해당 소시지와 순대를 본부로 가져와 차폐 시설에서 검사한 것은 사실이지만, 돼지열병 전염 가능성이 없는 것으로 확인되어 소각시설에서 이미 태워버렸다고 설명했다.

그렇다면 기자는 돼지열병 바이러스가 든 소시지와 순대가 공항에 방치되어 있다는

해외 여행객이 들여오다가 적발된 중국산 육류.
자료: 박주현 의원실.

얘기를 대체 어디서 들었을까. 기사를 자세히 읽어봐도 사실 근거가 확실치 않았다. 경기 남부 지역에서 돈육 유통업에 종사하는 한 '관계자'에게 그렇게 들었다는 것이다. 그 관계자가 "사람을 통해 번지면 어떻게 할 것인지 걱정이 된다"라고 말한 것도 기사화되었다. 이 보도를 통해서는 그 관계자가 가장 처음 누구로부터 이런 얘기를 들었는지 알 수 없었다. 전언의 전언이 결국 기사가 된 것인데, 해당 보도에는 소시지를 검사한 검역본부의 입장이 담겨 있지 않다. "검사한 뒤 이미 다 태워버렸다"라는 검역본부의 반론을 취재했다면, 해당 기자는 좀 더 취재를 해야 했거나, 단독이라고 주장하는 기사를 아예 내지 못했을 것이다. 바이러스가 든 식품이 공항에 방치되었다는 기사는 추가 보도가 없었다.

2019년 겨울, 찬바람이 불면서 아프리카돼지열병의 확산도 수그러들었다. 돼지열병이 휩쓸고 간 여파로 가끔 민가에 내려오는 야생 멧돼지에 대한 관심만 예년보다 커진 것 같다.

달걀 껍데기에 산란일자를 표기하면
'대량 반품'?

한국인은 달걀을 얼마나 먹을까. 1명이 1년에 268개를 먹는다는 최근 통계가 있다. 그래서 달걀이라는 소재가 등장하면 사람들은 일단 관심을 갖는다.

2018년 겨울, 양계 농민들이 식품의약품안전처 정문을 뜯어내는 일이 있었다. 1500여 명이 집회를 하다가 분위기가 과격해진 것이다. 그들은 식약처가 달걀 껍데기에 '산란일자', 즉 닭이 달걀을 낳은 날을 의무적으로 표기하도록 한 정책은 탁상행정이라고 비난했다. 이전에는 달걀을 '포장한 날'을 기준으로 각 농장이 자율적으로 유통기한을 표기해 왔다. 먹을 때는 잘 모르지만 달걀 껍데기를 유심히 보면 시도별 부호와 농장 이름이 인쇄되어 있었다.

새 정책에 따르면 달걀 껍데기에는 알을 낳은 날짜와 고유번호, 사육 환경이 찍힌다. 2019년 2월부터 시행 예정이었다. 제도 시행을 앞두고 양계 농가의 시위가 벌어진 것이다. 애초 이 정책은 2017년 살충

제 달걀 파동에 뿌리를 두고 있다. 유럽에 이어 국산 달걀에서도 살충제 성분인 피프로닐이 검출되자 정부가 소비자에게 투명한 생산 정보를 제공하기 위해 산란일자 표기를 의무화했는데, 이 제도는 전 세계적으로 처음 있는 일이었다.

1인당 하루 평균 0.7개를 먹는 달걀에 관한 논란은 팩트체크 할 만한 가치가 충분한 소재다. 소재 자체가 사람들의 관심을 끌지 못하면 굳이 품을 들여 팩트체크 할 이유가 없다. 대중의 관심 소재를 정면으로 다뤄야 다른 스트레이트 기사와 경쟁해 그날 〈8 뉴스〉의 큐시트에 집어넣을 수 있다.

무엇을 팩트체크 할 것인가

이 사안은 양계 농가의 목소리부터 들어야 한다. 무엇이 불만인지 핵심을 파악해야 취재가 쉽게 풀린다. 따라서 대한양계협회의 규탄 성명서부터 검토했다. 성명서에서는 달걀 껍데기에 산란일자를 표기하면 산란일자를 확인하는 과정에서 심각한 세균 오염이 생긴다고 주장했다. 이게 언제 낳은 달걀인지 확인하기 위해 소비자들이 달걀을 계속 만지작거리다 보면 세균에 오염될 거라는 얘기다. 그럴 수 있겠다 싶지만, 사람들이 달걀을 계속 만질지 알 수가 없으니 검증하기 곤란하다고 판단했다. 또한 규탄 성명서에는 이중 삼중으로 포장해서 파는 달걀도 이미 많은데 달걀 껍데기 확인하느라 포장지가 훼손되면 소비자 신뢰가 떨어질 것이라는 주장도 있었다. 이 역시 검증하기엔 적합하지 않았다. 산란일자 표기에 반대하는 좀 더 명확한 근거를 알고 싶었다.

양계협회 측은 정부 정책에 반대하는 근거를 좀 더 알고 싶으면 계란자조금관리위원회에 문의하라고 했다. 생소한 기관이었다. 소비자 입장에서는 달걀을 낳은 날짜를 투명하게 표기하면 좋을 것 같은데, 반대하는 근거가 무엇인지 물어봤다. 계란자조금관리위가 보내온 서면 답변에는 서울우유 사례가 언급되어 있었다. 서울우유가 우유팩에 제조일자를 표기한 뒤 반품률이 두 배 증가했다는 것이다. 달걀은 매일 낳는데, 주말과 연휴에 산란일자가 빠른 달걀이 재고로 쌓이면 안 된다는 얘기다. 양계 농가의 속내는 사실 반품에 대한 우려, 소득이 줄어들 것이라는 걱정이었다.

달걀에 산란일자를 표기하면 우유처럼 반품률이 당연히 늘어날 것이라는 주장, 사실일까? 이걸 따져보기로 했다.

어떻게 팩트체크 할 것인가

서울우유처럼 반품률이 늘어날 거라고 하니, 팩트를 정확히 알고 있는 곳은 당연히 서울우유였다. 서울우유 측에 전화해 물었다. 반품률 얘기를 꺼내니 통화하는 직원이 황당하다는 듯 웃었다. 우유에 제조일자 표기를 시작한 것이 꽤 오래된 일이어서, 데이터를 확인해 보고 다시 연락을 주겠다고 했다. 시간이 한참 걸렸다. 다시 전화를 걸어온 서울우유 측 설명은 이랬다. 우유팩에 우유 제조일자를 표기한 뒤로 판매량은 오히려 늘었다는 것이다. 서울우유 반품률이 증가했다는 계란자조금관리위원회의 설명은 사실이 아니었다. 이것만 보도하면 간단하지만, 팩트체크를 위해서는 좀 더 확인할 게 있었다.

우선 대형마트가 달걀을 어떻게 유통 판매하는지 알아야 했다. 그 흐름과 배경을 알아야 보도의 톤을 조절할 수 있다. 질문을 보낸 여러 곳 가운데 한 대형마트에서 답변이 왔다. 달걀의 경우 '선입선출' 방식, 즉 매장에 먼저 들어온 달걀을 우선 진열하는 방식으로 판매한다고 했다. 그렇지 않으면 마트에 재고가 생기기 때문이다. 혹시 안 팔리는 달걀이 있으면 반품하지 않을까? 마트 측은 달걀 유통기한이 지날 경우에는 점포별로 자체 폐기한다고 설명했다. 달걀이 안 팔렸다고 양계 농가로 다시 돌려보내는 건 아니라고 했다. 다른 대형마트들은 답변하지 않았다.

그렇다면 달걀 껍데기에 산란일자를 표기할 경우 매장에 어떻게 진열될까? 마트 측은 같은 산란일자를 기준으로 상품이 포장되고 진열될 거라고 했다. 대형마트뿐만 아니라 유통 물량이 상대적으로 적은 중소형 슈퍼마켓의 현황도 취재하면 좋았겠지만 솔직히 여력이 없었다. 반품률이 두 배로 늘어날 것이라는 주장은 물론 전망이긴 하지만 근거가 부족했고 과장된 수치로 보였다. 계란자조금관리위 쪽에 서울우유의 답변을 전하고 반론을 물었더니, 단순히 "반품률이 두 배로 늘어난다는 건 상식적인 얘기"라고 주장했다. 전망도 무턱대고 하는 것이 아니라 어느 정도 근거가 필요한 일인데, 이렇게 반론이 엉성하면 보도할 수 있다는 판단이 선다.

사실 양계협회 측이 산란일자 표기 정책에 반대한 이유는 하나 더 있었다. 달걀 껍데기에 기존에는 여섯 글자를 새겨왔는데, 이제 산란일자까지 포함하면 열 글자를 새겨야 한다. 그러자면 인쇄 기계뿐만 아니라 달걀 선별시스템까지 싹 바꿔야 해서 농가당 많게는 10억 원가량 든다는 주장이었다. 한 언론은 이 주장을 인용해, 전국의 모든 농가에서 총 1조 원 넘는 비용이 들 수 있다고 보도하기도 했다. 소비자에게 아무리 좋은 취지의 제도라고 해도, 정부가 예산을 일절 지원해 주지 않

산란일자 표기법.
자료: 관계부처 합동 「식품안전개선 종합대책 보고서」(2017년 12월 27일).

으면서 농가당 10억 원 가까운 돈을 알아서 부담하라고 하면 제도 시행이 어려워진다. 이 금액도 사실인지 확인해야 했다.

우선 양계협회 관계자한테 물어보니, 인쇄 기계는 1억 원 정도면 되고, 달걀 선별시스템은 '바꿔야 할 수도' 있다고 말했다. 정확하게 파악하기 위해서는 인쇄 기계와 선별기를 제작하는 업체에 일일이 물어봐야 했다. 국내 점유율이 높은 업체 가운데 한 곳을 접촉했다. 업체에서는 양계 농가마다 상황이 다르지만, 대부분의 농가가 갖고 있는 보급형 라인에서는 한글을 뺀 산란일자를 표기하는 건 거의 가능하다고 했다. 새 제도에서 열 글자는 위의 그림처럼 "1004MFDSJ2" 이런 식으로 들어간다. 다른 장비 업체에서는, 국산 장비를 들여놓은 곳은 라인의 속도가 느려서 열 글자 인쇄가 가능한 걸로 파악하고 있었다. 일부 비용이 들 수 있는 건 사실이지만, 1억 원이 필요하다거나 달걀 선별시스템까지 통째로 바꿔야 해서 최대 10억 원이 든다는 얘기는 들을 수 없었다. 무엇보다 취재진이 마트에 직접 가서 확인해 보니 산란일자 의무표기를 시행하기 이전이었는데도 알 낳은 날짜를 표기한 달걀이 꽤 있었다. 이런 내용을 모두 고려해 팩트체크 보도했다.

제도 시행 이전에는 달걀에 '유통기한'만 표기되어 있었다. 그렇다 보니 달걀 값이 저렴해지는 여름에는 수천 판을 사서 대형 냉장고에 한두 달 정도 쟁여놨다가, 나중에 포장해서 판매해도 소비자가 알 길이 없었다. 유통기한의 기준 날짜는 '포장일'이기 때문이다. 낳은 지 한두 달이 지난 달걀도 어제 포장했으면, 갓 낳은 신선한 달걀인 것처럼 탈바꿈할 수 있었다. 양계 농가가 비양심적이라는 뜻이 아니라, 제도 자체가 그랬다.

달걀은 냉장 상태에서는 두 달 지나 먹어도 괜찮고 석 달이 지나도 괜찮다는 게 양계협회 설명이었다. 실제로 취재진이 통화한 동물소재공학과 교수는 냉장시스템이 잘 갖춰진 경우 4~6개월 동안 먹을 수 있다고 했다. 식약처는 고시에 따라 냉장 달걀의 권장 유통기한은 45일이라고 설명했다. 낳은 지 한 달 이상 지난 달걀도 신선도가 떨어지지 않을 수 있고 먹는 데 문제가 없는 게 사실이지만, 소비자는 언제 낳은 달걀인지 정확히 알고 먹을 권리가 있다.

식약처는 팩트체크 보도 뒤인 2019년 9월, 전국의 927개 중소형 마트를 중심으로 달걀 산란일자 표기를 제대로 하고 있는지 조사했다. 대형마트 달걀은 산란일자 표기가 정착되었다고 보고, 조사 대상에서 빠졌다. 중소형 마트 달걀의 산란일자 표기율은 99%였다. 전국 농가에서 생산되는 달걀 대부분에는 산란일자가 제대로 표기되고 있는 것으로 나타났다. 물론 영세한 양계 농가 입장에서는 추가 비용을 들이고 싶지 않았을 것이다. 또 과거 식약처 정문을 부순 농가는 대부분 형편이 넉넉하지 않았을 수 있다. 그래서 팩트체크에서도 제도는 예정대로 시행하되, 양계 농가의 목소리도 귀담아 들어야 한다는 점을 담았다.

달걀을 구입할 때 산란일자가 궁금하면 앞의 네 자리 숫자를 확인하면 된다. '0315'라고 적혀 있다면 그해 3월 15일에 낳은 달걀이라는 뜻이다.

사립유치원 폐원 사태,
근처 국공립 갈 수 있을까?

2018년 말 정부와 사립유치원은 극한 대립으로 치달았다. 그해 10월 민주당 박용진 의원이 17개 시도교육청에서 적발된 사립유치원 비리 실태를 국회 국정감사에서 공개한 것이 시발점이다. 파급력은 '실명 공개'에 있었다. A유치원, B유치원 했으면 어딘지도 모른 채 지나갔을 것이다. 하지만 부모들로부터 교비를 받아 명품백을 산 사실 등 어처구니없는 비리 실태가 유치원 실명과 함께 공개되자 학부모들의 비난이 빗발쳤다.

이 와중에 한 사립유치원 원장은 머리에 랜턴을 쓰고 국회 국정감사장에 등장해 자신들은 새벽에 그 랜턴을 쓰고 일한다면서 억울함을 호소하기도 했다. 국회의원들이 가끔 언론의 주목을 끌기 위해 국정감사장에 특이한 물건을 갖고 나오는 건 봤지만, 참고인 자격으로 출석한 사람이 그런 물건을 들고 나온 건 이례적이었다. 머리 랜턴은 카메라 셔터 세례를 듬뿍 받았다. 이 모습은 사립유치원 학부모뿐만 아니라 대중도 분노케 만드는 계기가 되고 말았다.

무엇을 팩트체크 할 것인가

정부와 여당은 '유치원 공공성 강화 방안'을 발표했다. 국공립유치원을 늘리는 쪽으로 간다는 것이다. 사립유치원에 대한 개혁 목소리도 거세졌다. 그러자 한국유치원총연합회(한유총)를 중심으로 폐원 움직임이 시작되었다. 교육부는 여기에 '국공립유치원 신증설 세부 이행계획'을 발표하며 맞섰다. 사립유치원 폐원에 맞서, 정부가 국공립유치원을 재빠르게 얼마나 늘릴 것인지 세부 계획을 발표하는 자리였다. 이듬해부터 국공립유치원 1080학급을 늘리고 아이들 2만 명을 더 다닐 수 있게 하겠다는 게 핵심이었다. 정부 말대로라면 국공립유치원 문이 넓어지는 셈이니까 반길 만했다. 하지만 혼란스러웠다. 계획이 넘치고 숫자가 난무해 현실성을 따져보기가 쉽지 않았다. 무엇을 검증해서 어떤 팩트체크 콘텐츠를 만들 것인가.

취재 당시 나는 유치원 학부모였다. 사립유치원에 아이를 보내는 부모 마음을 이해할 수 있었다. 아이는 자기가 다니는 유치원이 사립인지 국공립인지 알 턱이 없다. 잘 다니던 사립유치원이 하루아침에 폐원한다고 하면 아이는 친구와 헤어지는 게 아쉬울 뿐이겠지만, 부모 입장에서는 막막함이 이루 말할 수 없을 것이다.

유은혜 부총리가 사립유치원 부모들에게 걱정하지 말라고 말했던게 기억났다. 유 부총리는 "사립유치원이 폐원을 하겠다고 학부모에게 통보만 하더라도 교육부와 교육청은 해당 유치원 아이들을 인근 국공립유치원이나 어린이집 등에 다양하게 배치될 수 있도록 대책을 마련하겠다"라고 말한 적이 있다. 폐원 통보를 받은 뒤 아이를 근처 국공립에 보낼 수 있다면 정말 감사한 일인데, 유치원 부모 입장에서 생각했을 때 과연 가능할까 의문이 들었다.

어떻게 팩트체크 할 것인가

핵심은 부총리의 언급대로, 사립유치원에서 폐원 통보를 받으면 근처 국공립으로 갈 수 있는지 여부다. 팩트라는 걸 판단할 수 있는 사안일지 애매했다. 우선 폐원 통보를 받은 사립유치원 학부모의 한 사례를 정밀하게 취재해 보기로 했다. 서울에서 한 사립유치원이 부모들에게 폐원 통보했다는 걸 보도국 제보를 통해 알게 되었다. 사립유치원 문을 닫고 놀이학교로 전환하겠다는 것이다. 폐원하려면 유치원에 다니는 아이의 학부모 3분의 2로부터 동의를 받아야 한다.

이 아이들은 부총리 말대로 근처 국공립으로 갈 수 있는 가능성이 있을까? 가능성을 따지는 것은 팩트가 아닌 판단의 영역이지만, 그 가능성을 판단하려면 여러 가지 팩트를 확인해야 한다. 그 팩트를 가장 정확하게 알고 있는 사람은 누구일까. 부총리가 아니다. 찾고 찾다 보니, 서울에서는 한 교육지원청 주무관이 이걸 꿰뚫고 있었다. 대국민 발표는 저 윗선에서 하지만, 정확한 세부 팩트는 저 아래 담당자가 알고 있다. 동네 유치원 상황에 속된 말로 '빠삭'하다. 폐원 통보된 유치원에 다니는 아이는 4살부터 7살까지 모두 132명이었다. 이듬해 초등학교에 가는 아이를 빼면, 당장 갈 곳이 없어진 아이가 80여 명이었다.

난 아이 때문에 유치원 온라인 추첨을 이용해 본 적이 있어서 '처음학교로'라는 사이트를 잘 알고 있었다. 온라인 추첨 제도 이전에는 유치원마다 공을 뽑는 추첨 방식이어서, 시즌마다 부모에 조부모까지 동원되어 가족이 여러 유치원의 추첨 현장을 전전해야만 했다. '처음학교로'는 그런 불편 없이 온라인으로 간단히 지원해 추첨 결과를 알 수 있다. 그런데 취재 당시에는 이듬해 국공립유치원 추첨이 모두 끝난 상태였다. 국공립유치원 정원은 정해져 있었고 그 정원에 선발된 아이도 확정되어 있었다. 국공립에 당첨된 운 좋은 학부모들이 유치원에 등록하는 기간이었다. 국공립유치원의 인기가 대단하다 보니 보통 대기 순번이 줄줄이 생긴다. 그런데 사립유치원이 폐원한다고 갈 곳 없어진 아이를 국공립으로 보내준다? 추첨이 다 끝났는데 어떻게 보내준다는 것일까? 이상했다.

부총리가 공식 자리에서 한 발언은 무게가 상당하다. 단순한 립서비스라고 생각하는 사람은 드물다. 그런데 유 부총리의 발언이 현실성이 있는지 점점 의문이 들었다. 교육지원청 담당자를 취재해 보니, 같은 생각을 하고 있었다. 그는 "지금 대기까지 있는 상황이기 때문에 증설이 되지 않는 이상은 국공립으로 보내주는 것이 힘들다"라고 했다. 꿈의 국공립유치원 앞에 대기 줄이 길게 서 있는데, 정부가 그 앞에다 불쑥 폐원 사립유치원 아이를 넣어줄 수는 없는 일이다. 폐원을 하는 것은 물론 딱한 일이지만, 줄 서 있는 대기 학부모 입장에서는 받아들일 수 없는 대책이다.

교육지원청 담당자는 이듬해 3월 새 학기에 당장 국공립으로 보내주는 건 현실적으로 어렵다고 했다. 교육부 담당자에게 크로스체크 해야 했다. 예상대로 역시 어렵다고 했다. 국공립 대기 줄이 긴데 그 앞에 넣어줄 수 없다고 했다. 그는 국공립 배치를 보장하는 건 아니고 '최대한 노력'한다는 뜻이라고 부총리 발언을 설명했다. '최대한 노력'이라는 표현은, 대기 순번 다 빠지고 혹시 국공립에 빈자리가 생기면 알려주겠다는 뜻으로 들렸다.

이건 사실 대책이라고 부르기엔 민망한 수준이다. 폐원을 통보 받은 부모가 들으면 정말이지 속 터지는 말이다. 부총리가 긴급회의에서 한 말이면 신속히 대책을 마련하기는 어렵더라도 뭔가 느리지만 방안을 가지고 있어야 했다. 그 방안을 염두에 두고 나온 발언이어야 했다. 하지만 교육부 담당자, 교육지원청 담당자에게 물어도 별다른 수가 없었다. 폐원 통보를 받으면 다른 부모들과 똑같이 '처음학교로'에 접수하는 것 말고 부모가 할 수 있는 게 거의 없었다. 근처 국공립유치원의 정원을 늘려서 문 닫은 사립유치원의 아이를 넣어주겠다는 것도 아니었다. 정원을 늘리면 역시 대기자를 먼저 넣어줘야 한다는 주장이 나올 수 있다. 국공립유치원은 들어가기가 너무 어렵기 때문에, 다른 아이를 앞에 끼워 넣으면 형평성에서 문제될 소지가 크다.

확인할 것이 남았다. 교육지원청 담당자를 통해 폐원 사립유치원 근처에 있는 국공립유치원에서는 이듬해에 몇 개 학급이 증설되는지도 취재했다. 유치원이 신설되지 않더라도 학급 수만 늘어날 수도 있기 때문이다. 혹시 거기로 보내줄 수 있는 건 아닐까 궁금했다. 모두 8개 학급이 늘어난다고 했다. 폐원 사립유치원으로부터 가까운 곳이 차로 15분 거리였다. 하지만 '처음학교로'를 통해 온라인 접수를 받은 곳이 거의 없었다. 폐원 통보는 받았고, 국공립 정원은 이미 다 찼고, 증설 학급은 있지만 지원을 받지 않는 상태이고……. 부모들은 앞이 보이지 않았을 것이다. 정부가 개인의 모든 걸 일일이 챙겨줘야 한다고 생각하지는 않는다. 다만 그렇게 하지 못할 거라면, 부총리의 발언은 애초에 나오지 말았어야 한다.

언론은 부총리의 발언을 인용해 "사립유치원 폐원 통보 때는 인근 국공립 배치"라고 제목을 뽑아 보도했다. 부총리 발언과 그 발언을 보도한 기사 모두 결과적으로 사립유치원 부모들에게는 희망고문이자 립서비스가 되었던 것이다.

팩트체크 그 후   팩트체크 보도에서 언급된 사립유치원에 친구의 아이가 다니고 있다는 사실을 나중에 우연히 알게 되었다. 유치원비가 한 달에 70만 원을 훌쩍 넘는다고 했다. 카드도 계좌이체도 안 받고 오직 현금만 받는다고도 했다. 유치원이 지금도 현금만 받는지는 알 수 없다. 취재 당시엔 학부모에게만 폐원 통보를 하고 교육지원청에 정식으로 폐원 신청을 하지는 않은 상태였다. 결국 문을 닫는 극단적인 선택을 하지는 않은 모양이다. 해당 유치원은 놀이학교로 바뀌지 않고 아직 '유치원'이라는 이름으로 운영되고 있다.

다른 곳들은 결국 폐원을 선택했다. 폐원을 추진하는 사립유치원은 2019년 3월 기준 전국에서 170곳으로 집계되었다. 교육부는 이들 유치원에 다니던 아이들의 99.9%가 다른 유치원이나 어린이집에 등록을 마쳤다고 발표했다. 교육부는 다만 이 아이들이 국공립으로 옮겼다고 발표하지는 않았다. 폐원된 사립유치원 아이들을 국공립에 배치해 주었다는 교육부 보도자료가 별도로 나온 적은 없다. 현실적으로 여의치 않았을 것이다.

문 닫는 사립유치원은 해마다 늘고 있다. 2016년 56곳, 2017년 69곳, 2018년 111곳, 2019년에는 257곳이 폐원했다. 출산율이 줄고, 아이들도 줄고, 경영은 악화되니 당연한 추세다. 정부 계획대로 국공립유치원이 빠르게 확충되기를 기대한다.

제2장

데이터에 숨어 있는 팩트

음주단속 장소 알려주는 앱,
음주운전 줄인다?

2018년 9월, 부산 해운대에서 안타까운 일이 벌어졌다. 당시 휴가를 나왔던 군인 윤창호 씨가 만취 운전자의 차량에 치어 사경을 헤매다 끝내 숨진 것이다. 윤 씨 친구들이 낸 청와대 청원에는 닷새 동안 20만 명 넘게 동의했다. 국회에서는 음주운전 교통사고의 처벌을 강화하는 이른바 '윤창호법'(특정범죄 가중처벌 등에 관한 법률 개정안)이 발의되어 처리되었다. 윤창호법에 따르면 음주운전을 하다가 사망사고를 내면 무기 또는 3년 이상의 징역을 받게 된다. 원래는 1년 이상의 징역이었다. 또 음주운전 단속 기준도 강화되었다. 이건 '제2윤창호법'(도로교통법 개정안)이라고 불렀다. 면허정지와 면허취소 기준이 각각 강화되었다.

새 기준은 2019년 6월부터 시행되었다. 그러자 음주운전 단속 장소를 알려준다는 애플리케이션에 대한 관심이 크게 늘었다. 소주 딱 한 잔만 해서 난 괜찮은데 단속이 강화되었다고 하니 걸릴까봐 조마조마하거나 애매할 때 앱을 찾는 사람들이 많은 것 같았다. 단속 장소를 알

러준다는 앱은 하나가 아니었다.

무엇을 팩트체크 할 것인가

"음주단속 정보를 알려준다고? 그럼 누가 단속에 걸리겠어, 미리 확인하고 전부 다른 길로 가지." 이 앱을 알게 된 사람들이 보인 첫 반응은 보통 이랬다. 앱을 검증할 만한 뭔가가 없을까 찾기 시작했다. 앱에 대한 대중들의 관심도 높아져 있었고, 무엇보다 그 단속 정보가 사실인지 궁금해 할 것 같았다. 과거에 이 앱을 다룬 보도도 검토했다. 그 과정에서 앱 개발업체가 "음주단속 정보를 알려주는 것이 음주운전을 줄이는 데 효과가 있다"라고 주장했다는 사실을 알게 되었다. 음주단속 정보를 제공하는 앱이 공익에 부합한다는 것이다. 하지만 이건 과거에 그렇게 주장했다는 보도였다. 현재도 그렇게 주장하고 있는지, 입장이 변하지 않았는지 확인이 필요했다. 앱 개발업체에 접촉해 물었더니 취재진에게 같은 주장을 되풀이했다.

팩트체크 할 주제가 잡혔다. 운전자들에게 음주단속 정보를 미리 알려주면 음주운전이 줄어든다는 게 과연 사실일까?

어떻게 팩트체크 할 것인가

핵심은 데이터였다. 그런데 경찰에는 '음주운전' 데이터가 없다. 술을 마시고 운전대를 잡은 사람이 몇이나 되는지 그 데이터는 없다는 뜻이다. 생각해 보면 당연하다. 단속에 적발된 수치는 있겠지만, 단속을 피한 데이터가 있을 리는 없다. "음주단속 정보를 알려주면 음주운전이 줄어든다"라는 주장은 그래서 엄밀하게 입증하는 것 자체가 불가능하다. 아무도 알 수 없기 때문이다.

경찰에는 다만 교통사고 데이터는 있다. 사고가 나면 경찰이 운전자가 술을 마셨는지 체크하고 기록하기 때문에 '음주 교통사고'에 대한 데이터가 월별로 누적되어 있었다. 음주사고로 인한 부상자와 사망자 수치가 남아 있기 때문에 이 데이터로 음주운전이 늘었는지 줄었는지 간접적으로 미뤄 짐작해 볼 수는 있다고 생각했다.

음주단속 앱을 켜면 자신이 있는 위치 근처 어디에서 음주단속을 하는지 나온다. 이건 경찰이 앱 개발업체에 단속 정보를 제공하는 것이 아니다. 앱 이용자가 운전을 하다가 우연히 단속 지점을 발견하면 지도에 그 위치를 표기하고, 이용자들끼리 그 단속 정보를 공유하는 식이다. 그러니까 음주단속 정보를 알려준다기보다는 정보를 서로 '공유'하는 앱이라는 표현이 정확하다.

그런데 이 앱이 나오기 전 경찰에서는 음주단속을 어디서 하는지 실제로 미리 알려준 적이 있었다. 경찰청 본청에서 전국 단위로 한 적은 없지만, 서울과 부산, 울산 세 곳에서 지방경찰청 단위로 단속 정보를 대놓고 공개한 적이 있다는 사실을 취재 과정에서 알게 되었다.

당시 데이터를 근거로 세 지역에서 "오늘 어디서 단속합니다" 하고 미리 알려줬을 때 음주운전 사고 데이터가 어떻게 변했는지 살펴볼 수 있었다.

먼저, 서울지방경찰청은 2009년 단속 장소를 미리 알려줬다. 전국에서 처음 시행하는 제도였다. 당시 SBS 마감뉴스 〈나이트라인〉에서는 단속 정보를 제공받아 방송했다. 앵커가 "이 시각 음주단속"이라는 제목으로 서울 어디서 단속하는지 읽어줬다. 운전자가 온라인에서 정보를 적극적으로 찾지 않아도 TV를 켜기만 하면 알 수 있는 방식이었다. 서울경찰청은 이 제도를 시행하기 전에는 그렇게 알려준 적이 없기 때문에 음주운전이 줄어들지 여부에 대해 확신할 수 없었을 것이다. 시행 기간은 2009년 5~11월이었다.

제도 시행 후 음주 교통사고 건수는 어떻게 됐을까? 팩트체크 할 수 있는 데이터는 도로교통공단에 있었다. 일반인이 많이 찾는 데이터가 아니기 때문에 접근이 쉽지 않았다. 공단 관계자에게 문의해 데이터를 받을 수 있었다. 2009년 5~11월의 월별 음주 교통사고 건수를 2008년 같은 기간과 비교했다. 이 기간의 전체 사고 건수는 2067건(2008년) → 2028건(2009년)으로 거의 차이가 없었다. 2009년 5~11월의 월별 음주사고 건수를 전년도 같은 월과 비교해 봐도 증가한 건 석 달, 감소한건 넉 달이었다. 단속 정보를 방송으로 알려줬지만, 음주 사고 건수가 유의미하게 줄지 않았고, 음주운전 건수도 줄었다고 추정하기는 어려웠다.

부산지방경찰청은 2011년 12월에 음주단속 정보를 알려주기 시작했다. 단속 장소 정보를 담은 트윗을 날리는 방식이었다. 이 제도를 언제까지 시행했는지 부산경찰청에 수소문했지만 기억하는 사람이 없었다. 제도에 대한 공식 기록도 남아 있지 않았고, 그때 담당자가 누구였는지, 지금은 어디로 갔는지도 알 수 없다고 했다. 그래서 단속 정보가 남아 있는 트윗을 모두 뒤져 2012년 1~6월의 음주 교통사고 데이터를 확인했다. 이 기간을 전년도 같은 기간과 비교했을 때, 부산에서는 음주 교통사고가 548건(2011년 1~6월) → 619건(2012년 1~6월)으로 오히려 늘었다. 사망자도 같은 기간 12명에서 19명으로 증가했다. 서울과 마찬가지로 음주운전 건수가 줄었다고 추정하기는 어려웠다.

팩트체크의 정석

2010년 12월 16일부터 울산에서 시행한 음주단속 사전예고제에 따른 결과

	음주사고			음주단속
	발생	사망	부상	
2010년 1~10월	588	12	997	6985
2011년 1~10월	630	15	1039	5192
대비	+42(+7.1%)	+3(+25%)	+42(+4.2%)	-1793(-25.7%)

자료: 울산지방경찰청.

울산지방경찰청에는 기록이 가장 잘 남아 있었다. 2010년 12월 중순부터 제도를 시행해 이듬해 11월 중순까지 운영했다. 그래서 2011년 1~10월의 교통사고 데이터를 받았다.

울산도 부산처럼 음주사고가 늘었고, 사망자가 증가했다. 부상자도 늘었다. 그런데 특이하게도 음주단속 정보를 알려준 기간에 '단속에 적발된 사람 수'만 전년도보다 줄었다. 그것도 대폭 줄었다. "미리 알려줘 봐야 술 먹고 피해가기만 한다"라는 우려가 데이터로 나타난 것일 수 있다. 당시 제도를 기억하는 경찰과 어렵게 통화가 되었다. 그는 밤 늦게 술 먹고 112로 전화를 걸어서 어디서 음주단속 하느냐고 알려달라는 문의 전화가 그렇게 많았다고 기억했다. 범죄에 대응해야 하는 경찰서 상황실이 음주단속 장소를 문의하는 민원실이 되었다는 얘기다. 서울, 부산, 울산 모두 안 되겠다 싶었는지 제도를 폐지했다. 경찰은 이제 음주단속 장소를 사전에 알려주지 않고 불시에 단속한다.

팩트체크 보도를 위해 앱에 뜬 음주단속 지점이 정확한지도 확인해야 했다. 경찰이 밤사이 단속한다고 지도에 표시된 네 군데를 기록한 뒤, 다음날 관할 경찰서에 실제로 그곳에서 음주단속 한 것이 사실인지 확인했다. 한 곳 빼고는 허위 정보였다. 지도에 단속 지점을 표기할 때

누군가 검증을 해주는 게 아니니까 당연히 허위 정보가 있을 수밖에 없다. 또 요즘 경찰은 한 곳에서만 오래 단속하지 않는다. 자주 단속하는 단골 장소가 있을 수 있지만, 음주측정기를 들고 하룻밤에도 고생스럽게 여기저기 돌아다닌다.

술 약속이 있다면 차는 집에 두고 가는 게 좋고, 이런 앱도 참고하지 않는 게 낫다. 음주운전을 줄이는 데 효과가 있다는 근거는 없다.

팩트체크 그 후   팩트체크 보도가 나간 뒤 앱 온라인 장터에는 '고의적인 허위 게시자'에 대해 뭔가 조치가 있어야 한다는 댓글이 달렸다. 하지만 힘들 것이다. 누군가 단속 정보를 올리더라도, 바로 그 현장에 가서 눈으로 확인하지 않는 이상 허위 정보인지 여부를 알 수 없기 때문이다. 실제로 단속 장소가 맞았지만 경찰이 장소를 옮겨 다른 누군가는 뒤늦게 허위 정보라고 믿을 수도 있다. 이 앱은 단속 정보 공유라는 혹하는 아이디어로 100만 다운로드를 이미 오래 전 돌파한 상태다.

윤창호 씨를 숨지게 한 피고인은 징역 6년이 확정되었다. 음주운전 기준이 강화된 뒤 음주운전 적발은 줄고 사망사고도 감소하는 추세라고 경찰청은 밝히고 있다. 고인과 같은 억울한 죽음은 더 이상 없어야 한다.

홍준표 전 대표의 기막힌 반전, 역대 정부 대북 지원금액은?

　팩트체크를 가장 싫어할 만한 정치인은 누구일까. 홍준표 전 자유한국당 대표가 그중 한 명일 것이다. 2017년 대통령 선거 때 홍 전 대표는 당시 자유한국당(현 미래통합당)의 대선 후보였다. 다른 후보의 발언들이 다 그랬지만, 홍 후보의 발언도 하나하나 팩트체크의 검증 대상에 올랐다. 당시 토론회에서 후보들 간에 논쟁이 붙으면 어떤 후보는 상대방에게 자기주장이 확실히 맞다는 듯 "팩트체크 한번 해보세요"라고 말하고는 했다. 그러면 곧 어김없이 팩트체크 보도가 뒤따랐다.

　이런 현상은 2017년 이전 대선에서는 볼 수 없던 신선한 풍경이었다. 과거 대선에서는 후보들의 주장에 대해 단순히 '아무개 후보는 이렇게 주장했습니다'라고 전하고 끝나는 보도가 대부분이었다. 논쟁이 붙어도 양측의 '공방'으로 처리하면 끝이었다. 선거를 앞둔 극도로 예민한 시기에 언론은 기계적 균형을 택했다. 언론이 굳이 나서서 누가 맞다 틀리다, 기계적 균형을 무너트려가며 가르마를 타주는 경우는 거의 없었다. 기자들이 불성실해서가 아니었다. 팩트체크라는 저널리즘의 새로운 분야가 자리 잡지 않은 시절이었을 뿐이다.

홍준표 후보는 대선에서 2위를 기록했다. 대선이 끝난 뒤 집계해 보니, 서울대 언론정보연구소 SNU팩트체크센터의 제휴 언론사 12곳이 검증한 후보들 발언 가운데 홍 후보의 발언이 '사실 아님' 혹은 '대체로 사실 아님'으로 판정된 비율이 가장 높았다. 팩트체크가 낙선에 영향을 미쳤다고 판단한 것일까. 자유한국당은 대선이 끝난 뒤 국내 팩트체크 보도의 플랫폼 역할을 해온 SNU팩트체크센터를 겨냥해 윤석민 당시 서울대 언론정보연구소장과 정은령 SNU팩트체크센터장을 '공직선거법' 위반(허위사실 공표) 혐의로 검찰에 고발했다. 대선 기간에 정치적으로 좌편향된 기사를 사실 확인 없이 그대로 인용해 한국당과 홍 후보에게 악영향을 끼쳤다는 주장이었다. 검찰은 '혐의 없음' 처분을 내렸다.

소송은 이게 다가 아니었다. 한국당은 또 서울대와 서울대 언론정보연구소 SNU팩트체크센터를 상대로 1억 원의 손해배상 민사소송을 냈다. SNU팩트체크센터가 정치적으로 편향된 매체의 기사 9건을 검증 없이 인용해 명예가 훼손되고 대선에 악영향을 미쳤다는 주장이었다. SBS '사실은' 코너의 보도 역시 포함되어 있었다. 대선이 끝나고 2년 뒤, 1심 법원의 판결이 나왔다. 한국당이 패소했다.

법원은 "최근 일부 언론사들이 공적 인물의 발언을 단순 전달하는 역할을 넘어 나름의 근거를 가지고 검증 결과를 제시한다"라면서, "검증 결과가 언제나 옳다고 단정할 수 없지만 언론사가 믿을 만한 근거를 토대로 합리적 사고 과정을 거쳐 판단한 결과라면 쉽사리 명예훼손이라 인정해선 안 된다"라고 밝혔다. 한국당의 소송전은 별다른 성과 없이 끝났다.

무엇을 팩트체크 할 것인가

여기서는 한국당이 재판에서 문제 삼은 SBS의 팩트체크 보도를 소개한다. 역대 정부의 대북 지원금액에 대한 것이다. 이것은 선거 때마다 단골로 등장하는 논쟁 소재다. 2017년 대선 후보 TV 토론에서도 어김없이 언급되었다. 대선을 코앞에 둔 2017년 4월, 두 차례 TV 토론에서 나온 발언은 이랬다.

> 홍준표 자유한국당 후보: "노무현 대통령 시절에 현금하고 달러, 현물하고 넘어간 게 통일부 자료를 보면 44억 달러가 나옵니다."
> 문재인 더불어민주당 후보: "그 금액은 오히려 이명박, 박근혜 정부가 더 많았죠."
> _ 2017년 4월 19일 대선 후보 토론

> 홍준표 자유한국당 후보: "지금 북핵문제를 자꾸 이명박, 박근혜 정부 탓으로 돌리는데, 사실 북핵 문제는 DJ, 노무현 정부 시절에 북한에 70억 달러 돈을 줬기 때문에 그 돈이 핵이 되어서 돌아온 겁니다."
> _ 2017년 4월 23일 대선 후보 토론

TV 토론 도중에 실시간으로 팩트체크가 가능하다면 좋겠지만, 현실적으로 쉽지가 않다. 팩트체크 담당 기자라고 해도 밤늦은 시간에 취재할 곳이 마땅치 않기 때문에 누구나 할 수 있는 '검색 체크'에 머무르기 십상이다. 온라인에서 검색해서 나오는 자료로 간단하게 검증할 수 있는 팩트체크는 많지 않다. 검색된 자료가 팩트체크 보도에 인용할 만큼 사실인지 확신할 수도 없다. 역대 정부의 대북 지원금도 마찬가지다. 검색을 해보면 과거 기사가 나오지만 오래된 데이터가 대부분이고, 사실인지 확실하지도 않다. 이런 데이터로 팩트체크를 하면 그 보도를 다시 팩트체크 해야 하는 일이 벌어진다.

어떻게 팩트체크 할 것인가

온라인에서 검색해 보면 다음 쪽의 그래프가 아주 많이 나온다. 제목은 '역대정권 대북 송금액'이다. 누가 처음 만들었는지 알 수 없지만, 이걸 인용한 게시물이 아주 많다. 데이터 출처가 통일부이고, 2010년과 2013년 수치라고 되어 있다.

2010년 기사부터 확인했다. 대북 송금액이 김대중 정부 13억 4500만 달러, 노무현 정부 14억 1000만 달러라는 것은 기사에 나온 수치와 일치했다. 통일부가 국회에 제출한 데이터라고 보도되었다. 그런데 기사에 김영삼 정부의 수치는 없었다. 특히 방송 토론에서 홍준표 후보가 얘기한 건 '현금과 현물을 합친' 금액이었는데, 2010년 언론에 보도된 수치는 '대북 송금액', 즉 현금 위주의 자료였다.

이런 출처 불명의 그래프에 제시된 데이터를 팩트체크의 검증 근거로 삼을 수는 없었다. 2차 자료는 누군가의 정치적 목적에 따라 가공되었을 가능성이 있다. 이럴 땐 통일부에 공식 데이터를 요청해야 한다.

토론회 다음날 저녁, 방송 시간이 얼마 남지 않았을 때다. 통일부에서 공식 데이터가 왔다. 2017년 2월 기준 자료였다. 통일부 장관 결

'역대정권 대북 송금액'이라는 제목으로 인터넷에 떠도는 그래프 자료.

재를 받고 데이터를 보내주느라 늦었다고 했다. 데이터를 보고 놀랐다. 과거 보도와 달랐기 때문이다.

　지금부터 '현금'과 '현물'이라는 표현에 주목해야 한다. 통일부 자료가 두 항목으로 분류되어 있어서 자칫하면 헷갈릴 수 있기 때문이다.

　4월 19일 토론에서 홍준표 후보가 통일부 자료를 근거로 "노무현 대통령 시절 현금과 현물을 합쳐서 44억 달러가 북한에 넘어갔다"라고 말했는데, 이는 거의 정확한 수치였다. 정확히 43억 5632만 달러로 통일부는 집계했다. 당시 문재인 후보는 "이명박, 박근혜 정부가 더 많았다"라고 했는데, 이는 사실과 달랐다. 현금과 현물을 모두 합치면 노무현 정부 때가 가장 많았다.

정부별 대북 송금 및 현물제공 내역(2017년 2월 기준)

정부별 대북 송금 내역   단위: 만 달러

	정부 차원	민간 차원				총계
	화상상봉센터 건립 관련 물품 구매	관광(교예단, 시설이용료 등 포함)	교역·위탁 가공 등	개성공단 (임금·통신 비 등)	기타 (사업권· 이용료 등)	
김영삼 정부	-	-	93,619	-	-	93,619
김대중 정부	-	41,952	83,195	-	45,308	170,455
노무현 정부	40	12,471	201,972	4,131	2,324	220,938
이명박 정부	-	3,069	135,936	27,629	1,308	167,942
박근혜 정부	-	-	56	25,438	-	25,494

주: 교역·위탁가공 관련 금액은 정부에 신고한 반입 금액 기준임.

정부별 대북 현물제공 내역   단위: 만 달러

	정부 차원				민간 차원		총계
	인도적 지원 (무상)	차관(식량/철도 ·도로자재/경공 업 원자재 등)	개성공단 (기반시설 지원 관련)	기타 (백두산 피치)	인도 지원	기타 (류경체육 관 건립)	
김영삼 정부	26,172	-	-	-	2,236	-	28,408
김대중 정부	28,502	23,974	-		19,134	5,000	76,610
노무현 정부	78,550	76,473	15,670	928	43,073		214,694
이명박 정부	8,564	436	7,864	-	12,839	-	29,703
박근혜 정부	3,769	-	2,216		2,248	-	8,233

주: 상기 금액은 해당연도 당시 환율을 적용한 금액임.

총괄(현금+현물)   단위: 만 달러

	정부 차원		민간 차원		총계
	현금	현물	현금	현물	
김영삼 정부	-	26,172	93,619	2,236	122,027
김대중 정부	-	52,476	170,455	24,134	247,065
노무현 정부	40	171,621	220,898	43,073	435,632
이명박 정부	-	16,864	167,942	12,839	197,645
박근혜 정부	-	5,985	25,494	2,248	33,727

자료: 통일부

"홍 후보가 노무현 정부 시절에 44억 달러를 보냈다고 했으니까, 민
　　관 총액으로 따지면 거의 비슷한 게 사실입니다. 또 문재인 후보가 답
　　변하기를 이명박, 박근혜 정부 때는 대북 지원을 더 많이 했다고 했는
　　데, 이건 통일부 자료로 봤을 때 사실과 달랐습니다."

_ 2017년 4월 20일 '사실은' 보도

　　SBS 〈8뉴스〉의 '사실은' 보도 내용이다. 당시 다른 언론도 홍 후보
의 발언을 팩트체크 했는데, SBS 보도와 전혀 달랐다. 노무현 정부의
대북 현금·현물 지원은 23억 달러라면서 홍 후보의 44억 달러 발언은
부풀려진 수치라고 보도했다. 데이터 출처는 오래된 통일부 자료였다.
같은 기관의 자료인데 SBS는 44억 달러가 거의 맞다고 하고 다른 언론
은 23억 달러가 맞다고 한 것은 통일부의 계산 방식이 과거와 달라졌기
때문으로 보인다. SBS가 통일부에서 받은 자료에는 노무현 정부의 '민
간 차원 교역과 위탁가공 금액' 20억 2000만 달러가 포함되어 있었지
만, 다른 언론이 인용한 과거 자료에는 이 금액이 다르거나 항목 자체
가 없었던 것으로 추정된다. 이걸 넣고 빼고에 따라 홍 후보가 인용한
수치의 사실 여부가 달라진다. 취재진이 그날 받은 통일부 자료에서
'민간 차원 교역과 위탁가공' 항목을 빼야 하는 명확한 이유가 없다면,
취재진이 해당 항목을 임의로 뺄 수는 없다. 홍 후보의 발언은 사실로
볼 수밖에 없었다.

　　참고로, 대북 '송금' 내역(현금만 집계, 현물은 제외)만 따져봐도 '민
간 차원 교역과 위탁가공 금액'이 꽤 크기 때문에, 그걸 넣느냐 안 넣느
냐에 따라 결과가 달라진다. 해당 데이터를 '포함하면' 대북 송금액이
큰 순서는 '노무현 - 김대중 - 이명박 - 김영삼 - 박근혜' 정부다. 그런

역대 정부의 대북 지원금액　　　　　　　　　　　　　　　　　단위: 만 달러

	'민간 교역과 위탁가공' 포함	'민간 교역과 위탁가공' 제외
노무현 정부	435,632(1위)	233,660(1위)
김대중 정부	247,065(2위)	163,870(2위)
이명박 정부	197,645(3위)	61,709(3위)

자료: 통일부, 「정부별 대북 송금 및 현물제공 내역」(2017).

데 해당 데이터를 '제외'하면 '김대중 – 이명박 – 박근혜 – 노무현 – 김영삼' 정부가 된다. 김영삼 정부 때는 대북 송금 내역의 100%가 민간 차원의 교역과 위탁가공이었다. 해당 항목을 빼버리면 김영삼 정부는 대북 송금액이 아예 '제로'인 정부가 된다. '민간 차원의 교역과 위탁가공' 항목을 넣든 빼든, 현금과 현물을 합치고 정부와 민간 차원을 모두 포함하면, 역대 정부의 대북 지원금액 1, 2, 3위의 순서는 똑같다. 노무현 정부가 가장 많고, 그 다음이 김대중, 이명박 정부 순서다.

지금까지 살펴본 내용은 2017년 통일부 데이터를 기준으로 한 것이다. SBS는 이 데이터를 근거로 4월 19일 홍준표 후보의 발언이 사실에 부합한다고 보도했고, 4월 23일 "김대중, 노무현 정부 시절 북한에 70억 달러 돈을 줬다, 그 돈이 핵이 되어서 돌아온 것"이라는 발언에 대해서는 금액이 부풀려졌다고 썼다.

70억 달러 돈을 준 것은 사실이 아니다. 홍 후보는 통일부 자료의 대북 지원금액이 '현금'과 '현물'로 나뉘어 있다는 것을 알고 있었다. "돈을 줬다"라고 표현하려면 현금, 즉 대북 송금액만 언급해야 한다. 북한에 '70억 달러 돈을 줬다'고 하면 사람들은 달러 현찰 70억 달러를 건넨 것으로 이해할 수밖에 없다. 김대중, 노무현 정부의 대북 송금액은 39억 달러 정도다. 홍 후보는 이 보도에 대해 김대중, 노무현 정부 당시

"정부와 민간이 북한에 제공한 현금과 현물을 현금으로 환산한 금액은 70억 달러에 상당하므로 사실이고, 통일부는 현금과 현물을 합산해 '대북송금'이라는 표현으로 마치 현금인 것처럼 하나의 항목으로 발표하는 관례가 있다"라는 입장이었다.

앞서 출처 불명의 '역대정권 대북 송금액' 그래프로 다시 돌아가보자. 이 데이터들은 대체 무슨 조합일까. 데이터가 얼마나 일관성이 없고 정부 간 비교가 부적절한지 살펴보자.

김영삼 정부 36억 달러

이 수치는 팩트체크 보도 뒤에도 출처를 찾을 수 없었다. 2010년 통일부에 대한 국회 국정감사 때 나온 보도에도 김영삼 정부의 대북 송금액 데이터는 없었다. 통일부가 2017년 SBS 취재진에게 제공한 자료에는 김영삼 정부 당시 9억 3619억 달러를 북한에 송금한 것으로 나타나는데, 그래프에 나온 36억 달러와는 차이가 너무 크다. 36억 달러는 김영삼 정부의 북한 경수로 건설 지원 금액에서 가져왔을 가능성이 있다.

김대중 정부 13억 4500만 달러

2010년 통일부가 국회에 제출한 자료에 나오는 수치다. 여기에는 남북 간 '교역 대금'이 포함되어 있었다. SBS 취재진이 2017년 받은 자료에도 '교역 대금'은 포함되어 있다. 항목은 똑같은데 금액이 늘었다. 김대중 정부의 대북 송금액은 2017년 2월 집계 기준 17억 달러다. 현물 지원을 빼고 '송금'만 계산한 액수다.

노무현 정부 14억 1000만 달러

이 역시 2010년 같은 자료에 나오는 수치다. 하지만 2013년 「이명박 정부 국정성과」 자료에 따르면, 노무현 정부 때 북한에 보낸 현금은 '15억 7000만 달러'다. 알 수 없는 이유로 노무현 정부의 대북 송금액이 1억 6000만 달러가 늘어났다. 2017년 가장 업데이트 된 데이터는 22억 달러다. 강조하지만, 이것도 '송금'만 따진 금액이다.

이명박 정부 16억 8000만 달러

≪서울신문≫이 2013년 1월 7일 "MB정부 대북 지원금 16억 8000만 달러"라고 보도했는데, 그 기사에 나오는 수치다. 기사 제목에는 '대북 지원금'이라고 보도됐지만 16억 8000만 달러는 가장 최근의 통일부 자료에 따르면 이명박 정부의 대북 '송금액'이 맞다. 이 금액을 근거로 MB정부의 대북 송금액이 김대중, 노무현 정부보다 많다는 주장이 있었지만 사실이 아니다. 김대중 정부는 17억 달러, 노무현 정부는 22억 달러였다.

팩트체크 그 후　　통일부가 작성한 「정부별 대북 송금 및 현물제공 내역」 자료는 지금도 2017년 SBS가 보도한 것이 가장 최신 버전이다. 노무현재단 유시민 이사장의 유튜브 방송에서도 역대 정부의 대북 송금액을 언급하면서 이 자료가 인용되었다. 김대중, 노무현 정부 때 70억 달러의 '돈'이 북한에 넘어갔다는 홍준표 후보의 발언이 사실이 아니라고 검증하는 내용도 똑같다. 대북 지원금액 70억 달러 가운데 현금은 39억 달러 정도다. 통일부의 2017년 데이터가 2010년이랑 왜 달라졌느냐, 기준이 오락가락해서 데이터를 신뢰할 수 없다고 비판하는 기사도 여전히 보도되고 있다.

팩트체크 보도는 후보들 발언의 맞고 틀림을 따지다 보니 정치적으로 자주 공격을 받는다. 팩트가 궁금해 데이터를 찾아 보도하면, 후보 지지자들은 정치적 유불리를 따져 기사를 칭찬하거나 비난하고는 한다. 기계적 균형과는 다른 종류의 저널리즘을 추구하는 팩트체크의 숙명이다. 역대 정부의 대북 지원금액 데이터도 숫자 너머에 복잡한 기준이 있지만 후보 토론회에서는 그러한 맥락이 거론되지 않는다. 단순히 총액이 많다는 이유로 '친북' 딱지를 붙이고 색깔론의 단골 소재로 악용한다.

2022년 대통령 선거가 다가오면, 보수 정당은 다시 이 데이터를 갖고 나올지 모른다. 그때는 문재인 정부의 대북 지원금액도 집계될 것이다. 얼마가 되었든 분명히 해야 할 것이 있다. 통일부 집계에 따라 현금과 현물을 잘 구분해야 한다. 특히 대북 지원금액이 북한의 핵과 미사일 개발에 악용되었다고 주장하려면 그걸 주장하는 사람이 근거를 제시해야 한다. SBS '사실은' 팀은 이 보도를 비롯해 대선 후보들의 발언을 정확하게 검증한 점을 인정받아 한국언론학회와 서울대 언론정보연구소 SNU팩트체크센터가 주는 제1회 한국팩트체크대상에서 대상을 수상했다.

'출퇴근 때'만 합법인 카풀,
'출퇴근 때'는 대체 언제인가?

택시는 누구나 타본 적이 있을 것이다. 그래서 택시가 논란이 되면 팩트체크 담당 기자가 한번 붙어볼 만하다. 택시는 늘 사람들의 관심사이기 때문에 팩트체크 할 만한 소재가 된다. 팩트체크가 대중의 관심을 다루지 않으면 대중은 팩트체크에서 멀어지고, 팩트체크는 다른 스트레이트 기사에 밀려 방송 시간을 받지 못한다. 기자들 용어로 아이템이 '킬' 되고 밀린다. 아이템 연기가 반복되면 팩트체크 코너는 자연스럽게 사라질 수밖에 없다.

'타다'와 택시 논란 이전에, 카카오의 '카풀'도 아주 뜨거운 사회적 이슈였다. 2018년 말 택시기사들은 택시 1만 대를 동원해 국회를 포위하겠다고 선언하기도 했다. 카카오가 카풀 시범 서비스를 하던 때다. 카풀을 원천적으로 금지하는 법안이 국회에 상정되어 있었는데, 그걸 통과시키라고 택시기사들이 국회를 압박하고 나선 것이다.

무엇을 팩트체크 할 것인가

카풀의 법적 근거는 '여객자동차 운수사업법'이다. 이 법 제81조는 개인이 자가용 자동차를 이용해 돈을 받고 누군가를 태워주는 행위를 금지했다. 자가용 자동차의 유상운송 금지 규정이다. 개인 차로 택시처럼 돈을 받고 사람을 실어 나르면 안 된다는 뜻이다. 그런데 예외 조항이 있다. "출퇴근 때 승용차를 함께 타는 경우"는 괜찮다는 것, 바로 이 조항이 카풀의 법적 근거다.

하지만 이 예외 조항을 만들면서 대체 '출퇴근 때'가 언제인지를 정해놓지는 않았다. 카카오는 '요즘 세상이 바뀌었다, 출퇴근 시간이 따로 있느냐'라면서 24시간 카풀 시범 서비스에 나섰다. '출퇴근 때'라고 되어 있으니 카풀을 이용하는 횟수만 하루 두 번으로 제한했다. 물론 택시업계는 이걸 자가용을 이용한 유상운송 행위, 즉 불법 영업일 뿐이라고 맹비난하면서, 택시 종사자들의 생존권을 위협한다고 주장했다.

카풀이 가능한 '출퇴근 때'는 과연 언제일까? 이 핵심 쟁점을 다룬 보도는 없었다. 팩트체크에서 새로 확인할 방법은 없을까. 극한 대립을 풀어내는 시발점이 될 수도 있을 것 같았다.

어떻게 팩트체크 할 것인가

사실 별것도 아닌 내용인데 막상 팩트체크 하려고 들면 막막할 때가 한두 번이 아니다. '출퇴근 때'가 언제인지 확인하는 일이 대표적인 경우다. 이걸 대체 누구한테 물어볼 수 있을까. 출퇴근 시간 전문가가 있을 리도 없고 출퇴근 상황은 저마다 다르니 출퇴근 시간에 팩트라고 할 만한 게 있을까 싶었다. 국토교통부 담당자에게 물어보니, 우리나라 사람들 가운데 오전 7시에서 9시 사이에 출근하는 사람이 실제로는 25%밖에 안 된다고 했다. 그럼 4분의 3은 다른 시간대에 출근한다는 건데, 카카오 말이 맞을 수도 있겠다 싶었다. 하지만 근거 데이터가 있는지 물어봤더니, 그건 잘 모르겠다는 답이 돌아왔다. 출퇴근 시간의 근거를 물어본 건 아마 우리 취재진이 유일했을 것이다.

출퇴근 시간과 관련된 데이터가 있는지 여기저기 수소문을 해야 했다. 카풀 업체 쪽에도 당연히 근거 자료를 물어봤지만 구할 수가 없었다. 몇 번의 시행착오 끝에 한국교통연구원이 5년마다 조사하는 데이터가 있다는 걸 알게 되었다. 조사 대상이 가장 많은 데이터였다. 교통연구원은 전국의 광역시와 함께 20만 가구를 직접 방문 조사한다고 했다. 직장인, 자영업자 등 직종을 가리지 않고 조사했고, 근로 형태도 다양하게 모두 조사했다. 2016년 데이터가 가장 최근 것이었다. 한국인의 출퇴근 시간을, 그것도 20만 가구나 조사한 데이터가 공공기관에 있을 줄은 예상하지 못했다.

조사 결과는 카풀 업체의 주장과 달랐다. 카카오 말이 맞을 수 있겠다는 예상은 빗나갔다. 사실 새로운 건 없었다. 출근 시간은 오전 7시에서 10시 사이가 77%였고, 이 가운데 오전 8시가 37.2%로 가장 많았다. 특별한 결과도 아닌데, 이 데이터에 접근하는 데 걸린 시간이 만만치 않았다. 퇴근은 오후 4시에서 9시 사이가 60% 정도였고, 오후 6시가 19.2%로 가장 많았다. 출근 시간대는 퇴근 시간대보다 분포의 폭이 좁았고, 퇴근 시간이 약간 더 폭넓게 분포해 있었다.

비슷한 데이터를 하나 더 찾을 수 있었다. 이 데이터는 전국의 여

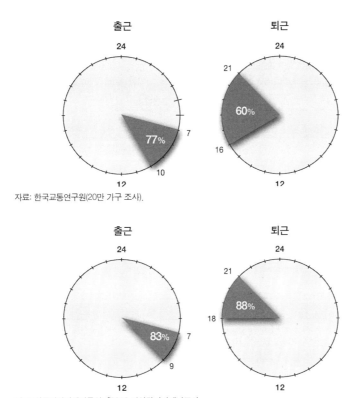

출근   퇴근

자료: 한국교통연구원(20만 가구 조사).

출근   퇴근

자료: 한국여성정책연구원, 「2016 여성관리자패널조사」.

성 1384명한테 물어본 결과다. 한국여성정책연구원의 「2016 여성관리자패널조사」를 보면, 출근은 오전 7시에서 9시 사이가 83%였고, 퇴근은 오후 6시에서 9시 사이가 88%로 나타났다. 앞서 교통연구원의 데이터와 비슷한 패턴이다.

　　여기서 '출퇴근 때'를 몇 시부터 몇 시까지라고 팩트처럼 말하는 건 어려울 것 같았다. 취재진이 확인한 건 출퇴근 시간의 분포일 뿐이다. 하지만 카카오가 세상 많이 변했다면서, '출퇴근 시간이 명확히 규

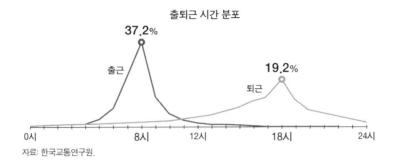

출퇴근 시간 분포

37.2%

출근

19.2%

퇴근

0시   8시   12시   18시   24시

자료: 한국교통연구원.

정되어 있지 않다, 카풀 서비스는 24시간 내내 하겠다'라고 주장하는 것은 근거가 약해 보였다. 카풀의 법적 근거는 1994년 8월에 만들어졌는데, 그때나 지금이나 한국 사람의 상당수는 아침에 출근하고 저녁에 퇴근하고 있었다. 특정 시간대에 집중되어 있다는 뜻이다. 그게 현실이다. 그 외의 시간대에 출퇴근하는 사람은 소수였다. 이 점에서는 카카오가 24시간 영업해야 한다는 주장에서 한발 물러설 여지가 있어 보였다. 택시업계도 양보할 여지가 있었다. 법에 카풀 자체가 금지되어 있는 것도 아닌데, '카풀은 무조건 불법 영업이다. 중단하라'라는 주장에서 조금 물러날 공간이 있어 보였다.

취재 과정에서 '출퇴근 때'에 관한 흥미로운 조사 결과를 하나 더 발견했다. 한 연구소가 "한국인의 출퇴근 시간은 24시간 분포해 있다"라는 조사 결과를 내놓은 것이다. 앞서 소개한 교통연구원이나 한국여성정책연구원의 조사 결과와는 결이 달랐다. 그래서 연구소에 연락해 구체적인 자료를 받아서 살펴봤다. 알고 보니, 독립된 민간 연구소가 아니라 한 카풀 업체가 설립한 연구소였다. 카풀 업체의 연구소가 "출퇴근 때는 24시간"이라는 조사 결과를 내놓은 것은, 달리 말하면 "우리

팩트체크의 정석

는 법에 따라 24시간 영업하겠다"라는 것을 의미할 뿐이다. 실제로 이 업체는 24시간 카풀 풀가동을 선언하기도 했다.

데이터를 확인할 때에는 그 데이터를 누가 생산했는지, 그 데이터를 생산하는 데 누구의 돈이 들어갔는지를 반드시 확인해야 한다. 어느한쪽에 유리해 보이는 데이터일 경우에는 특히 그렇다.

재미있는 것은 그 카풀 업체 연구소의 조사 결과도 자세히 뜯어보면, 출퇴근 시간이 아침저녁에 몰린 것으로 나타났다는 점이다. 교통연구원 조사와 같은 맥락이다. 세상이 많이 바뀌었다고 해도, 아침저녁 일부 시간대에 출퇴근하는 것이 한국인의 일상이다.

지하철, 버스, 그리고 주요 도로는 여전히 아침저녁 일부 시간대에 미어터지는데, 세상사람 다 아는 사실에 대해 굳이 데이터를 찾으려고 하니 쉽지 않았다. 이렇게 당연한 내용이라고 해도 기자가 별다른 근거 없이 "그건 상식 아닌가요?" 할 수는 없다. 무슨 말을 하더라도 무엇이든 근거를 대야 한다는 것이 팩트체크의 숙명적인 부담이다.

팩트체크 그 후 〈8뉴스〉에서 팩트체크 보도한 뒤에도 택시기사들의 극단적인 선택은 이어졌다. 보도 몇 개월 뒤, 의미 있는 결과가 나왔다. 택시업계와 카풀업계의 상생을 위한 사회적 대타협기구가 만들어져 있었는데, 거기서 출퇴근 시간에 국한해 카풀을 허용하기로 합의한 것이다. 드디어 구체적인 시간이 정해졌다. 합의안 3번은 이렇게 되어 있다. "카풀은 현행법상의 본래 취지에 맞게 출퇴근 시간(오전 7~9시, 오후 6~8시)에 허용하되 토요일, 일요일, 공휴일은 제외한다."

택시업계는 카풀에 반대하지 않고 카풀업체는 운영시간을 제한함으로써, 보도했던 그대로 양측이 조금씩 물러서게 되었다. 합의된 출퇴근 시간은 법 개정안에 담겨 국회 본회의를 통과했다. 현재 '여객자동차 운수사업법' 제81조는 출퇴근 시간을 오전 7~9시, 오후 6~8시로 명시하고 있다. 팩트체크는 때로 사회적 갈등을 매듭짓는 데 작은 힘을 보태기도 한다.

박근혜 전 대통령의
형집행정지는 가능할까?

2019년 봄, 박근혜 전 대통령이 '형집행정지'를 신청했다. 형집행정지는 죄가 확정되어 징역을 살고 있는 기결수에 대해 형의 집행을 일시적으로 멈춰주는 것을 말한다. 형이 확정되지 않은 미결수는 형집행정지를 신청할 수 없다. 징역을 살기 시작해야 그걸 멈춰달라고 신청할 수 있는 것이다.

박 전 대통령은 옛 새누리당 공천에 개입한 혐의가 인정되어 징역 2년형이 확정된 상태였다. 하지만 형집행정지 신청을 못하고 있었다. '공천개입' 사건의 징역 2년은 확정만 되었지, 그 징역형을 시작하지 않았기 때문이었다. 당시 박 전 대통령이 구치소에 구속되어 있던 이유는 국정농단 사건 때문이었다. 박 전 대통령은 국정농단 사건의 구속 기간이 끝난 뒤 '공천개입' 사건으로 확정되어 있던 징역 2년을 살기 시작했고, 그 첫날 형집행정지를 신청한 것이다.

박 전 대통령을 지지하는 사람이 여전히 있는 데다 전직 대통령에 대한 공적인 사안인 만큼 당연히 팩트체크 할 만한 소재였다.

무엇을 팩트체크 할 것인가

'형사소송법'에 규정된 대표적인 형집행정지 허가 조건은 이렇다.

1. 형의 집행으로 인하여 현저히 건강을 해하거나 생명을 보전할 수 없을 염려가 있는 때
2. 연령 70세 이상인 때

박 전 대통령 변호인은 첫 번째 이유를 들었다. 구치소에 있는 것 자체가 건강을 현저히 해한다는 것이었다. 유영하 변호사는 "구치소에 수감된 이후 경추 및 요추의 디스크 증세 및 경추부 척수관 협착으로 인해 서울 강남성모병원에서 수회에 걸쳐 통증 완화 치료를 받아왔으나 전혀 호전이 되지 않고, 불에 데인 것 같은 통증 및 칼로 살을 베는 듯한 통증과 저림 증상으로 정상적인 수면을 하지 못하고 있다"라고 밝혔다. 이런 고통을 박 전 대통령이 초인적으로 감내해 왔다고 유 변호사는 설명했다. 인권을 최고의 가치로 내세우고 집권한 문재인 정부가 고령의 전직 여성 대통령에게 병으로 인한 고통까지 계속 감수하라고 하는 건 비인도적인 처사라는 주장이었다.

박 전 대통령은 정말 '칼로 살을 베는 듯한 통증'을 느끼고 있을까? 확인 불가능하다. 상대가 박 전 대통령이어서가 아니라 특정인의 의료 정보를 취재 과정에서 확인해 본 적은 없다. 유 변호사는 형집행정지가 허가되어야 하는 이유로 '국민통합'을 들기도 했지만, 그건 현행법상 형

집행정지 조건과 아무 관련이 없다. 역시 검증할 만한 사안이 아니다.

사실 사람들이 가장 궁금해 하는 것은 박 전 대통령이 형집행정지를 신청했다고 하니 이게 허가될 것인지 여부 아닐까? 물론 미래의 일이므로 '전망'하는 기사는 쓸 수 있을 것이다. 하지만 전망에도 일부 근거가 있어야 한다. 그렇지 않으면 소설이 된다. 때로는 데이터가 전망을 뒷받침하기도 한다. 시청자가 가장 궁금해 할 만한 데이터가 있을지 취재해 보기로 했다.

어떻게 팩트체크 할 것인가

형집행정지 신청이 들어오면, 허가 조건에 부합하는지 조사하는 사람은 검사다. 필요하면 의사가 감정하기도 한다. 허가 여부는 누가 결정할까. 지방검찰청 차장검사를 위원장으로 해서 '형집행정지 심의위원회'가 꾸려지는데, 각 지방검찰청의 검사장이 그 심의 결과를 고려해 최종적으로 결정한다. 형집행정지 관련 데이터나 통계는 그래서 법무부에 있다. 국회의원실을 통해 법무부에 데이터를 요청했다. 형집행정지 제도가 도입된 이후 지금까지 전국에서 신청된 건수, 또 연도별로 형집행정지가 허가된 건수, 마지막으로 형집행정지를 허가한 사유를 물었다. 허가 사유가 '질병'이라면 병명을 구체적으로 명시해 달라고 요구했다. 사실 가장 궁금한 것은 이 병명이었다. 특정 질병으로 형집행정지가 허가된 건수를 알아야 박 전 대통령은 어떻게 될지 추정해 볼 수 있기 때문이었다.

법무부에서 답변이 왔다. 가장 궁금한 '앙꼬'가 빠져 있었다. 형집행정지를 허가할 때 병명은 기록해 놓지 않아서 자료가 없다는 것이다.

질병으로 인한 형집행정지 연도별 처리 현황

	2009	2010	2011	2012	2013	2014	2015	2016	2017	2018
잔형 집행	170	164	125	128	138	81	75	78	75	74
사망	82	68	101	89	68	88	99	96	90	86

자료: 법무부 자료를 필자가 재구성.

디스크로 신청하면 받아들여질지, 추정이라도 할 근거가 없었다. 법무부가 보내온 것은 지난 10년간 형집행정지 허가 건수, 그리고 형집행정지가 허가된 사람의 처리 결과 건수 정도였다. 의미 없어 보이는 숫자가 A4 용지 한가득 나열되어 있었다. 한참을 들여다봤다. 병명은 기록되어 있지 않았지만 '질병으로 인한 형집행정지 허가 건수'는 있었는데, 10년치 데이터에서 일부분만 다시 추려봤다.

'잔형 집행'이라는 건 형집행정지를 해줬다가 건강이 회복되어 남은 형을 다시 살도록 했다는 뜻이다. '사망'은 형집행정지 상태에서 숨진 경우를 뜻한다. 분명한 경향이 보였다. '잔형 집행'은 2009년 이후 지속적으로 줄기 시작해 2015년부터는 매년 70명대를 유지하고 있었다. '사망'은 80~90명대를 오락가락하고 있었다. 눈에 띄는 건 2014년부터 '사망'이 '잔형 집행'을 앞지르기 시작했다는 점이다. 2013년까지는 잔형 집행이 훨씬 많았지만, 2014년부터는 사망이 더 많다. 무슨 뜻일까.

2013년까지는 형집행정지가 허가되었다가 건강이 회복되어 다시 수감되는 사람이 많았다. 즉, 병원에서 치료받으면 다시 건강해질 수 있는 사람도 형집행정지를 허가 받았다는 얘기다. 그런데 2014년부터는 형집행정지 뒤에 숨지는 사람이 더 많았다. 형집행정지로 교도소나 구치소에서 나와 민간 병원을 가더라도 결국 생을 마감하는 사람이 많을 정도로, 정말 중중인 환자만 허가해 줬다는 뜻으로 볼 수 있다. 숨질 정도로 위독한 상태가 아니면 허가를 잘 안 해준다는 것이 데이터로 드러난 것이다.

'잔형 집행'과 '사망' 사이에 왜 이런 극적인 변화가 나타났을까? 2013년에 영남제분 윤길자 씨 사건이 있었다. 윤 씨는 여대생을 청부 살인 했다가 대법원에서 무기징역이 확정되었는데, 유방암과 우울증, 당뇨 등 12개 질환을 앓고 있다는 이유로 형집행정지 허가를 받았다. 그런 뒤 교도소 대신 병원 특실에서 몇 년을 살았다. 의사는 허위진단서를 발급해 형집행정지를 도왔다. 돈으로 사실상 합법적인 탈옥을 한 셈이다. 국민들 공분이 치솟자 형집행정지 심의가 그때부터 한층 까다로워졌다. 암 환자도 허가 받기 힘들다는 얘기가 나오기 시작했다. 그런 변화가 데이터에 고스란히 반영된 것이다.

박 전 대통령은 자신이 앓고 있는 디스크로 허가를 받을 수 있을까? 어려워 보였다. 다만 불허될 거라고 100% 확신할 수는 없었다. 이 내용은 팩트체크 코너 이름인 '사실은'을 떼고 일반적인 분석 기사로 보도했다.

팩트체크 그 후　보도 이틀 뒤, 예상대로 신청은 불허되었다. 건강을 현저히 해하거나 생명을 잃을 염려가 있는 상황이 아니라는 판단이었다. 만일 허가되었다면 전국 교도소의 다른 디스크 환자들도 엄청난 통증을 느낀다면서 형집행정지 신청에 나섰을지 모른다.

몇 달 뒤 박 전 대통령은 형집행정지를 다시 신청했고, 또 불허되었다. 다만 법무부는 의료진 판단에 따라 박 전 대통령이 외부 병원에 입원해 어깨 수술을 받을 수 있도록 했다. 박 전 대통령은 수술 뒤 병원 VIP실에서 생활했다. 입원 기간도 형기에 포함된다. 수감자 입장에서는 경제적 부담만 없다면 오래 입원할수록 좋다. 다만 외부 병원이므로 비용은 본인이 내야 한다. 박 전 대통령은 80일 가까이 입원했으니, 병원비는 아마 억대가 나왔을 것이다.

박 전 대통령은 2019년 겨울, 서울구치소에 재수감되었다. 병원에서 수술 받고 재활 치료를 했으니까 이제 형집행정지를 다시 신청해도 받아들여질 가능성은 더 낮아졌을 것이다.

법무부 "낙태 허용 시 낙태율 급증", 근거는 상식?

2018년 아일랜드에서 의미 있는 국제 뉴스가 전해졌다. 국민투표에서 유권자 66%가 찬성해 낙태를 금지하는 헌법 조항을 폐지하기로 한 것이다. 35년 만이라고 했다. 아일랜드는 인구의 대다수가 가톨릭교도다. 그런 나라에서 낙태를 합법화한 것이다. 아일랜드에서는 임신 12주 이하는 낙태를 허용하도록 제도의 대전환이 이뤄졌다. 이 뉴스가 우리나라에도 의미 있는 이유는 당시 헌법재판소가 낙태죄 위헌 여부를 검토하고 있었기 때문이다. 헌재 공개변론도 예정되어 있었다.

정부법무공단(헌재 사건에서 법무부 장관의 대리인이었다. 국가를 당사자로 하는 소송에서는 법무부 장관이 국가를 대표한다)은 이 과정에서 헌법재판소에 의견서를 제출했다. 낙태죄 폐지를 반대하는 내용이었다. 의견서에는 이런 대목이 있다. "낙태죄 폐지 쪽 청구인이 주장하는 '원치 않는 임신 및 출산'은 '성교'는 하되 그에 따른 결과인 '임신 및 출산'은 원하지 않는 것을 의미하는 것으로 보이나, 통상적인 임신은 남녀의

성교에 따라 이뤄지는 것으로서 (중략) 이에 따른 임신을 가리켜 원하지 않는 임신이라고 보기는 어렵습니다." 한 언론은 이 문구를 인용해 법무부가 여성을 "성교는 하되 그에 따른 결과인 임신 및 출산은 원하지 않는" 사람으로 폄훼했다고 보도하기도 했다.

무엇을 팩트체크 할 것인가

우선 법조 출입기자를 통해 법무공단 의견서를 받아 자세히 검토했다. 실제로 여성을 폄훼하는 뉘앙스로 읽히기도 했다. 법무부는 곧바로 해명자료를 냈다. 성교는 항상 임신 가능성이 있음에도 불구하고 청구인(낙태죄 폐지 주장)은 임신에 대해 '원치 않는 부당한 부담'으로 이해하는 입장이어서, 이에 대한 우려를 표시했을 뿐이라는 것이다. 법무부는 낙태를 원하는 여성을 무책임한 여성으로 폄훼할 의도는 전혀 없었다고 강조했다.

비판이 수그러들지 않아서였을까. 2차 해명자료가 나왔다. 법무부는 "일부 부적절한 표현과 비유가 사용되어 부득이하게 낙태에 이르게 되는 여성들의 마음을 헤아리지 못한 것에 대해서는 신중하지 못한 점이 있었다고 생각함"이라고 밝혔다. 법무부는 유감을 표시하는 데 '생각함'이라는 사무적인 표현을 사용했다.

그런데 법무부 해명자료 가운데 일부 내용이 한눈에 들어왔다. 낙태를 허용할 경우 오히려 더 큰 사회적인 병리 현상이 초래될 수 있다는 주장이었다. 이건 법무부가 헌법재판소에 낸 의견서에는 없는 내용이었다. 법무부는 사회적 병리 현상의 예로 '낙태율 급증'을 들었다. 이건 낙태 허용을 반대해 온 측에서 내세우는 단골 근거다. 당연한 상식처럼 받아들여져 온 주장이더라도, 과연 사실일까 한 번쯤 의심을 갖는 자세가 좋은 팩트체크 보도를 낳을 수 있다.

사실 여부를 검증할 쟁점이 자연스럽게 잡혔다. 헌재 결정을 앞둔 상황에서 법무부의 해명자료가 한편에서 또 다른 팩트체크 기사를 낳고 있었다.

어떻게 팩트체크 할 것인가

이런 내용의 팩트체크는 빙 돌아서 취재하면 시간만 오래 걸린다. 주장을 한 당사자에게 바로 물어보는 것이 경험상 가장 빠르다. 낙태를 허용하면 낙태율이 급증하는 사회적 병리 현상이 나타날 수 있다고 했는데, 근거가 무엇인지 법무부에 물었다. 통화 내용은 약간 당황스러웠다. 담당 공무원은 "그건 상식이라고 생각한다"라고 답했다. 아, 내가 그런 상식을 몰라서 담당자한테 근거가 뭐냐고 묻고 있었던 걸까?

이 상태에서 '근거 없음'이라고 보도할 수는 없었다. 근거는 어딘가 있는데 법무부 담당자가 귀찮아서 "상식 아닙니까?"라고 말했을 가능성도 있기 때문이다. 법무부 담당자의 멘트를 나중에 보도하더라도, 실제로 낙태를 허용하면 낙태율이 급증하는지 계속 따져볼 필요가 있었다. 사실이라면 그건 정말 상식일 수 있고, 우리가 몰상식한 취재진이었을 수 있다.

낙태의 제도적 허용 여부와 낙태율에 대해 여러 문건을 검토했지만 데이터가 단편적이었다. 특정 국가의 데이터이거나, 데이터 출처를 신뢰하기 힘든 경우도 많았다. 단편적이고 특수한 국가의 데이터를 근거로 팩트체크 보도를 할 경우, 취재진이 미처 확인하지 못한 다른 특수한 국가의 사례로 반박을 당할 수 있다. 때로는 취재진이 보도 방향에 맞는 팩트만 취사선택한 것 아니냐는 의심을 살 수도 있다. 낙태율은 낙태를 허용한 국가보다 금지한 국가에서 더 높다는 국가의 데이터도 여럿 있었고 합법화 뒤 낙태율이 상승한 국가의 데이터도 있었지만, 보도에 반영하지는 않았다. 그런 특수한 상황보다는 여러 국가를 장기간에 걸쳐 포괄적으로 연구한 데이터가 필요했다.

보고서 가운데 미국 구트마허 연구소의 자료가 가장 신뢰할 만했다. 구트마허 연구소는 낙태를 전 세계적인 범위에서 오랫동안 연구해온 기관이다. 이 연구소에서 나온 「세계의 인공임신중절 2017(Abortion Worldwide 2017)」이라는 보고서는 낙태에 대한 법적 규제의 정도에 따라 낙태율이 어떻게 다르게 나타나는지 분석해 놓고 있었다. 아래 수치는 특정 국가의 낙태율이 아니다. 연구소가 법적 규제의 정도에 따라 여러 국가를 다섯 가지 범주로 분류한 뒤 2010년에서 2014년까지 5년치 낙태율의 평균을 낸 것이다. 여기서 낙태율은 만 15~44세 여성 '1000명당 낙태 건수'를 뜻한다.

A. 낙태를 전면 금지하거나 생명을 살리기 위해서만 낙태를 허용한 나라: 37

B. 생명을 살리기 위해서나 신체적 건강을 위해서만 낙태를 허용한 나라: 43

C. 생명을 살리기 위해서나 신체적·정신적 건강을 위해 낙태를 허용한 나라: 32

D. 신체적·정신적 건강과 사회경제적 이유에서도 낙태를 허용한 나라: 31

E. 낙태를 제한 없이 허용한 나라: 34

A에서 E로 갈수록 낙태에 관대한 국가라고 할 수 있다. 하지만 낙태율이 가장 높은 범주는 낙태를 제한 없이 허용하는 국가가 아니었다. 오히려 낙태를 비교적 강하게 규제하는 B 범주에 속한 국가였다. 우리나라는 C 정도에 해당한다. 여기서 D나 E로 가면 낙태율이 급증한다는 것이 법무부의 주장이었다. 담당자는 그게 상식이라고 했다. 그런데 연구 데이터에 따르면 사실이라고 보기는 어려웠다. 법적 규제의 정도가 C인 국가를 그보다 규제가 느슨한 D나 E 국가와 비교해 보면 낙태율에 큰 차이가 없다. 사실 다섯 가지 범주에서 B를 제외하고는 수치에 큰 차이도 없다. 물론 우리나라가 D나 E로 갈 경우 세계적인 경향과 다르게 낙태율이 급증할 가능성도 배제할 수 없었다. 미래의 일이므로 누구도 팩트체크 할 수 없다.

우리나라의 낙태율 데이터도 확인했다. 정부는 인공임신중절 실태조사를 한다. 보도 시점을 기준으로는 2010년 데이터가 그나마 최신 것이었다. 2010년 낙태율은 15.8이었다. 만 15~44세 여성 1000명당 낙태가 15.8건 있었다는 뜻이다. C 범주 국가의 낙태율은 평균 30을 넘었는데 우리 정부의 통계는 그 절반에 불과했다. 음성적으로 이뤄진 낙태 건수가 정부 집계에는 잡히지 않았을 가능성이 있다. "낙태한 적 있으세요?"라고 물어보면 설령 경험이 있더라도 있는 그대로 답하기가 쉽지 않다. 2010년 이전 통계로는 2005년 데이터가 있었는데 29.8이었다. 이 데이터와 구트마허 연구소의 데이터는 조사 기간이 서로 달라서 둘을 직접적으로 비교하기는 힘들었다.

구트마허 연구소의 데이터를 근거로 〈8뉴스〉에서 팩트체크 보도

했다. 낙태를 허용하면 낙태율이 급증할 것이라는 주장, 우리나라에서는 어떻게 될지 모르지만 적어도 '상식'이라고 보기는 어려웠다.

팩트체크 그 후 이 보도는 2018년 5월에 나왔다. 몇 달 뒤 헌법재판소는 낙태죄 조항에 대해 '헌법불합치' 결정을 내렸다. 2020년 12월 31일까지 낙태죄 조항은 개정되어야 한다. 헌재는 결정문에서 낙태 허용과 낙태율의 관계에 대해 이렇게 판단했다. "낙태를 처벌하지 않는다고 하여 낙태가 증가할 것이라고 단언할 수 있는 자료를 찾기 어렵고, 오히려 낙태를 처벌하지 않는 국가가 낙태를 처벌하는 국가에 비하여 낙태율이 상대적으로 낮게 나타나고 있다는 실증적 결과가 있을 뿐이다." 헌법재판관들은 팩트체크 보도뿐만 아니라 외국의 여러 사례를 참고해 역사적인 결정을 내렸을 것이다.

2019년에는 우리나라의 낙태율 통계가 업데이트 되었다. 2017년의 낙태 실태를 2018년에 1만 명을 대상으로 조사한 뒤 2019년에 발표한 데이터. 낙태율은 4.8이었다. 2005년 29.8 → 2010년 15.8 → 2017년 4.8로 지속적인 감소 추세가 나타났다. 2017년에는 사회경제적인 이유로 낙태하는 것은 불법이었으니까 음성적인 낙태 건수까지 고려하면 실제로는 4.8보다 더 높았을 수 있지만, 그건 이전 통계도 마찬가지였다.

헌재 결정을 계기로 국제적인 추세와 달리 우리나라에서 낙태율 급증이 현실이 될 것인가? 낙태의 허용 범위가 더 넓어진 뒤 적어도 몇 년은 지나야 판단할 수 있을 것이다.

제3장

데이터 팩트체크의 한계

탈원전에 미세먼지 급증?
모르면 "모른다"고 쓰자

언론이 팩트체크라는 간판을 내세운 이유 가운데 하나는 기존 기사에 대한 '불신' 때문이다. 그런데 같은 쟁점에 대한 팩트체크에서 상반된 결론이 나온다면 어떨까? 팩트체크도 못 믿겠다는 말이 나올 수밖에 없다. 정상적인 상황이라면 결론은 대개 비슷해야 한다. 그렇지 않으면 팩트체크를 팩트체크 해야 하는 처지가 될 것이다. 그건 불행한 일이다.

2019년 초에 그랬다. 팩트체크의 대혼란이 벌어졌다. 문재인 정부의 탈원전 정책이 미세먼지의 주범이냐를 놓고 팩트체크 기사가 쏟아졌다. 기사의 결론도 달랐다. 여러 언론사의 판정 결과와 근거를 비교한 사람이라면 팩트체크 보도에 대한 신뢰가 떨어졌을 것이다. 팩트체크가 정말 객관적으로 팩트만 체크한 것인가? 아니면 일부 팩트를 취사선택해 자사 입장에 맞는 기사를 쓰고 거기에 팩트체크라는 이름을 붙인 것인가?

검증 대상은 간단했다. 문재인 정부의 탈원전 정책으로 2019년 초 미세먼지가 늘었는가 하는 것이었다.

《조선일보》는 2019년 1월 17일자 기사에서 "문재인 정부가 탈원전 정책을 추진하기 전인 2016년부터 2018년까지 에너지원별 발전량 추이를 봤더니, 원전은 급감하고 석탄 발전은 급증했다"라고 썼다. 그러면서 석탄 발전은 미세먼지 발생의 주요 원인 중 하나이므로 "탈원전 정책과 미세먼지 증가가 무관하다고 할 수 없다"라고 팩트체크 보도했다. 근거 데이터는 한국전력이 매달 공개하는 '전력통계속보'에서 가져왔다. 2018년 1~11월 석탄 발전을 1년 전 및 2년 전 같은 기간과 비교했더니 늘었다는 것이다.

《국민일보》는 2019년 1월 15일자 기사에서 "정말 탈원전이 미세먼지를 부른 것일까. 엄밀하게 따지면 틀렸다"라고 썼다. 《조선일보》 기사와 완전히 반대다. 그런데 근거 데이터는 《조선일보》와 똑같았다. 한전의 '전력통계속보'였다. 2018년 1~11월까지 석탄화력 발전량을 보면 겨울과 여름을 제외하고는 전년도 같은 월보다 줄었기 때문에, 미세먼지가 늘어난 원인을 석탄화력 발전으로 볼 수 없다는 내용이었다.

JTBC는 2019년 1월 14일 팩트체크 코너에서 이렇게 보도했다. "탈원전 정책은 이제 시작 단계입니다. 2030년까지 석탄 발전 비중이 23%까지 내려갑니다. 탈원전 정책 전인 2015년 정부 계획보다도 3.8%p 낮습니다. 원전은 2022년까지 늘었다가 이후 줄어듭니다. 이를 친환경 에너지가 대체합니다. 따라서 탈원전 정책으로 미세먼지가 느는 방향으로 간다라는 주장도 사실과 거리가 있습니다." 근거는 산업자원부의 '8

차 전력수급기본계획'이었다.

≪한겨레≫도 2019년 1월 15일자 보도에서 '팩트체크' 간판을 단
건 아니었지만 이 내용을 썼다. ≪한겨레≫는 "전체 석탄화력 설비 용
량은 2017년 36.9GW에서 2030년 39.9GW로 되레 늘어난다. 그러나
내뿜는 미세먼지가 줄어들 공산도 크다"라고 보도했다. 신규 석탄화력
발전소의 초미세먼지 배출량은 1990년 이전 건설된 노후 발전소보다
눈에 띄게 적기 때문이라고 근거를 제시했다. ≪경향신문≫도 "탈원전
으로 미세먼지 늘어난다는 주장은 거짓"이라고 보도했다. 2018년 석탄
화력 발전량은 늘었지만, 배출한 미세먼지는 25% 줄었다는 정부 데이
터를 근거로 했다.

탈원전 때문에 미세먼지가 늘었다고 보도한 곳은 ≪조선일보≫
다. ≪국민일보≫와 JTBC, ≪한겨레≫, ≪경향신문≫은 그게 아니라는
취지로 보도했다. 둘 사이의 인과관계를 부인한 보도가 더 많으니까 그
것이 사실일까? 세상 모든 언론사가 부정하는 내용이더라도 진실일 수
있고, 언론사 여러 곳이 한 목소리로 보도를 하더라도 진실이 아닐 수
있다. 탈원전과 미세먼지가 관련 없다고 보도한 네 개 기사를 소개했는
데, 근거도 서로 다르다. ≪국민일보≫는 '전력통계속보', JTBC는 '8차
전력수급기본계획', ≪한겨레≫는 '신규 석탄 발전소의 초미세먼지 배
출량', ≪경향신문≫은 '2018년 화력 발전소의 미세먼지 배출량'이 근
거였다. 뭐가 맞고, 뭐가 근거가 될 수 있는 건지 헷갈린다.

어떻게 팩트체크 할 것인가

보도의 근거부터 다시 검토했다. ≪조선일보≫는 2018년 1~11월

화력 발전이 1년 전 및 2년 전과 비교해 급증했다고 했고, ≪국민일보≫는 월별로 봤을 때 화력 발전량이 여름과 겨울만 늘었다고 했다. 한전 '전력통계속보' 데이터를 보니, 이건 둘 다 어느 정도 맞는 얘기다. ≪조선일보≫는 2018년을 2016, 2017년과 비교했다. 1~11월 기준 석탄화력 발전량은 2016년 19만 2687GWh에서 2018년 21만 9701GWh로 증가했다고 보도했다. 또 ≪국민일보≫ 보도대로 2018년을 전년도와 비교하면 2018년 9, 10, 11월은 전년도보다 석탄 발전량이 오히려 적었다.

하지만 두 기사 모두 조금씩 이상했다. ≪조선일보≫는 2018년 데이터를 2016년 데이터와도 비교해서 석탄화력 발전량이 급증했다고 했는데, 2016년은 박근혜 정부였다. 박근혜 정부 당시의 석탄화력 발전량을 기준점으로 잡은 상태에서, 문재인 정부의 탈원전이 미세먼지와 무관할 수 없다고 기사를 썼으니 설득력이 떨어졌다. 문재인 정부는 2017년 중반에 들어섰다. 정부 출범 이후 과연 언제부터 탈원전 정책에 따라 발전량이 변화했는지도 명확하지 않았다. 탈원전 정책에 따라 석탄 발전량이 늘어난 것은 2017년 5월 문재인 정부 출범 직후인가? 아니면 2018년 1월 1일부터인가? 애매할 뿐이다.

또 한전 '전력통계속보'에 따르면, 2018년의 석탄 발전량은 전년도와 비교해 큰 차이가 느껴지지 않았다. 2017년 21만 6324GWh에서 2018년 21만 7621GWh로 1~11월 모두 합치면 전체 발전량에 큰 차이가 없었다. 다음 그래프를 보고 독자들이 직접 판단해 보기 바란다.

≪국민일보≫는 2018년 9, 10, 11월 석탄 발전량이 전년도 같은 달보다 적어서 탈원전과 미세먼지가 관련이 없다고 했는데, 기사를 쓴 시점은 2019년 1월이었다. 그때는 2018년 12월의 석탄화력 발전량을 알 수 없었다. 12월에 석탄화력 발전소에서 나온 물질, 그리고 2019년

	1월	2월	3월	4월	5월	6월	7월	8월	9월	10월	11월	1~11월
2017	21,105	18,944	19,840	17,505	18,023	17,614	21,947	22,684	20,573	19,239	18,850	216,324
2018	23,367	21,021	19,880	17,123	17,372	17,577	22,248	22,955	20,049	17,625	18,404	217,621

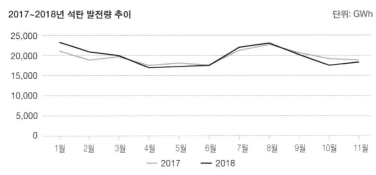

2017~2018년 석탄 발전량 추이

단위: GWh

자료: 한전, '전력통계속보'.

1월에 나온 물질이 기사를 쓴 시점의 미세먼지에 큰 영향을 미쳤을 텐데, 정작 가장 중요한 데이터는 나오지 않은 상태였다. 한전 '전력통계속보'는 원래 두 달 정도 늦게 나오기 때문에 1월의 화력 발전 데이터를 알고 싶으면 3월까지 기다려야 한다. 또 특정 월을 뽑아서 전년도보다 높다, 낮다 얘기할 수는 있지만 그 차이가 미세먼지 발생량에 직접적인 영향을 미쳤는지도 확인되지 않았다.

　JTBC는 탈원전 정책이 이제 '시작' 단계라는 점을 분명히 했다. 하지만 탈원전 때문에 미세먼지가 늘어난다는 주장은 사실과 거리가 있다고 보도하면서 2030년까지 석탄 발전 비중이 낮아지고 그걸 친환경 에너지가 대체한다는 것을 그 이유로 들었다. 이건 즉답을 피한 느낌이 들었다. 2019년 1월에 당장 시민을 고통스럽게 하는 미세먼지가 탈원전 때문이냐 아니냐를 놓고 다투는데, 2030년까지 어쨌든 석탄 발전 비중은 낮아지니까 탈원전과 미세먼지는 관련이 없을 거라고 보도했기 때문이다. 또 2030년까지 전체 발전에서 석탄 발전의 '비중'은 내려가지만, 산업자원부 계획에 따르면 '석탄 발전량' 절대 수치는 늘어난다. 전체적인 전력 수요가 늘어나기 때문이다. 그런데도 미세먼지와 관련이 없을까?

이 부분은 ≪한겨레≫가 지적했다. ≪한겨레≫는 석탄 발전량이 늘어나긴 하겠지만 신규 발전소의 초미세먼지 배출량은 노후 발전소보다 적다는 것을 근거로 들었다. 하지만 이것도 먼 미래에 대한 '기대'일 뿐이고, 2019년 1월 보도 시점에서 미세먼지가 대체 탈원전 정책 때문이냐에 대한 대답은 찾을 수 없었다.

≪경향신문≫은 2018년 석탄화력 발전소에서 나온 미세먼지가 줄었다는 정부 데이터를 근거로 '탈원전으로 미세먼지가 늘었다는 주장은 거짓'이라고 보도했지만, 2018년이 '탈원전'의 대표격이 될 수 있을까? 또 정부가 내놓은 데이터를 근거로 탈원전과 미세먼지의 관계를 단정 짓기는 어렵다고 생각했다. 정부는 둘 사이에 인과관계가 없다는 취지로 데이터를 공개한 것이기 때문이다. 정부 발표는 2016년 3만 679톤이던 석탄화력 발전의 미세먼지 발생량이 2017년 2만 6952톤, 2018년 2만 2869톤(잠정치)으로 감소했다는 것이었다.

각 언론사가 잇따라 팩트체크에 나서도록 불을 지른 것은 사실 2019년 1월 15일 당시 자유한국당 나경원 원내대표가 한 발언이었다. 나 원내대표는 "탈원전 정책이 미세먼지를 악화시킨다"라고 말했다. 그렇다면 여기서 '탈원전 정책'은 과연 무엇일까? 2017년 문재인 정부 출범 직후 시행한 정책일까, 아니면 2018년 1년간 시행한 정책일까? 둘

다 전혀 아니다. 탈원전 정책은 그야말로 '시작' 단계였다. 2030년까지 원전의 '비중'을 줄인다는 계획이었다. 향후 10여 년에 걸쳐 국가 에너지 비중의 큰 틀을 바꾸는 정책이다. 그런데 언론은 나경원 원내대표의 발언이 나오자 2019년 1월 시점에서 미세먼지가 대체 탈원전 정책 때문이냐를 놓고 맞다, 아니다, 팩트체크 기사를 내놓고 있었다. 2019년 1월 석탄 발전량도 모르고, 심지어 전년도와 석탄 발전량에 큰 차이가 없었는데도 말이다.

SBS 〈8뉴스〉는 팩트체크 '사실은' 코너에서 한마디로 "모른다"라고 방송했다. 나경원 원내대표가 탈원전과 미세먼지의 인과 관계에 대해 확실한 근거를 제시한 바도 없었다. 한전 '전력통계속보'를 아무리 봐도 2018년 석탄 발전량이 2017년과 비교해 얼마나 유의미하게 높아졌는지 알 수가 없었다. 보도 이후 2018년 12월의 석탄 발전량이 나왔다. 12월 발전량까지 모두 더해봤다.

- 2017년의 총 석탄 발전량: 23만 8207GWh
- 2018년의 총 석탄 발전량: 23만 8984GWh

두 수치 사이에 큰 차이가 있는가? 2018년 석탄 발전량이 약간 늘어난 건 사실이지만, 그걸 미세먼지 증가와 곧바로 연결 지어 인과관계가 있다고 말할 수 있을까? 이 데이터를 근거로 다른 내용의 기사를 쓸 수 있을지는 몰라도, 탈원전으로 인한 미세먼지의 증감을 따지는 건 의미가 없고 설득력도 없어 보였다.

"다만 탈원전 정책이 미세먼지를 더욱 악화시킨다, (나경원 원내대표의) 이 발언은 성급한 면이 있습니다. (중략) 탈원전 정책 때문에 미세먼지가 줄어들지 늘어날지는 이 목표를 얼마나 달성하느냐 여부에 달렸고, 현 시점에서 둘을 연결 짓기엔 너무 일러 보입니다."

_ 2019년 1월 15일 SBS 〈8뉴스〉 '사실은'

SBS 팩트체크 기사의 클로징이었다. 팩트체크는 '모르면 모른다'고 보도해야 한다고 생각한다. 어떤 정치인이 성급한 주장을 했다거나 근거 없는 발언을 했다고 써주면 충분하다고 본다. 팩트체크가 불가능한데 억지로 데이터를 끌어와 판정을 내려야 할 필요는 없다. 그래도 나름 팩트체크인데 '모른다'라고 쓰기가 부담스럽게 느껴졌을까? 데이터를 아무리 봐도 이건 지금 판단할 수 없다고 느꼈다.

3년간 쓴 수많은 팩트체크 기사 가운데 유일하게 '모른다'라고 보도하는 게 맞다고 데스크에게 보고한 뒤 기사를 작성했다. 데스크는 클로징의 토씨 하나도 고치지 않았다. 기사는 그대로 방송되었다.

팩트체크 그 후 　언론들의 팩트체크 보도에 이어 《한국일보》에 한 교수의 칼럼이 실렸다. 그는 "나경원 원내대표의 발언을 두고 다수 언론이 '팩트체크'에 나섰지만 논란은 좀처럼 가라앉지 않고 있다. 언론사마다 이용하는 통계 자료의 내용과 범위가 다르고 결론도 제각각이기 때문일 것"이라고 지적했다. 정확한 평가다.

탈원전과 미세먼지는 데이터가 다양하고 복잡해서, 둘 사이에 인과관계가 있다고 정치인이 근거 없는 주장을 하더라도 '근거 없다'라는 판정을 넘어 이 주장이 사실과 다르다고 명확하게 지적하는 게 쉽지 않다. 탈원전과 미세먼지의 관계를 다룬 논문도 없다. 탈원전이 시작 단계이기 때문에 당연한 일이다. 아마 다수의 연구진이 작정하고 장기간에 걸쳐 데이터를 수집하고 연구해야 둘 사이의 인과관계 여부를 확인할 수 있을 것이다.

팩트체크가 이렇게 간단치 않으니까 미세먼지가 다시 심해지는 날이면 누군가는 또 '탈원전' 때문이라고 주장하고 나설 것이다.

조현병 환자는 위험한 집단?
정신질환자 범죄율 데이터의 한계

2019년 봄, 경남 진주의 한 아파트에서 끔찍한 일이 벌어졌다. 40대 남성 안인득이 아파트에 방화하고, 대피하는 주민들에게 무차별적으로 흉기를 휘둘렀다. 무고한 주민 5명이 숨지고 말았다. 피해자는 50, 60, 70대가 한 명씩, 그리고 10대가 두 명이었다. 다친 사람은 17명이었다. 경찰은 안인득이 진주의 한 정신병원에서 68차례에 걸쳐 조현병 진료를 받은 사실을 확인했다. 진료는 2016년이 마지막이었다. 3년간 치료를 받지 않다가 갑자기 일을 벌였다. 방화 살인 사건이 일어나기 얼마 전에도, 이웃을 막무가내로 뒤쫓아 가다가 경찰이 출동한 사실도 드러났다.

무엇을 팩트체크 할 것인가

언론은 조현병 관련 기사를 쏟아냈다. 때 맞춰 조현병과 범죄율을 다룬 팩트체크 기사도 잇따랐다. 안인득이 조현병을 앓았다는 사실과 과거 조현병에서 비롯된 강력범죄 때문에 대중은 '조현병 환자는 범죄율이 높을 것'이라고 생각할 만했다.

보통 특정 이슈는 다른 언론에서 한번 팩트체크를 하면 굳이 안 해도 되는 경우가 많다. 팩트라는 게 취재만 제대로 하면 내가 취재하든 남이 취재하든 똑같고, 그게 정상이기 때문이다. 그런데 팩트체크 간판을 걸고 보도되는 기사끼리 데이터가 다르고 헷갈린다면 그건 취재할 만한 가치가 있다. 탈원전과 미세먼지의 관계처럼 말이다. 조현병을 비롯한 정신질환자의 범죄율, 과연 팩트는 무엇일까?

어떻게 팩트체크 할 것인가

다른 언론의 팩트체크 보도부터 확인해야 했다. 조현병과 범죄율의 관계를 다룬 팩트체크 보도는 SBS가 처음이 아니다. 다른 방송사가 2018년 6월에 다루기도 했다. 그때는 서울 대림동에서 조현병 환자가 길 가던 시민을 벽돌로 폭행했다. 기자는 "검찰 조사에 따르면 비정신질환자의 범죄율은 1.2%이지만 정신질환자의 범죄율은 0.08%로 15분의 1에 불과하다"라고 보도했다. 기사에는 '정신질환자의 범죄율'이라고 나왔는데, 조현병은 이 가운데 일부일 것이다.

보도만 봤을 때는 데이터의 출처가 명확하지 않았다. 기사에는 출처가 '검찰 조사'라고만 되어 있고, 방송 다시보기를 해봐도 화면에 어떠한 출처 표기도 없었다. 그래서 찾아보니, 2011년 대검찰청의 「범죄분석」 보고서에 나온 데이터였다. 7년 전 데이터로 보도한 건데, 너무 오래된 수치로 보였다.

다른 방송사도 2019년 4월 메인뉴스에서 정신질환자 범죄율에 대한 내용을 팩트체크 보도했다. 기사에는 "정신질환자 1000명 중 1명꼴로 범죄를 저질렀다"라고 했고, 화면에는 "정신질환자 범죄율은 0.14%, 전체 인구 범죄율은 3.93%"라고 CG 처리가 되었다. 출처는 2018년 대검찰청 자료라고 되어 있었다. 그런데 대검 자료를 보면, 앞선 보도에도 나왔던 '범죄율'이라는 데이터 자체를 찾을 수 없다. 대검에 범죄율 데이터를 물어봐도 없다고 했다. 어떻게 된 걸까. "정신질환자 범죄율 0.14%", 이 데이터는 검찰 데이터가 아닌데 출처가 검찰로 보도된 것이다.

어렵사리 출처를 확인해 보니, 보건복지부가 2018년 7월에 낸 보도자료에 이 수치가 나와 있었다.

- 전체 범죄율(3.93%) = 전체 범죄자 / 전체 인구
- 정신장애인 범죄율(0.136%) = 정신장애범죄자 / 정신장애 인구
  (대검찰청, 「2017 범죄분석」)

_보건복지부 보도자료에서 발췌

이게 보건복지부 자료에 나온 '범죄율' 계산 방식이다. 검찰과 경찰 데이터에 '범죄율'이 나오지 않는데, 복지부가 범죄율 통계를 내놓았으니 신뢰하기가 힘들었다. 복지부 데이터를 팩트체크의 근거로 든 건 이상해 보였다.

계산 방식을 보면 범죄자 숫자를 인구 숫자로 나눴을 뿐이니까, 여기서 범죄율은 100명당 '범죄 건수'가 아니고 100명당 '범죄자 수'가 된다. 이걸 범죄율 데이터라고 보기는 어렵다. 복지부가 내놓은 자료 이전에 '정신질환자 범죄율 0.14%'라는 수치를 다른 어떤 정부기관이

　　　　　　　　　　　　　　　　　　팩트체크의 정석

공식적으로 내놓았는지 여부는 더 이상 확인하지 못했다. 복지부는 중증 정신질환자에 대한 치료 강화 방안을 발표하면서 범죄율을 같이 표기한 건데, 복지부가 '정신장애 인구' 데이터를 원래 갖고 있으니까, 이걸 대검 데이터와 조합해 범죄율을 자체적으로 계산한 것으로 보였다.

그렇다면 검찰은 실제로 어떤 데이터를 내놓는지 살펴보자. 검찰은 매년 「범죄분석」이라는 보고서를 낸다. 이것이 국가의 공식 범죄 통계다. '검찰 범죄분석'으로 검색하면 온라인에서도 바로 볼 수 있다. 현재 「2019 범죄분석」까지 나왔는데, 이것은 2018년 데이터를 집계한 것이다. 「범죄분석」에는 '범죄율'이라는 표현 대신, '범죄 발생비'라는 데이터가 나온다. 인구 10만 명당 범죄 발생 건수가 몇 건인지를 계산한 것이다. 2018년 전체 인구에서 범죄 발생비는 3353.9건이다. 인구 10만명당 3353.9건의 범죄가 발생했다는 뜻이다. 이 수치에는 안인득이 저지른 것 같은 흉악범죄뿐만 아니라 교통범죄, 재산범죄 등 모든 범죄가 반영되어 있다.

이제 '3353건'이라는 숫자를 '정신질환자의 범죄 발생비'와 비교하면 된다. 지금부터가 문제다. '정신질환자의 범죄 발생비'라는 데이터 자체가 없다. 검찰은 그런 통계를 생산하지 않는다. 만약 검찰이든 경찰이든 정신질환자를 따로 모아 그들의 범죄 발생비를 집계해 공개한다면 특정 집단에 대한 차별이다, 국가가 정신질환자를 범죄 집단으로 낙인찍는다라는 논란을 피할 수 없을 것이다. 설령 정신질환자의 범죄 발생비가 전체 인구의 그것과 다르다고 해도 특정 질환을 앓고 있는 사람만 국가가 별도로 관리해야 할 필요가 있을까? 발생비의 높고 낮음과 관계없이 '별도 관리' 자체가 비판의 소지가 있다. 복지부가 자체적으로 '범죄율'을 계산해 보도자료에 한 차례 실은 것은, 그나마 정신질환자의 범죄율이 전체 인구의 범죄율보다 낮게 나왔기 때문에 가능했을 것이다.

검찰이 통계를 내지는 않지만, 언론이 필요에 따라 '정신질환자의 범죄 발생비'를 자체적으로 계산할 수는 있다. 그 데이터가 정신질환자에 대한 편견을 해소할 수 있다면 보도가 필요하다. 전체 인구를 대상으로 '인구 10만 명당 범죄 발생 건수'를 계산한 것처럼, 비교를 하려면 정신질환자도 똑같이 계산해야 한다.

• 정신질환자의 범죄 발생비 계산법
= (정신질환자 범죄 발생 건수 / 전체 정신질환자 숫자) × 100,000

여기서 또 문제가 생긴다. 대검 「범죄분석」에는 정신질환자의 범죄 발생 '건수'가 안 나온다. 위 계산에서 분자에 해당하는 숫자를 알 수 없는 것이다. 해당 연도의 범죄 건수는 알 수 없고, 정신질환자의 '범죄자 수'만 알 수 있다. 2016년의 경우 정신장애범죄자는 8343명이었다. 이게 왜 범죄자 수로 나오는지 한참 취재를 해봤더니, '피의자 통계원표'라는 것을 기준으로 집계하기 때문이었다. '피의자 통계원표'는 수사기관이 피의자 1명에 대해 1매를 작성하는 표다. 즉, 어떤 정신질환자가 범죄를 1건, 2건, 3건 이상 저지를 수 있는데, 이게 '1명'으로 집계된다. 2016년 정신장애인이 저지른 범죄는 8343건보다 더 많을 수 있다는 뜻이다. 벌써 '전체 인구의 범죄 발생비'와 비교하는 게 부정확해지기 시작한다.

다음은 분모, 즉 전체 정신질환자 수를 알아야 한다. 이건 보건복지부가 5년에 한 번씩 외부 의료진한테 용역을 줘서 전국적으로 심층

　　　　　　　　　　　　　　　　　　　　팩트체크의 정석

조사한다. 2016년 데이터가 최신 자료다. 「2016년 정신질환실태 조사」라는 제목으로 보고서가 나와 있다. 만 18살 이상의 일반적인 성인 인구 5100명을 조사한 것으로, 보고서를 보면 조현병의 경우 다수의 환자가 입원한 상태이기 때문에 이들은 5100명 조사에서 빠져 있을 가능성이 높았다. 그래서 입원시설 통계를 이용해 최종 수치를 보정했다고 한다. 그렇게 나온 정신질환자 수는 287만 명으로 추정되었다.

　　정확하지는 않지만 이제 비교는 해볼 수 있다. 정신질환자 수가 2016년 데이터이니까 전체 인구의 범죄 발생비도 2016년 것으로 비교해 보자.

　• 2016년 범죄 발생비
　전체 인구의 범죄 발생비 = 3884.8
　정신질환자 범죄 발생비 = 290.7
　(자료: 대검찰청, 「2017 범죄분석」, 보건복지부)

　　자, 이렇게 계산한 후, 정신질환자의 범죄 발생비가 전체 인구 대비 7% 수준이다, 혹은 전체 범죄 발생비가 정신질환자의 13배에 달한다라고 보도할 수 있을까? 정신질환자의 범죄 발생비가 낮은 건 사실이겠지만, 7%라는 수치는 사실 의미가 없다. 왜냐면 '전체' 범죄 발생비를 계산할 때는 당연히 전체 범죄 건수가 반영되는데, 여기에는 정신질환자 범죄 건수까지 모두 포함되어 있기 때문이다. 무슨 말이냐 하면, 이 두 가지 범죄 발생비의 수치가 '정신질환자 집단'과 '정신질환자를 제외한 나머지 집단'을 명확하게 갈라서 계산한 결과가 아니라는 뜻이다. 수치가 섞여 있는 것이다. 두 가지 통계를 비교해서 정신질환자의

전체 범죄 발생비
정신질환자
범죄 발생비

범죄율이 어떻다라고 얘기하는 것 자체가 맞지 않다. 위의 그림에서처럼 안인득의 범죄는 작은 원과 큰 원에 두 번 반영되면서 데이터가 중복되기 때문이다. 또 검찰이 전체 범죄 발생비를 계산할 때는 '전체 인구' 숫자를 분모로 쓰지만, 복지부가 분모로 쓴 수치는 '전체 정신질환자 인구'가 아니다. 만 18살 이상만 조사했기 때문이다. 만 18살 미만의 정신질환자가 다수가 아니거나 범죄 발생 건수가 높지 않다고 해도, 비교를 부적절하게 만드는 이유 가운데 하나다.

검찰이 생산하는 '정신장애범죄자' 수치가 정확한지도 의문이다. 과연 누가 피의자의 정신장애를 판단할까? 확인해 보니, 이건 검찰이나 경찰, 특별사법경찰이 수사 과정에서 판단한다고 했다. 수사하다가 피의자를 '정신이상', '정신박약', '기타 정신장애'로 나누는 것이다. 이걸 한 사람이 일관성 있게 작업하는 것도 아니다. 기준이 있더라도 전국의 수사 담당자가 제각각 분류하다 보면 '정신장애'와 '비정신장애'의 경계선은 모호해질 것이다. 의사의 진단이 반영되지 않을 때도 많다. 검찰의 '정신장애범죄자' 숫자 자체가 수사 담당자의 자의적인 기준에 따라 달라질 수 있어서 100% 신뢰하기는 어렵다는 얘기다.

정신질환자의 범죄율(범죄 발생비)이 어느 정도인지 궁금하다면, 아예 처음부터 '정신질환자'와 '정신질환자가 아닌 자'를 나눠놓고 비교

팩트체크의 정석

연구해야 한다. 또 정신질환자로 분류된 사람들이 정신질환자가 맞다는 최소한의 근거가 있어야 한다. 그렇지 않으면 여러 한계가 있는 데이터를 근거로 부실한 팩트체크를 하게 된다. 이 사안을 한참 취재해 놓고도 〈8뉴스〉 팩트체크 '사실은' 코너에서 방송하지 않은 이유다. 방송에서 "저희가 취재해 봤더니 팩트체크가 안 됩니다"라고 할 수는 없었다. 대신 온라인으로 "정신장애 판단을 수사기관이… 범죄율 팩트체크의 한계"라는 제목으로 보도했다.

조현병을 비롯한 정신장애인의 범죄율이 그렇지 않은 집단보다 낮을 걸로 추정은 되지만, 얼마나 낮은지 정확하게 말할 수 있는 사람은 아직은 아무도 없다.

팩트체크 그 후 안인득은 국민참여재판을 신청했다. 창원지방법원은 2019년 7월 이를 받아들였다. 시민이 배심원 자격으로 참여해 안인득의 유무죄에 대한 의견을 내게 되었다. 안인득은 재판에서 "제가 잘못한 것이 부풀려지고, 억울한 사정을 이야기해도 무시당했다"라는 기존 주장을 되풀이했다고 보도되었다. 검찰은 재판부에 사형을 선고해 달라고 요청했고, 시민 배심원 8명은 사형, 1명은 무기징역 의견을 냈다. 재판부는 배심원 다수의 의견을 반영해 사형을 선고했다. 사형은 우리나라에서 실제로 집행된 지는 오래 되었지만 상징적인 의미가 있다. 연합뉴스는 "안인득이 선고 결과에 불만을 품고 소리를 지르다가 교도관에게 끌려 나갔다"라고 보도했다.

이 사건 이후로 정신질환자의 범죄율에 대한 팩트체크는 더 이상 보도된 적이 없다. 데이터를 계속 파고 들어간 기자라면 취재를 하면 할수록 팩트체크가 부실해진다는 걸 알게 되었을 것이다.

잘못된 데이터의 허점,
대한민국이 낙태율 세계 1위?

"낙태를 허용하면 낙태율이 급증할 것"이라는 법무부 주장을 팩트체크 한 적이 있었다. 그 뒤 2019년 헌법재판소의 역사적인 결정이 나왔다. 헌재도 낙태를 허용한다고 해서 낙태율이 급증할 것이라고 판단하지는 않았다. 하지만 낙태죄 유지를 주장하는 시민단체들의 반발은 여전했다. 그들은 헌재 결정을 앞두고 헌법재판소 앞으로 몰려가 집회를 열기도 했다. 아이들도 데려갔다. 아이들은 "태아는 생명이다"라고 적힌 피켓을 들고 있었다. 낙태죄 폐지 여부는 여전히 팩트체크로 다룰 만한 팽팽한 쟁점이었다.

무엇을 팩트체크 할 것인가

48개 시민단체는 '낙태죄폐지반대국민연합'을 결성했다. 이런 이름의 시민단체가 생기면 성명서가 자주 나오고, 성명서가 나오는 것은 새로운 스트레이트 뉴스가 되기 때문에 보도량이 늘어난다. "~라고 주장했습니다"로 끝나는 기사가 뉴스 소비자에게 그대로 전달된다. 일반적으로 취재부서 기자는 성명서에 담긴 내용의 사실 여부가 의심스러워도 그걸 깊이 있게 들여다볼 시간적 여유가 없는 경우가 대부분이다. 그들은 쏟아지는 뉴스의 기본적인 팩트를 확인하느라 마감 시간을 앞두고 늘 정신이 없게 마련이다. 보도국에서는 나를 포함한 몇몇 기자를, 취재 내용이 의심스러우면 어떤 내용이든 가리지 말고 파보고 따져보라고 출입처가 없는 부서에 배치해 놓은 상태였다. 낙태죄폐지반대국민연합의 성명서를 자세히 읽어 내려갔다.

그들은 이렇게 주장했다. "태아는 가장 작고 힘없는 사회적 약자들이다. 태아의 생명권이 가장 안전해야 할 모태의 뱃속에서 위협받는 것은 지구상에서 일어나고 있는 어떠한 테러와 집단학살 못지않게 애도해야 할 최악의 비극이다." 시민단체로서 이런 주장을 할 수 있다. "낙태죄가 폐지되면 이 비극이 아무런 죄책감과 거리낌 없이 자행되는 끔찍한 사회가 될 것"이라고도 했다. 역시 검증할 만한 내용은 보이지 않았다.

다만 낙태죄폐지반대국민연합이 근거로 든 데이터 두 가지는 사실인지 확인할 수 있을 것 같았다. 일부 언론은 사실 여부를 확인하지 않은 채 아래 근거를 그대로 기사화했다. 사람들이 이 내용을 사실이라고 생각할 가능성이 있었다.

(1) 대한민국은 낙태가 불법인 지금도 '낙태율 세계 1위'의 오명을 갖고 있는 국가다.
(2) 영국은 낙태죄 폐지 이후 낙태율이 1000% 이상 늘었다.

어떻게 팩트체크 할 것인가

우선 우리나라가 '낙태율 세계 1위'라는 주장은 사실일까. 성명서를 작성한 사람이 누구인지 시민단체에 확인해서 근거를 알고 싶다고 문의했다. 답변 메일이 왔다. 자세히 읽어보니 황당했다. 한 대학의 영자매체 기사가 근거라며 보내주었던 것이다. 기사에는 실제로 이런 문장이 있었다.

> South Korea has had both the highest abortion rate and suicide rate among OECD countries for the last ten consecutive years. (한국은 지난 10년 동안 OECD 국가 중 낙태율과 자살률이 가장 높았다.)

이런 기사는 일반인들이 봤을 때는 신뢰할 수 있겠지만, 팩트체크를 해온 입장에서 봤을 때는 '근거'라고 하기가 어렵다. 대학 언론의 기사이기 때문이 아니다. 어떤 언론사의 보도는 검증 대상일 뿐이지, 근거가 되는 경우는 흔치 않다. 우리나라에서 기사에 대한 대중의 신뢰도가 무척 낮다는 걸 고려하면 특히 그렇다.

시민단체에서는 한국의 낙태율이 세계 1위라는 또 다른 근거로 다음 쪽의 표를 보내왔다. 이 표는 잘 봐야 한다. 언뜻 보면 한국의 낙태율이 가장 높은 것 같다. 하지만 이 표는 일단 출처가 없었다. 누가 만든 건지 알 수 없는 것이다. 그래프 이미지를 구글로 검색해 봐도, 이 표를 누가 만든 것인지 확인할 수 없었다. 일부 개인 블로그에 '한국 낙태율 세계 1위'의 근거로 올라와 있을 뿐이었다. 표에 반영된 데이터의 출처는 맨 아래 나와 있다. 찾아보니 개인 보고서가 아니고 정부가 낙

각국의 출생아 대비 낙태 건수

		출생아(명 · A)	낙태(건 · B)	B/A(%)
🇰🇷	한국 2005년	438,062	342,433	78.1
🇰🇷	한국 2010년	470,200	168,738	38.9
🇺🇸	미국	4,143,000	1,206,200	29.1
🇯🇵	일본	1,110,721	301,673	27.1
🇬🇧	영국	715,996	206,975	28.9
🇫🇮	스웨덴	105,913	17,910	16.9
🇫🇷	프랑스	767,816	210,664	27.4
🇩🇪	독일	685,795	124,023	18.0
🇨🇦	캐나다	336,003	100,763	29.9
🇨🇳	중국	17,780,000	6,658,550	37.4

자료: 한국은 2005년 김해중 보고서, 2010년 손명세 보고서, 외국은 www.johnstonsarchive.net
한국의 낙태율이 세계 1위라는 근거로 시민단체가 제공한 자료.

태 통계를 집계할 때 용역을 준 연구 보고서였다. 낙태 건수 숫자 자체
는 문제없어 보였다.

무엇보다 이상한 것은 표 제목이었다. '낙태율'이 아니고, '각국의
출생아 대비 낙태 건수'라고 되어 있다. '낙태율'은 만 15~44세 여성
1000명당 연간 낙태 건수를 뜻한다. 그런데 왜 '출생아 대비 낙태 건수'
로 계산했을까. 이유는 알 수 없었다. 하지만 출산율이 세계 최저인 우
리나라에서 이런 식으로 계산한 값에 '낙태율'이라고 이름을 붙인다면,
'낙태율 세계 1위'는 너무 당연한 결과로 보였다. 출산율이 '뒤에서' 세
계 1위니까 말이다. 분모가 되는 출생아 수가 작아지기 때문에 계산 값
이 다른 나라를 압도하는 것은 불가피하다.

이건 '낙태율'의 개념에 대한 문제다. 혹시 낙태율을 이 시민단체
처럼 '낙태 건수/출생아 수'로 계산하는 전문가가 있는지 확인해 봐야

했다. 우리나라는 그렇게 계산하지 않는다. 이 표의 데이터 출처는 국내 보고서인데, 그 보고서도 낙태율을 그런 식으로 계산하지 않는다. 국제기구도 마찬가지다. UN과 세계보건기구(WHO)도 '출생아 수'로 낙태율을 계산하지 않는다.

'낙태율 세계 1위'라는 주장은 세계적인 기준과 전혀 다른 계산법에 근거를 두고 있었다. 구트마허 연구소의 2017년 보고서에 따르면 2010~2014년의 전 세계 낙태율 평균은 35였고, 2010년 우리나라의 낙태율은 15.8이었다.

다음으로 영국이 낙태죄를 폐지하고 낙태율이 1000% 이상 늘었다는 주장을 확인했다. 시민단체가 보내온 근거는 영국에서 낙태에 반대하는 한 변호사가 작성한 데이터였다. 잉글랜드와 웨일스, 스코틀랜드는 1967년 이후 낙태가 합법화되었는데, 그로부터 현재까지 집계된 낙태 건수로 계산한 수치였다. 낙태 건수가 1967년 2만 1400건에서 2016년 20만 8553건으로 늘었다고 "낙태율이 1000% 늘었다"라고 주장한 것 같았다. 낙태율을 낙태 건수로만 계산하면 15~44세 여성의 숫자에 따라, 즉 인구 변화에 따라 낙태율은 당연히 변할 수 있다. 영국에서 지난 50년 동안 15~44세 여성의 숫자가 얼마나 늘었는지는 이 데이터에 반영되어 있지 않았다.

잉글랜드와 웨일스 정부의 공식 통계를 찾아봤더니, 낙태죄를 폐지한 뒤 낙태율은 지난 40여 년간 5.1에서 16.0 안팎으로 오른 것으로 나타났다. 1000%는 근거가 없고 실제보다 많이 과장된 수치였다. 하지만 겉으로 드러난 낙태율이 상당히 높아진 것은 사실이었다. 낙태죄 폐지 전에 음성적으로 이뤄진 낙태가 통계에 반영되었을 뿐일 수도 있다. 1960년대에 낙태가 합법화된 이후에는 통계에서 누락된 낙태 건수가

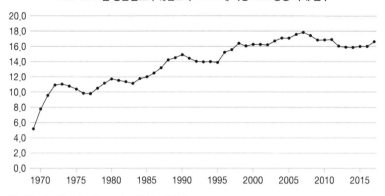

1969~2017년 잉글랜드와 웨일스의 15~44세 여성 1000명당 낙태 건수

자료: "Abortion Statistics, England and Wales: 2017".

많지 않을 것이다. 우리나라에서도 낙태가 합법화되면 음성적으로 이뤄져 온 낙태가 공식 통계에 서서히 반영되기 시작할 것이다.

낙태 합법화 이후 우리나라의 낙태율이 잉글랜드와 웨일스처럼 상승할지, 아니면 다른 양상을 띨지는 알 수 없다.

팩트체크 그 후   일부 시민단체의 반발은 있었지만, 헌재는 낙태죄에 대해 헌법불합치 결정을 내렸다. 복지부가 가장 먼저 움직였다. 낙태 수술을 해준 의사를 1개월 자격정지하는 행정 처분을 보류하기로 한 것이다. 검찰도 임신 12주 이내에 낙태를 한 여성에 대해서는 기소유예 처분을 내리기로 했다. 실제로 한 미성년자가 임신 12주 이내에 낙태를 한 사건이 있었는데, 재판에 넘겨지지 않았다.

낙태죄가 위헌이라고 주장하면서 처음 헌법소원을 낸 사람은 사실 산부인과 의사였다. 그는 67차례에 걸쳐 낙태 수술을 한 혐의로 재판에 넘겨져 1심에서 유죄를 선고받았는데, 헌재 결정 이후 2019년 7월 2심에서는 무죄로 바뀌었다. 임신 4주차인 여성에게 낙태 수술을 해준 다른 산부인과 의사도 2019년 10월 1심에서 무죄를 선고받았다. 여론의 변화, 헌재의 결정에 따라 세상은 조금씩 바뀌고 있다.

제4장

팩트체크의 도우미
'법원 판결문'

도로 지하를 점령한 사랑의교회 예배당,
원상회복이 불가능할까?

서울 지하철 2호선 서초역 앞에는 번듯한 교회 건물이 있다. 바로 지하 8층, 지상 14층 규모의 사랑의교회로, 호화 건물이라는 비판을 받기도 했다. 이 대형 교회는 건물을 지을 때부터 논란이 있었다. 교회 건물 바로 옆에 서초구청 소유의 도로가 있는데, 교회가 이 도로의 '지하' 공간을 점용했기 때문이다. 공공의 도로라면 지하 역시 공공의 이익을 위해 사용해야 한다. 그런데 교회라는 사적 집단이 도로 지하에 예배당을 짓자 이에 반대하는 사람들이 2012년 행정소송을 냈다.

서초구청이 도로 지하 점용을 허가해 준 것은 위법하다는 게 소송을 낸 원고의 주장이다. 2013년 예배당은 완공되었다. 재판은 계속 진행되었고, 서초구청장은 2019년 헌당식에서 "도로 점용 허가를 계속 해드리겠다"라고 말하기도 했다. 교인들은 환호했다. 소송은 돌고 돌아 2019년 10월 대법원에서 최종 확정되었다. 구청의 도로 점용 허가는 위법한 것으로 결론이 났다.

무엇을 팩트체크 할 것인가

그렇다면 도로 지하에 만들어 놓은 예배당은 어찌할 것인가. 사랑의교회는 대법원 판결이 난 그날 공식 입장을 밝혔다. "법원 판단을 존중한다"라고 했다. 법원 판단은 구청이 도로 점용 허가를 내준 것이 애초에 잘못되었다는 것이다. 대법원은 보도자료에서 "서초구청이 사랑의교회에 도로 점용을 중지하고 원상회복할 것을 명령하고, 도로 점용 허가로 인한 위법 상태를 제거해야 한다"라고 밝혔다. 교회가 '법원 판단을 존중'한다고 했으니, 원상회복을 하겠다는 얘기인가? 궁금했다. 그런데 며칠 뒤, 교회 홈페이지에 글 하나가 올라왔다. 눈에 띄는 대목이 있었다.

Q. 교회 건축물 일부가 도로 지하 일부를 점용하고 있는 부분을 원상회복시켜야 하는 건가요?

A. 원상회복이라 함은 지하 점용한 부분을 다시 흙으로 메워 아무도 활용하지 못하도록 한다는 것입니다. 이것은 합리적이지도 않고 지하 활용을 확대하는 정부 방침과도 맞지 않습니다. 더구나 막대한 재산상의 손실이 발생되는데 관청 승인을 받고 진행한 공사로 인해 결과적으로 시민이 막대한 손실을 입게 될 수 있어 현시대적 상황에서는 있을 수 없는 일입니다.

또한 법적으로도 도로 점용 허가가 취소된다 하여 반드시 원상회복을 해야 하는 것은 아닙니다. 서초구청의 도로 점용 허가조건과 국토교통부의 회신에서도 '공유재산법'을 근거로 "도로 점용 허가가 취소된다 하여도 원상회복을 할 수 없거나 원상회복하는 것이 부적절한 경우에는 그러하지 아니하다"라고 명시하고 있습니다.

교회는 '법원 판단을 존중한다'라고 했는데, 반대로 원상회복은 하지 않겠다는 뜻을 분명히 했다. 현시대적 상황에서 있을 수 없는 일이라고 했다. 이게 법원 판단을 진심으로 존중하는 것일까 궁금했다. 교회는 원상회복하지 않아도 되는 근거를 제시했다. 법에 원상회복할 수 없는 경우에는 안 해도 된다고 나와 있다는 것이다. '도로법' 제43조에 그렇게 규정된 것은 사실이다.

그럼 교회 예배당이 차지하고 있는 도로 지하 공간은 정말 원상회복할 수 없는 것일까? 불가능한 일일까? 팩트체크 할 필요가 생겼다.

어떻게 팩트체크 할 것인가

"요즘 세상에 안 되는 게 어디 있어? 도로 지하를 부수고 새로 지으면 되지." 이렇게 생각하기 쉽다. 사실 상식적인 판단이다. 하지만 팩트체크 보도에서 기사를 그렇게 쓸 수는 없다. 사실 이 사건에 대한 보도에서 여러 차례 나온 금액이 있었다. 391억 원이다. 대형 예배당의 모든 공간이 도로 지하와 겹치는 것은 아니다. 예배당 전면 일부분이 도로 지하에 걸쳐 있다. 그걸 원래대로 복구하는 데 391억 원이 든다는 것이다. 당연히 원상회복이 가능하다는 전제에서 나온 금액이다.

원상회복이 가능하다는 판단을 했다고 하니, 누가 그 판단을 했는지 확인하면 간단할 것 같았다. 그 판단을 내린 곳은 한 건축사사무소였다. 도로 지하 공간을 안전하게 복원할 수 있는지 검토한 의견서가 있었다. 의견서를 입수해 내용을 살펴봤다. '종합의견' 항목에 이렇게 적혀 있었다. "추후 복원 후에도 구조물의 안전성에는 문제가 없을 것으로 판단됩니다. 구조 안전에 이상이 없는 공법이 적용되어 시공된다면 복원면의 사용성 및 구조 안전성에는 이상이 없을 것으로 판단됩니다." 건축 전문가의 판단이니까 신뢰할 수 있었다. 이 의견서는 교회 측에도 전달되었으니 원상회복이 가능하다는 건 교회도 분명 알고 있을 것이다.

그런데 시점이 문제였다. 의견서가 나온 것은 2012년 11월, 오래전이었다. 공사가 한창 진행 중일 때다. 그 시점의 공사 현장 사진을 찾아보니 교회 부지의 지하 공간은 공사 중이었고, 건물은 아직 올라가지 않은 상황이었다. 건물 상부를 짓기 전에 나온 의견서를 근거로 팩트체크에서 "원상회복할 수 있습니다"라고 보도할 수 있을까? 참고는 할 수 있지만 근거가 부족하게 느껴졌다. 건물을 부수고 새로 짓는다면 가능하겠지만, 그동안 교인들은 또 어디로 간다는 말인가. 이런 현실적인 문제까지 판단한 사람은 없을까 고민했다.

법원 판결문이 열쇠가 될 수 있을 것 같았다. 판결문을 다시 정밀하게 검토해 보기로 했다. 재판 과정에서 교회도 분명히 원상회복 쟁점을 여러 차례 강조했을 것이다. 판결문에는 원상회복이 가능한지 여부에 대해 재판부 판단이 담겨 있을 거라고 생각했다. 소송을 거듭할 때마다 재판부의 표현은 비슷했다. "원상회복이 쉽지 않다", "어렵다", "사실상 어렵다" 등의 표현이 나왔다. 2018년 1월 항소심 판결문이 가장 인상적이었다. 재판부는 교회를 직접 찾아가 예배당을 비롯한 여러 시설을 현장검증한 뒤에 이렇게 판단했다.

도로 점용 허가를 취소하면 (예배당) 일부분을 철거해야 하고, 그로

인해 교회가 많은 비용을 지출해야 할 뿐만 아니라 교인들이 상당 기간 예배당을 이용할 수 없게 되며 철거 기간 중 사람들의 통행이 제한되는 결과가 생긴다고 하더라도, 이런 결과는 교회의 적극적인 요청에 의해 이뤄진 것이다.

_ 서울고등법원, 2017누31 도로점용허가처분무효확인등

"공사가 다 끝난 걸 어떻게 되돌려 놓는다는 말입니까?" 교회의 호소에 재판부는 다음과 같은 답변을 내놓았다. "그건 교회가 자초한 일이다." 대법원도 이어서 원상회복이 쉽지 않다는 걸 알지만 공익이 더 중요하다고 보고, 원상회복을 명령하라고 서초구청에 통보했다. 법원이 방대한 자료를 검토한 뒤 원상회복이 가능하다는 전제에서 판결한 것이다.

이런 내용을 근거로 교회의 주장은 사실과 다르다는 내용의 팩트체크 보도를 준비했다. 혹시 원상회복 과정에서 건물 안전이 위험해질 수 있다는 보고서가 있을까? 취재진이 모르는 근거 자료를 교회 측이 갖고 있을 수도 있다. 교회 측에 근거 자료가 있는지 문의했지만, 답변 받는 데만 이틀이 걸렸을 뿐 자료는 받지 못했다. 교회는 법원 판결을 존중한다는 반론을 재차 밝혀왔다. 반론을 정확히 담아서 보도했다.

팩트체크 그 후 보도 다음날, 사랑의교회 '언론 담당자'가 전화를 걸어왔다. 보통 교회에는 언론 담당자라는 것이 존재하지 않지만, 대형 교회인 만큼 회사 수준의 조직을 갖추고 있었다. 그는 대뜸 "송구하다"라고 말했다. 기자한테 왜 송구하다는 것인지 이해할 수 없었다. 그래도 그는 계속 송구하

다고 했다. 말투는 무척 공손하고 친절했지만 앞으로도 원상회복할 계획은 없다는 것처럼 들리기도 했다. 물론 교회 입장에서는 억울할 수 있다. 2019년 대법원 판결이 나기 전까지는 서초구청의 행정에 법적인 문제가 확정되지 않았기 때문이다.

대법원 판결과 동시에 서초구청이 내줬던 도로 점용 허가는 취소되었다. 서초구청도 이 사실을 판결 직후 사랑의교회에 통보했다. 구청은 원상회복 명령을 내리기 전에 건축 전문가를 위주로 자문단을 꾸리겠다고 설명했다. 일부 기독교 매체는 원상회복 명령에 앞서 건물 안전성에 문제가 없는지 살펴야 한다는 글을 싣기 시작했다. 상황은 미묘하게 흘러갔다. 구청이 원상회복 명령에 뜸을 들이는 사이 사랑의교회가 도로 점용 허가를 연장해 달라고 요구한 것이다. 기존 허가는 2019년 12월까지인데, 이걸 늘려달라는 뜻이다. 대법원 판결로 이미 취소된 행정행위에 심폐소생술로 숨을 불어넣으려고 한 것일까?

서초구청은 내부 논의 끝에 2022년 2월까지 도로를 원상회복하라고 교회에 통보했다. 만일 교회가 따르지 않을 경우에는 '이행강제금'을 부과할 수 있다. 이 금액을 대략 계산해 보니, 교회가 도로 지하를 원상회복하는 데 드는 비용에 비해 아주 작게 느껴졌다. 원상회복 비용 예상치 391억 원이라는 것도 2012년 건물이 본격적으로 올라가기 전에 낸 견적이어서, 건물이 완공된 지금 견적을 다시 낸다면 얼마가 될지 상상할 수 없는 상황이다.

교회가 서초구청 통보에 불복해 다시 행정소송을 냈다는 보도가 나왔다. 대법원 판결이 났다고 소송이 끝나는 것은 아닌 모양이다. 소송에 소송을 거듭하는 뫼비우스의 소송이다. '법원 판결을 존중'한다던 교회가 대외적인 입장을 실제로 실천하려면 돈이 많이 들어간다. 그 돈을 안 쓰고 버티는 사이, 사랑의교회 예배당은 사적인 교회를 위해 공공의 이익을 훼손한 위법의 상징물처럼 계속 존재할 것이다.

명륜진사'갈비'인가,
명륜진사'목전지'인가?

> "명륜진사갈비에 쏟아지는 분노 '소비자 기망' 폭발"
>
> "양심을 판 '돼지갈비' 무한리필 업소 적발"
>
> "무한리필 돼지갈비집의 배신… 목전지 속여 팔아"

2019년에 쏟아진 기사 제목이다. 돼지갈비 무한리필을 앞세운 '명륜진사갈비'라는 업체에 대한 기사로, 나쁜 프랜차이즈 음식점이 적발된 것처럼 보인다. 일부 기사 제목만 보면 이 업체가 소비자를 작정하고 속인 것 같았다. 이곳은 전국 수백 곳에 가맹점을 내고 있었는데, 이로 인해 사업 확장에 제동이 걸리는 듯했다.

이 업체는 갈비에 '목전지'라는 부위(목살과 앞다리살 사이 부분)를 섞어서 판매하고 있었는데, 부산시가 '섞어서 판다'는 사실을 제대로 공지하지 않은 일부 가맹점을 적발한 것이다. 몇몇 기사에 '명륜진사갈비'라는 실명이 공개되고 실시간 검색량이 늘어나면서 클릭을 노린 미끼 기사도 양산되었다. 그런 미끼 기사는 부산시의 적발 소식을 전하면서, 이 업체가 소비자를 파렴치하게 속인 것처럼 보도하기도 했다. 많은 사람들이 가본 식당이기도 했고 갈비라는 소재의 특성상 한국인의 관심을 끌 만한 이슈였다.

무엇을 팩트체크 할 것인가

'명륜진사갈비' 보도는 사실 우리 언론이 먹을거리 기사를 어떻게 잘못 쓰고 있는지 보여주는 하나의 대표적인 사례다. 부산시가 적발한 것은 정확히 무엇이었을까? 적발을 담당한 사람한테 전화를 걸어 물어봤다. 아주 간단했다. 갈비와 목전지를 섞어서 판매한다는 사실을 제대로 표기하지 않은 '가맹점 두 곳'이 적발된 것이다. '식품표시광고법'에는 소비자를 기만하는 표시를 하면 처벌하도록 되어 있다. 실제로는 섞어서 파는데 그걸 제대로 표기하지 않으면 갈비만 판다고 소비자가 속을 수 있으니까 처벌하는 것이다.

중요한 건 갈비와 목전지, 두 부위를 '섞은 행위' 그 자체를 처벌한 게 아니라는 점이다. 그런데도 많은 기사는 "섞어서 팔았다"라는 점을 비판했다. 부산시가 그 행위를 적발해 재판에 넘긴 것도 아닌데, 일부 언론은 섞어서 판 게 문제라는 뉘앙스를 담아 보도했다. 심지어 업체 측의 반론을 담지 않은 보도가 허다했다.

두 부위를 섞어서 파는 게 불법인가? 그렇지 않다. 섞어서 팔면서 '섞었다는 표기'를 하지 않은 게 문제다. 그런 가맹점은 수백 곳 가운데 두 곳이었고, 본사 차원에서 소비자를 속이도록 지시한 정황은 드러나지 않았다. 하지만 본사가 가맹점에 '섞어서 팔도록 교육까지 했다'는

업체 측이 갈비와 목전지를 섞어 판다는 사실을 식당에 안내하고 있다는 근거로 제시한 스티커.

기사가 있었을 뿐이었다. 그게 업체의 사업 모델이니까 가맹점을 교육한 건 당연한 일인데, 일부 보도에서는 본사가 불법 행위를 부추긴 것처럼 묘사되었다. 근거는 없었다.

여기까지만 기사를 써도 팩트체크 보도로서 부족함은 없을 것 같았다. 하지만 좀 더 취재해 보기로 했다. 부산시의 적발 기사에 달린 댓글들을 하나하나 살펴봤다. 사람들이 이 기사를 보면서 가장 궁금해 하는 것은 무엇일까? "명륜진사갈비가 아니라 명륜진사목전지라고 해야 되는 거 아냐?" 이런 댓글이 눈에 들어왔다. 업체 측은 사업 초창기 때부터 갈비와 목전지를 섞어서 판다는 사실을 공지해 왔다고 주장하고 있었다. 두 가지 고기의 비율은 갈비가 3, 목전지가 7이었다. 테이블에 스티커를 붙여놨다고 했다. 고기 비율이 '3 대 7'임을 공지했다는 것인데, 소비자 입장에서는 '목전지가 더 많으면 '목전지'라고 간판을 붙여야지, 업체 이름을 왜 '갈비'라고 지어서 사람을 헷갈리게 만들지?'라고 생각할 만했다.

그 지점에 포인트를 맞추기로 했다. 명륜진사'갈비', 이 명칭에는 문제가 없는 것일까?

핵심은 '갈비'라는 부위와 '목전지'라는 부위를 섞어서 파는데, '갈비'라는 명칭으로 팔아도 되느냐였다. 이 판단을 하려면 2005년 대법원에서 확정된 이른바 '접착갈비 판결'을 알아야 한다. 당시 워낙 유명했던 판결이어서 10년도 훨씬 넘었지만 당장 그 판결부터 기억이 났다. "갈비뼈에 다른 부위의 고기를 붙였어도 갈비라고 할 수 있다." 이 한 문장이 많은 소비자들을 황당하게 만들었던 판결이다.

1, 2, 3심 판결문을 다시 입수해 자세히 검토했다. 당시 업자는 수입 소갈비뼈에 수입 부채살을 붙여서 팔았다. 식용 본드로 불리는 '푸드바인더'로 붙였는데, 붙이는 방식이 세 가지였다.

① 갈비1: 순수한 갈비뼈에 갈빗살
② 갈비2: 갈빗살이 조금 붙은 뼈 + 다른 부위 살
③ 갈비3: 갈빗살이 전혀 없는 뼈 + 다른 부위 살

법원은 '갈비3'을 불법으로 판단했다. 당시 판결이 '갈비뼈에 다른 고기를 붙여도 갈비'라고 인정한 것으로 알려져서 마치 '갈비3'도 갈비로 팔 수 있는 걸로 오해하는 사람도 있는데, 그렇지는 않다. 갈빗살이 전혀 없는 순도 100% 갈비뼈에 엉뚱한 고기를 붙여 '갈비'라고 팔아도 된다는 판결은 아니었다. '갈비2'처럼 갈빗살이 어느 정도는 붙어 있어야 했다. 규정에 따르면 갈비뼈에 '고기가 일부 붙어 있는 경우'에는 갈비뼈를 포함한 전체 무게를 갈비 함량으로 표시할 수 있다. 핵심은 고기가 일부라도 붙어 있어야 한다는 것이다.

명륜진사갈비로 돌아오자. 이 식당은 갈비뼈에 다른 고기를 붙여서 판매하지 않는다. 업체는 어감이 좋지 않은 식용 본드를 사용하지 않는다는 점을 처음부터 마케팅 포인트로 강조해 오고 있었다. 주방에는 갈비와 목전지가 각각 다른 통에 담겨 있다. 손님이 주문하면 갈비와 목전지를 같이 내와서 불판에 올린다. 대법원은 갈비뼈에 고기가 '일부'라도 붙어 있으면 갈비로 판매할 수 있다고 했다. 그런데 명륜진사갈비 갈비뼈에는 어쨌든 고기가 붙어 있다. 달랑 뼈만 나오는 것은 아니다.

이걸 왜 메뉴판에 갈비라고 적어서 파느냐, 왜 간판에 헷갈리게 갈비라고 해놨느냐, 법적으로 문제 삼을 수 있을까? 힘들 것이다. 갈비뼈에 어쨌든 고기가 일부 붙어 있으니까 말이다. 소비자 눈높이에서 보면 이것에 대한 논란이 있을 수 있겠지만, 대법원 판단에 따르면 그 행위를 문제 삼기 힘들어 보였다.

부산시 담당자를 취재할 때 대법원 판결 얘기를 꺼냈다. 담당자도 판결문을 모두 읽어봤다면서, 안 그래도 그 판결 때문에 두 부위를 섞어서 '갈비'로 판매한 행위는 재판에 넘기지 않았다고 설명했다. 검찰도 마찬가지 판단이었다고 했다. 갈비뼈에 어쨌든 고기가 붙어 있으므로 기소할 근거가 없다고 생각했을 것이다. 명륜진사'갈비'라는 간판과 명칭에도 문제가 있다는 주장은 사실이 아니라는 점을 〈8뉴스〉에서 팩트체크 보도했다.

보도하기 전, 한 가지를 더 확인해야 했다. 소비자 입장에서 '속았다'라고 느낄 만한 소지는 없었을까? 업체의 공식 CF를 확인했다. 이 업체는 CF 노래를 중독성 있게 잘 만들어서, 유튜브에서 광고 조회 수 1300만을 기록하고 있었다. 광고에는 '목전지'를 섞었다는 표현이 없었다. '목전지'에 대한 설명도, 자막도 없었다. 업체가 보내온 반론 자료에는 '목전지'를 섞었다는 점을 공개적으로 밝혀왔다고 주장하면서 페

쫄깃쫄깃~ 갈비는 뜯어야 제맛! #뼈갈비
야들야들~ 살살 녹는 #목전지의 환상조화

목전지를 섞었다는 점을 밝혔다는 근거로 업체 측이 제시한 페이스북 광고.

이스북 광고를 근거로 들었다. 거기에는 '목전지'라는 표현이 있었지만, 안심이나 등심이면 모를까, '목전지'라는 단어를 사람들이 얼마나 들어봤을까? '목전지'라는 단어보다는 먹음직스럽게 구워진 갈빗살이 눈에 더 잘 들어온다. 업체는 두 부위를 섞어서 판매한다는 사실을 다소 소극적인 수준에서 표기해 왔다. 그걸 굳이 강조할 이유는 없으니 말이다.

팩트체크 그 후 업체는 '목전지' 논란으로 홍역을 치렀다. 이후 광고에서는 '목전지'가 좀 더 전면에 부각되었다. 하루는 운전하다 우연히 광고 멘트를 들었다. "목전지 부위를 갈비보다 좋지 않은 부위로 생각하시는데, 전혀 그렇지 않습니다"라는 멘트가 흘러나왔다. 일부 가맹점이 '섞었다'는 걸 제대로 표기하지 않으면 또 문제될 수 있으니까, 아예 본사 차원에서 섞어서 판다는 걸 내세우는 것으로 보였다. 어쩔 수 없는 선택일 것이다. 업체 홈페이지에 따르면, 가맹점은 부산시로부터 적발되었을 때보다 더 늘어나서 이제 전국에 500곳을 넘어섰다고 한다.

명륜진사갈비는 갈비와 목전지의 비율이 3 대 7이라고 하지만, 다른 일반 갈빗집은 이 비율을 알기가 사실 어렵다. 요즘 순수하게 갈빗살만 파는 집이 얼마나 될까 궁금하기도 하다. '접착 갈비' 유통 규모가 엄청나다는 얘기도 들린다. 식약처에 물어보니, '접착 갈비'의 경우 갈빗살과 다른 고기의 비율을 메뉴판에 정확하게 표기해야 할 의무가 있는 건 아니라고 했다. 마트에서 파는 고기야 생산자에게 물어볼 수가 없으니 정확히 표기해야 하지만, 식당에서는 손님이 사장한테 물어볼 수도 있고, 다른 확인 방법도 있지 않겠느냐는 취지에서 그렇다고 한다.

대법원은 갈빗살이 '일부'라도 붙어 있으면 갈비라고 했지만, 그 '일부'가 어느 정도인지는 정해진 바 없다. 갈비와 다른 고기의 비율이 2 대 8인 갈빗집도 있을 것이다. 그래도 'ㅇㅇ갈비'라고 간판과 메뉴판에 적을 수 있다. 새우깡에도 새우가 조금 들어가 있지만, '새우깡'이라는 이름으로 판다. 접착 갈비도 맛있는데 뭐가 문제냐는 사람도 있겠지만, 속고 먹는 것 같아 불만인 사람도 있을 것이다. 그런 사람은 막 나온 고기를 잘 살펴보면 푸드바인더(식용 본드)로 붙인 부분이 보이기도 하고 그 부분을 젓가락으로 힘을 줘서 벌리면 곧잘 떨어지기도 하니까, 한번 확인해 보면 될 것이다.

삭발집회에 나선 의사들, '오진'으로 의사가 구속된다고?

2018년 10월, 대한의사협회 임원들이 법원 앞에서 삭발 시위에 나섰다. 이들은 "의료사고 법정구속, 방어진료 조장한다"라는 피켓을 들었다. 이유가 무엇일까. 경기도 성남의 한 병원에 8살 아이가 배가 아파 찾아왔는데, '변비'라면서 네 번을 돌려보낸 적이 있다. 아이는 다시 배가 아파 다른 병원을 찾아갔다가 결국 숨지고 말았다. '변비'가 아니라 '횡격막탈장'이라는 질병이었다.

횡격막은 배와 가슴 사이에 있는 막이다. 호흡을 돕는 기관이다. 그런데 이 횡격막에 구멍이 생기면 아래쪽 배에 있는 장기가 구멍을 통해 횡격막 위로 밀려 올라갈 수 있다. 횡격막을 통해 장이 이탈한다고 해서 '횡격막탈장'이라고 부른다. 의사 세 명은 업무상과실치사 혐의로 형사재판에 넘겨졌다. 1심에서 두 명은 금고 1년, 다른 한 명은 금고 1년 6개월이 나왔다. 모두 법정구속되었다.

이것이 대한의사협회가 삭발 시위를 벌인 이유였다. 의협은 "오진으로 구속되어 한순간에 범법자가 되는 현실이라면 진료를 하지 않겠다"라는 결의문을 냈다.

무엇을 팩트체크 할 것인가

의협은 하루가 멀다 하고 투쟁을 이어갔다. 2018년 11월 주말에는 거리 집회가 이어지면서 보도량이 늘어났다. 의사 총파업도 불사하겠다고 했다. 투쟁의 명분은 명쾌했다. 의사가 환자를 살리기 위해 최선을 다해 노력했는데, '오진'으로 인해 결과가 나쁘다는 이유로 구속을 시키는 건 있을 수 없는 일이라는 것이다. 고의적으로 오진을 했거나, 의학적으로 인정되지 않는 행위를 하다가 의료사고를 낸 것은 당연히 처벌되어야 한다. 하지만 '선의'에서 최선을 다했는데도 구속이 되는 것은 말이 되지 않는다며, 형사처벌을 면제해 줘야 한다는 것이다. 의협 얘기만 보면 나름 일리 있게 들리기도 했다. 사람들도 '그렇지' 고개를 끄덕일 것 같았다.

일부 의료 전문매체도 기사를 쏟아냈다. 의협 입장을 대변하는 보도가 많았다. 법원이 부당한 판결을 내린 것이자 사법권을 남용한 것이라고 의료 전문매체들은 지적했다. 횡격막탈장이라는 것이 엑스레이를 찍었을 때는 다른 질환으로 보이거나 정상으로 보인다는 점을 강조하기도 했다. 1년에 딱 두 건 보고되는 희소 질환이라는 것이다. 어떤 전문의라도 초기에 정확한 진단을 내릴 수 없는데, 평생 한 번 접하지 못할 수도 있는 횡격막탈장을 정확히 진단하지 못할 경우 구속을 각오해야 하는 상황이라고 보도하기도 했다. 의협이 제작한 홍보 영상물의 멘트도 귀에 쏙 들어왔다.

"선생님들은 이 가슴 엑스레이를 보고 어떤 진단이 떠오르시나요? 만약 여기에서 횡격막탈장이 바로 떠오르지 않으셨다면, 선생님 역시 형사처벌을 피해 갈 수 없을지 모릅니다."

수많은 의사와 일반인들이 볼 수 있는 영상물이었다. 의협은 법원이 오진이라는 '결과'만을 놓고 의사를 구속했다면서 이건 부당하다는 프레임을 짜놓고 있었다. 현대 의학의 한계에 의한 불가항력적 의료사고인데 의사를 구속했다는 주장까지 했다.

'횡격막탈장'을 '변비'로 오진했다고 의사가 구속되었다? 그게 사실일까?

어떻게 팩트체크 할 것인가

법원 판결에서 비롯된 갈등인 만큼 가장 먼저 판결문부터 봐야 한다. 수원지방법원 성남지원에 요청해 1심 판결문을 입수했다. 의사들도 의협 주장만 듣지 판결문을 직접 확인해 볼 일은 거의 없을 것이다. 판결문에는 검찰이 주장하는 범죄 행위와 그에 대한 법원의 판단이 담겨 있었다. 8살 아이가 병원을 네 번 찾아왔고, 결국 다른 병원에 가서 숨진 것은 사실이었다. 그런데 눈에 띄는 문장 하나가 있었다.

판결문에는 의사에게 금고형을 선고한 양형 이유가 설명되어 있었는데, 중간에 "횡격막탈장을 발견하지 못한 책임을 묻는 것이 아님"이라고 아예 괄호까지 쳐서 강조되어 있었다. 이거 뭐지? 이상했다. 다른 문장도 있었다. "횡격막탈장을 진단하기는 쉽지 않지만, 이상 소견을 봤으면 추가 검사나 경과 관찰을 했을 것이고, 피해자 사망 전에 횡격막탈장 증세를 발견할 수 있었을 것"이라고 적혀 있었다. 판사는 금고형의 취지를 오해하지 말라는 내용을 판결문에 일부러 집어넣었다. 횡격막탈장을 발견하지 못했다고 처벌하는 것이 아니라면, 어떤 책임을 묻고 있는 것일까?

판결문을 계속 읽어 내려갔다. 처벌 이유는 의협의 주장과 미묘하게 달랐다. 아이는 병원 응급실에 갔을 때 가슴 엑스레이를 찍었다. 같은 병원에는 영상의학과 전문의가 있었다. 엑스레이 사진을 보고 전문적으로 판독하는 의사다. 그는 엑스레이 사진을 관찰한 뒤 "흉수를 동반한 폐렴 소견이 있다"라는 내용으로 '영상의학보고서'를 작성했다. 이 보고서가 작성된 날짜는 2013년 5월 28일이었다.

문제는 같은 병원 의사들이 이 영상의학보고서를 확인하지 않았다는 것이다. 엑스레이 판독 전문가가 '흉수를 동반한 폐렴 소견'이 있다고 하면, 당연히 추가 검사를 했어야 했다. 그런데 하지 않았다. 피고인 의사 세 명 가운데 한 명은 응급실 의사인데, 진료 다음날 나온 영상의학보고서를 확인하지 않았거나, 확인하지 못했다. 다른 의사 두 명은 이미 보고서가 나온 상태에서 아이를 3차, 4차 진료했는데, 보고서를 안 봤으니 역시 이상 소견을 인지하지 못했다. 민사 재판에서는 이런 정황이 드러나지 않았지만 형사 재판에서는 이 사실이 비로소 밝혀졌다.

아이를 잇따라 진료한 세 명의 의사 가운데 한 명이라도 영상의학보고서를 봤다면 어떻게 되었을까. 엑스레이의 '이상 소견'은 애매한 게 아니라 명백한 수준이었다. 판사는 숨진 아이처럼 폐의 발육이 완성된 후 횡격막탈장이 발생한 경우에는 수술로 충분히 회복할 수 있었을 것이라고 판단했다. 아이를 살릴 수 있는 치료 시기를 놓친 것이다. 그래서 진료 '과정'에 일부 과실이 있다고 보고 책임을 물었다. 의협 주장대로 엑스레이를 보고 횡격막탈장을 왜 알아내지 못했느냐라면서 진단 '결과'만 놓고 처벌한 게 아니었다. 같은 병원 의사가 "이상하다"라고 기록까지 해놨는데 그 기록을 왜 안 봤느냐, 좀 더 검사를 했으면 진단할 수 있지 않았겠느냐, 그 책임을 물은 것이다.

판결문을 읽고 이해한 맥락이 맞는지 법원 공보판사에게 재차 확인했다. 오진의 '결과'만 갖고 유죄를 선고한 건 아니고, 진료 '과정'의 과실까지 종합적으로 판단해 책임을 물은 것이라고 정리가 되었다. '오진'을 이유로 의사를 구속했다는 의협 주장이 사실과 전혀 다르다고 보기는 힘들었지만, 엄밀히 말하면 사실과도 거리가 먼 주장이었다. 판결 취지를 너무 단순화해서 사람들이 오해할 수 있는 주장을 하고 있다고 판단했다. 오진이라고 하면 대중은 의사가 횡격막탈장을 알아내지 못한 것이라고 이해하지, 진료 과정의 과실이라고 생각하지는 않을 것이다.

의협 측의 반론을 들어야 했다. 의협은 진료 '과정'의 진단 잘못도 의료계에서는 '오진'이라 표현한다고 해명했다. '오진'이라는 단어에 온도차가 느껴졌다. 하지만 그런 온도차를 감안하더라도 "엑스레이 보고 횡격막탈장 진단 못하면 형사처벌 피할 수 없다", 이런 홍보 영상은 너무 나갔다. 의협은 특히 "엑스레이에서 이상 소견을 파악했었다면 횡격막탈장을 진단할 수 있는 가능성이 있었을 텐데"라는 뼈아픈 안타까움이 있다고 했다. 마치 엑스레이에서 이상 소견을 파악하지 못한 것처럼 해명했다. 사실과 전혀 달랐다. 의료진이 엑스레이에서 이상 소견을 파악하지 못한 것이 아니다. 영상의학과 전문의가 엑스레이에서 이상한 점을 파악하고 기록을 남겼는데, 그걸 다른 의사가 확인하지 않은 것이다. 의협의 반론을 담아 팩트체크 보도했다.

팩트체크 그 후

보도 이후에도 재판은 계속 진행되었다. 항소심에서는 조금 다른 결과가 나왔다. 의사 세 명 가운데 한 명에 대해 무죄가 선고되었다. 그는 응급실 의사다. 병원에 찾아온 아이를 처음 진료한 의사다. 두 번째와 세 번째에 진료한 한 명의 의사, 그리고 네 번째에 진료한 의사에게는 금고형의 집행유예가 선고되었다. 유죄와 무죄를 가른 것은 무엇일까. 아마 영상의학과 전문의가 작성한 '영상의학보고서'가 영향을 미쳤을 것이다. 그 보고서는 세 번째 진료 전에 작성되었다. 결국 세 번째, 네 번째에 진료한 의사에게는 해당 보고서를 왜 확인도 안 했느냐, 직접적인 책임을 물을 수 있다. 2심에서 집행유예를 선고받은 의사 두 명은 상고하지 않아 이 판결은 확정되었다. 무죄가 나온 응급실 의사는 대법원에서 최종 무죄가 확정되었다.

지금 이 순간에도 전국의 모든 의사는 환자의 생명을 살리기 위해 저마다 최선을 다하고 있을 것이다. 하지만 어쩔 수 없는 판단 미스, 오진도 있을 것이다. 그럴 때마다 수사기관이 의사를 불러들여 조사하지는 않는다. 단순히 오진을 했다는 이유로 의사들이 줄줄이 수사를 받거나, 재판에 넘겨지거나, 법정구속 되고 있지는 않다. 의사들에게 엑스레이 사진 한 장을 보여주면서 이 사진을 보고 횡격막탈장이 생각나지 않는다면 당신도 형사처벌을 피할 수 없다고 했던 의사협회, 그들은 주장을 했던 것일까? 아니면 선동을 했던 것일까?

제5장

복잡한 룰 속에 숨겨진 팩트

종교인 과세는 '특혜'인가?
팩트체크의 여섯 가지 근거

언론은 '특혜'라는 말을 자주 쓴다. 하지만 여기에 '의혹'이라는 단서를 붙이고는 한다. 특혜가 사실로 입증되는 경우는 흔치 않기 때문이다. 입사 특혜이든, 입학 특혜이든, 검찰이 수사하고 대법원에서 최종 확정되기 전까지는 '의혹'이라고 보도해야 법적 책임을 면할 가능성이 높다. 아니면 기사에 그게 왜 특혜인지 취재한 내용을 꼼꼼하게 담아야 한다. 특혜는 보통 대놓고 룰을 바꾸기보다는 같은 룰을 적용하되 은근 슬쩍 높은 점수를 매겨주는 데 그친다. 그래야 특혜를 준 사람은 나중에 의혹이 제기되어도 살아남을 수 있기 때문이다.

특혜를 주고받는 건 이심전심이다. 그 마음을 언론이 어떻게 객관적인 근거로 입증하겠는가. 쉽지 않다. '의혹'이라고 쓸 수밖에 없다. 그런데 팩트체크 '사실은' 코너에서 줄곧 특혜라고 표현해 온 사안이 있다. 바로 종교인 과세다.

종교인 과세는 2018년 시작되었다. 그에 앞서 기획재정부는 2017

년 말 종교인 과세의 세부적인 룰을 정해야 했다. 과세가 코앞으로 다가왔지만 그때까지는 종교인도 세금을 낸다는 대원칙만 정해져 있었다. 종교인 소득의 개념은 무엇인지, 그 가운데 세금을 면해주는 비과세 처리를 어느 정도 할 것인지, 종교단체와 종교인에 대한 세무조사는 어떻게 할 것인지, 확정된 게 없었다. 그건 기획재정부가 '소득세법' 시행령을 고쳐서 국무회의를 통과시켜야 하는 일이다.

이 과정에서 보수 개신교계는 태스크포스(TF)를 만들어 자신들에게 유리한 룰을 짜기 위해 물밑에서 열심히 움직였다. 외부에는 '조세저항'으로 비쳐지기도 했다. 여론의 눈총은 따가웠고, 핫이슈로 달아오르고 있었다.

무엇을 팩트체크 할 것인가

취재 과정에서 인상 깊었던 것은 기획재정부 관계자의 발언이다. 취재 초반에 종교인 과세의 세부적인 틀, 즉 '소득세법' 시행령 개정안을 살펴보니 특혜 소지가 다분한 것 같았다. 그래서 너무 심한 거 아니냐는 취지로 기재부 관계자에게 물었더니, 그는 "고치는 건 엄두가 안 난다"라고 말했다. 시행령 개정안을 어떻게 할 것인지 종교계(사실상 보수적인 개신교) 의견을 반영해 어렵게 만들었는데, 다시 되돌리는 건 검토하기 힘들다는 취지로 들렸다. 과세 시행을 얼마 남겨두지 않은 시점이어서 그렇게 말했을 것이다. 그는 이어 "종교계가 엄청난 곳"이라고 했다. 종교계가 '엄청나게 센 곳'이라는 의미였을 것이다.

대체 과세를 담당하는 공무원의 입에서 왜 이런 말이 나오는 것인지, 왜 특혜라는 말이 나오는 것인지, 복잡한 룰 속에 숨어 있는 팩트를 하나씩 따져보자.

어떻게 팩트체크 할 것인가

① 종교인은 같은 연봉의 직장인보다 세금을 덜 낼까?

어떤 두 사람의 소득이 같다고 해서 세금이 같은 건 아니다. 두 사람의 소비수준이 다를 뿐만 아니라, 부양자에 따른 기본공제도 다르고, 4대 보험료도 다를 것이다. 세금에 영향을 미치는 변수는 너무 많다. 이걸 취재진이 일일이 가정해 세금을 계산해 보는 것은 현실적으로 어렵다.

우선 시민단체인 한국납세자연맹에 변수가 최대한 같다고 가정할 경우 같은 연봉을 받는 종교인과 직장인이 1년 세금을 각각 얼마나 내는지 계산해 달라고 의뢰했다. 비교가 거칠지만 사람들이 가장 궁금할 만한 내용이다. 그 결과 연봉 5000만 원인 종교인이 내는 세금은 직장인이 내는 세금의 57% 수준인 것으로 나타났다. 「2016 국세통계연보」에 따라 직장인은 총 급여액에 따른 평균적인 공제액을 반영해 계산했다는 게 납세자연맹의 설명이었다. 만일 종교인의 연봉이 1억 원 이상일 경우 종교인은 직장인의 72% 정도 세금을 낼 것으로 예상되었다.

직장인은 근로소득이고, 종교인은 '기타소득'으로 처리할 수 있다. 기타소득은 작가의 원고료처럼 수입이 비정기적인 경우에 해당한다. 이걸 종교인한테 적용하면 수입의 20~30%가 경비로 잡혀서 같은 연봉이라도 직장인보다 세금을 덜 내는 것이다. 종교인은 근로소득이나 기타소득 가운데 하나를 '골라서' 신고할 수 있다. 소득의 종류를 세금이 적게 나오는 쪽으로 선택할 수 있다는 뜻이다.

종교인과 직장인의 연봉별 세금 추정치

연봉	5000만 원		1억 원		1억 5000만 원	
	종교인	직장인	종교인	직장인	종교인	직장인
세금	800,000원	1,397,574원	7,370,000원	10,233,361원	17,630,000원	24,608,198원

자료: 한국납세자연맹.

② 과세·비과세 항목을 종교단체가 셀프 지정?

본격적인 특혜는 지금부터 시작이다. 돈에는 꼬리표를 달 수 있다. 같은 돈을 주되 식비 항목을 늘릴 수도 있고 상여금을 늘릴 수도 있다. 어떤 꼬리표의 돈에는 세금이 붙지 않는다. 그 비과세 항목의 돈을 늘리면 당연히 세금이 줄어든다.

기획재정부가 마련한 '소득세법' 시행령을 보면, 종교인 소득에서 어떤 부분을 '비과세' 해줄 것인지 그 범위가 규정되어 있었다. 어떤 꼬리표의 돈이 비과세인지 나와 있는 것이다. 기재부는 이 항목을 추가했다.

> 종교 관련 종사자가 소속 종교단체의 규약 또는 소속 종교단체 의결
> 기구의 의결·승인 등을 통하여 결정된 지급 기준에 따라 종교 활동을
> 위하여 통상적으로 사용할 목적으로 지급받은 금액 및 물품
> _ '소득세법' 시행령 제19조(비과세되는 종교인소득의 범위)

예를 들어, 교회 의결기구가 '종교활동'을 위해 목사에게 지급한 돈이 있다고 하자. 이 돈에는 과세하지 않는다는 것이다. 이 돈은 흔히 '종교활동비'라고 한다. 그런데 어떤 돈을 종교활동비로 할 것인지는 누가 결정할까? 국세청이 결정하는 것이 아니다. 시행령에 보면 '종교단체 의결기구'의 결정이라고 되어 있다. 한마디로 교회가 "이 돈은 종

교활동비로 한다"라고 결정하면 그 돈은 종교활동비가 되는 것이고, 결과적으로 과세 대상에서 제외된다. 세금을 내고 안 내고 결정하는 권한을 국가가 종교단체에 넘겨주는 셈이다.

만약에 어떤 교회가 목사에게 연 5000만 원을 지급한다고 하자. 그때 '봉급'이나 '상여금'이라는 꼬리표를 달아서 돈을 주면 여기에는 세금이 붙고, '목회활동비'라는 꼬리표를 달아서 주면 과세 대상에서 빠진다. 만일 교회가 '목회활동비'를 1000만 원에서 2000만 원으로 늘리고 다른 꼬리표의 돈을 줄여 5000만 원 총액만 맞추면 절세가 가능해진다. 매우 합법적인 절세다. 종교인이 아닌 일반 직장인이나 자영업자의 경우에는 이런 환상적인 절세 방법을 상상할 수 없다. 이런 방법은 세무사한테 의뢰하지 않더라도 교회가 하려고 마음만 먹으면 간단히 처리할 수 있다. 목사의 세금은 사실상 교회가, 직장인의 세금은 국가가 정해주는 셈이다. 한국세무학회장을 지낸 인천대 홍기용 교수는 "조세의 형평성에 어긋난다"라면서 "이 정도만 해도 '특혜'라는 단어를 써도 무방하다"라고 말했다. 특히 "비과세되는 구체적인 항목까지 납세자인 종교단체가 정할 수 있게 한 사례는 들어본 적이 없다"라고 설명했다.

팩트체크 코너 '사실은'에서는 이 문제점을 분명히 지적했다. 팩트체크 이후 입법예고 기간에는 시민단체의 비판이 잇따랐다. 종교투명성감시센터는 "종교단체의 내부 규약이 졸속으로 작성되는 문제점들이 종교계 내에서 오랫동안 문제가 되어 이를 올바른 과정으로 개정하자는 운동이 벌어지고 있지만 반향이 크지 않은 상황에서, 종교단체 의사 결정에 비과세 요건을 맡겨버리는 건 국가가 그 책임을 방기하는 것"이라고 지적했다. 또 "일부 종교단체는 급여 전액을 '성직활동비'라는 명목으로 지급하고 있는데 이 경우에는 전액 비과세 처리되어 세금을 한 푼도 안 내는 경우가 발생한다"라는 의견을 내놓았다. 목사에게 지급하는 돈을 전액 '성직활동비'로 주면 세금은 제로가 되고, 어렵사리 시행한 종교인 과세는 하나마나가 된다.

하지만 이 내용은 그대로 국무회의를 통과해 확정되었다. 지금 '소득세법' 시행령은 앞서 살펴본 대로 규정되어 있다. 당시 기획재정부는 "종교활동비는 개인의 생활비가 아니라 주로 자선과 사회적 약자 구제, 교리 연구 등 종교 본연의 활동에 사용한다는 점을 감안해 비과세를 유지"했다고 밝혔다.

기재부 입장처럼 종교활동비를 종교 본연의 활동에 쓰는 종교단체가 다수일 것이라고 믿는다. 하지만 법에서는 누군가가 지키지 않고 어길 경우를 가정해서 대비하는 게 상식이다. 실제로 과거에 종교활동비로 골프 레슨을 받고 골프채도 구입한 대형 교회 목사가 있었다. 골프가 종교 본연의 활동은 아닐 것이다. 종교활동비로 부인 골프채를 사기도 하고 160만 원짜리 안경을 구입하기도 했다. 종교활동비를 사실상 본인 특수활동비처럼 쓴 셈인데, 이런 비과세 종교활동비로 실제 종교활동을 하는지 아니면 다른 무언가를 하는지는 사후 세무조사로 밝혀내기도 힘들다.

③ 비과세 항목을 셀프 지정하는데, 상한선도 없다?

종교인에게 지급하는 돈 가운데 어떤 항목을 비과세로 할 것인지를 종교단체 스스로 정하는 것만으로도 '특혜'라는 표현이 충분한데, 이게 다가 아니다. 사실 종교인 말고 다른 직종에서도 급여 가운데 일부는 비과세 혜택을 받는다. 일부 금액에 비과세 혜택을 주는 것 자체가 특혜는 아니다. 교수나 기자도 비과세 혜택을 받는다.

누구에게 얼마를 비과세 처리해 줄 것인지는 '소득세법' 시행령 12조에 보면 나와 있다. 교수는 연구활동비 가운데 20만 원이 비과세다. 기자는 취재수당 가운데 20만 원이 비과세다. 선원은 승선수당 가운데 20만 원이 비과세다. 지방으로 이전하는 공무원에게 지급되는 이전지원금 가운데 비과세 한도 역시 20만 원이다. 이런 식으로 비과세 혜택을 주는 금액은 보통 20만 원으로 한도가 설정되어 있다. 한도가 정해져 있지 않은 일부 조항도 있다. 가령 '근로자가 천재지변 등 기타 재해로 인해 받는 급여', '광산근로자가 받는 입갱수당 및 발파수당'이 그렇다. 이렇게 비과세 상한선이 정해져 있지 않은 항목에 종교인의 종교활동비가 추가되었다.

앞서 연봉 5000만 원인 종교인의 예를 들었는데, 종교활동비는 비과세라고 했다. 그렇다면 '종교활동비 대 종교활동비가 아닌 급여'의 비율을 어떻게 조정하느냐에 따라 세금이 들쭉날쭉해진다. 만일 '9 대 1' 정도로 종교활동비를 대폭 늘려서 급여를 주면 급여 대부분인 90%가 비과세 처리된다. 만일 종교인의 종교활동비에 교수나 기자, 선원, 공무원처럼 '월 20만 원'이라는 비과세 상한선을 설정했다면 종교단체가 자의적으로 세금을 조정하는 데 한계가 있었을 것이다. 보수 개신교계는 "어떻게 종교활동에 제한을 둔단 말인가"라는 논리로 반대해 왔고, 정부는 결국 종교활동비 비과세 금액에 상한선을 두지 않았다. 비과세의 한도가 없으므로 급여 전액을 '성직활동비'로 지급할 경우 세금은 한 푼도 내지 않아도 된다. 결과적으로 탈세로 악용될 우려가 더 커졌다.

'사실은' 코너에서는 이 문제를 팩트체크 한 뒤, 최소한 비과세 금액의 상한선이라도 지정되어야 한다고 강조했다. 팩트체크 보도 뒤 경제정의실천시민연합도 같은 맥락에서 제도의 문제점을 지적했다. 종교활동비는 사실상 그 범위를 특정하기 어렵기 때문에 종교인 소득 '전체에 대한 비과세'로 악용될 우려가 크다는 것이다. 또 실제 종교단체는 종교 관련 종사자에게 지급하는 금액의 상당 부분을 종교활동비에 해당하는 명목으로 지급하고 있기 때문에, 사실상 과세가 되지 않는 문제가 발생할 것이라고 경실련은 지적했다.

실제 종교활동비는 어떻게 지급되고 있을까. 한국기독교교회협의회 강석훈 목사는 "종교활동비를 지급할 수 있는 교회는 재정이 탄탄한 소수의 대형 교회뿐"이라고 했다. 강 목사는 "헌금으로 목사의 생활을 책임질 수 있는 교회는, 정확한 통계는 없지만 30% 정도로 본다"라면서, "일부 고소득 종교인 때문에 모든 개신교 종교인이 마치 파렴치한 것처럼 인식되고 있다"라고 말했다. 종교활동비 비과세가 종교지도자들에게 특혜가 되어서는 안 된다는 취지의 지적이었다.

이런 문제제기에 대한 기재부의 답변은 "종교인을 믿자"라는 것이었다. 종교인 입장에서는 세금을 줄이려면 종교활동비 비중을 늘려야 하는데 그걸 자의적으로 할 가능성은 낮다는 것이다. 종교활동비의 상한선도 없는데, 자의적으로 할 가능성이 낮다는 것은 무슨 근거에서 하는 말인지 이해할 수 없었다. 단순히 종교단체가 '얼마는 급여, 얼마는 종교활동비', 이렇게 정하면 의심하지 말고 믿자는 뜻으로 들렸다. '목사가 노동자도 아닌데 급여가 웬 말이냐, 우리는 100% 종교활동비로 지급한다', 교회가 이렇게 나오면 급여는 100% 비과세이고 더 이상 할 말이 없어지는 것이다.

종교단체의 재정 처리를 얼마나 신뢰할 수 있을까? 때맞춰 국세청

　　　　　　　　　　　　　　　　　　　　　　팩트체크의 정석

자료가 나왔다. 연말정산 할 때 소득공제 받으라고 발급해 주는 기부금 영수증을 허위로 발급하거나 영수증 발급 명세서를 보관하지 않은 단체의 97%가 종교단체라고 했다. 종교단체의 다른 회계가 얼마나 투명한지는 알 수 없다.

④ 종교단체에 대해 세무조사를 할 수 있는가?

아직 끝난 게 아니다. 지금까지는 종교단체가 어떻게 종교인의 세금을 셀프 조정할 수 있는지 살펴봤다. '특혜로 누더기가 되었어도 세무조사를 제대로 하면 되지 않을까?' 생각할 수 있지만 이는 희망일 뿐이다. 종교단체와 종교인에 대한 세무조사는 일반적인 세무조사 방식과 전혀 다르다. 종교인 과세의 룰을 만들던 기재부 관계자는 취재진에게 "종교활동비는 성역이고, 거기에 상한선을 둔다고 하면 뒤집어질 것"이라고 말한 적이 있다. '국세청이 종교활동 내역을 들여다보겠다는 것은 있을 수 없는 일'이라는 게 보수 개신교계의 입장이었다.

그래서 '종교단체'에 대한 세무조사는? 진짜로 성역이 되었다.

종교단체가 소속 종교 관련 종사자에게 지급한 금액 및 물품과 그 밖에 종교 활동과 관련하여 지출한 비용을 정당하게 구분하여 기록·관리하는 경우 세무에 종사하는 공무원은 법 제170조에 따라 질문·조사할때 종교단체가 소속 종교 관련 종사자에게 지급한 금액 및 물품 외에 그밖에 종교 활동과 관련하여 지출한 비용을 구분하여 기록·관리한 장부 또는 서류에 대해서는 조사하거나 그 제출을 명할 수 없다.

_ '소득세법' 시행령 제222조

쉽게 풀어 설명하자면, 교회는 장부를 두 개로 나누어 관리할 수 있다. 하나는 종교인에게 급여를 준 장부, 그리고 다른 하나는 앞서 비과세에 상한선을 두지 않았다고 설명한 '종교활동비' 장부다. 세무공무원은 전자에 대해서는 장부를 달라고 할 수 있지만, 후자에 대해서는 장부나 서류를 달라고 할 수 없다는 게 이 시행령의 내용이다. 이 조항에는 신성한 종교활동비 장부를 세무당국이 들여다보는 건 무례하다는 전제가 깔려 있다.

보수 개신교계는 교회의 장부를 국세청이 확인하는 것은 '정교분리 위반'이라고 주장했다. 종교인 과세 긴급 간담회에서 나온 보수 개신교계의 발언을 원문 그대로 옮긴다. "과세를 명분으로 장부를 들여다봐서 종교시설 내외를 사찰하겠다는 의도라면 정교분리의 원칙에 어긋나는 것이다", "정부가 종교기관의 세무를 사찰할 수 없다. 전 세계에서 이런 일은 없다", "종교에 대한 깊은 내정 간섭이다".

보수 개신교계는 세무조사를 '세무사찰'이라고 표현했다. 실제로 정교분리 위반이면 위헌이다. 헌법 제20조는 "종교와 정치는 분리된다"라고 했다. 헌법학자들에게 여기에 위헌 소지가 있느냐고 물었더니 고개를 갸우뚱했다. 헌법에 기초해 '국세기본법'을 만들었고, 법에 따라 세무조사를 하는데 그게 왜 위헌이냐고 취재진에게 되물었다. '정교분리 위반' 주장은 설득력이 없고 이상한 논리라고 했다.

팩트체크 보도에서는 다시 세무조사 관련 문제점을 지적했고, 시민단체도 비판을 이어갔다. 참여연대는 "종교인 대부분의 업무가 종교활동이기 때문에 종교인이 받은 급여의 일부분을 종교활동이라고 표현해 나눈다면, 국세청에서 확인할 수 있는 방법이 존재하지 않는다. 종교단체와 비영리법인을 비교해도 형평성에 심각한 문제가 있다"라고 했다. 근본적으로는 "종교인에게 주는 돈을 '종교활동비'로 기재할 유인으로 작용해 세금을 탈루할 원인을 제공하는 규정이 될 수 있다"라고 참여연대는 지적했다. 종교단체는 탈세가 가능하다는 인상을 심어줄 수밖에 없다는 지적도 있었다. 경실련도 이 조항이 세무조사를 사실상 불가능하게 한다고 보고 해당 조항을 삭제해야 한다고 주장했다.

시민단체의 잇단 비판에도 불구하고 종교인 과세의 룰은 착착 만들어졌다. 종교활동비 장부에 대해서는 결국 세무조사가 막혀버렸다.

⑤ 종교인은 세금 덜 냈어도 국세청이 "더 내세요" 안내해야 한다?

팩트체크 할 내용이 아직도 남았다. 앞서 언급한 건 '종교단체'에 대한 세무조사가 막혔다는 것이고, 이번엔 '종교인'에 대한 세무조사다. 종교활동비를 준 쪽, 즉 종교단체의 장부는 들여다볼 수 없다. 그렇다면 받은 쪽은 어떻게 될까? 원칙적으로는 세무조사 할 수 있다. 하지만 사실상 쉽지 않다. 보수 개신교계의 태스크포스 임원인 한 목사는 이렇게 말한 적이 있다. "어떤 경우에도 세무 당국에서 우리를 세무조사 하지 않도록, 이것만큼은 저희가 온몸으로 싸우겠다."

혼신의 힘을 다해 싸운 결과일까. 기재부가 만든 '소득세법' 시행령 개정안을 살펴보니 이 내용이 들어가 있었다.

> 세무에 종사하는 공무원은 종교인소득에 관한 신고내용에 누락 또는 오류가 있어 법 제170조에 따라 질문·조사권을 행사하려는 경우에는 미리 '국세기본법' 제45조에 따른 수정신고를 안내하여야 한다.
> _ '소득세법' 시행령 제222조

'수정신고'란 무엇일까. 직장인이야 세금 떼고 주는 유리지갑이니까 수정신고라는 말을 들어본 적도 없고, 수정신고를 할 일도 없을 것이다. 수정신고는 납세자가 세금을 계산해서 냈는데 나중에 보니 세금을 덜 낸 경우, 자진 신고하고 남은 금액을 마저 내는 것을 말한다. 국세청 입장에서 보면, 납세자가 자진 신고하는 건 착한 일이니까, 가산세를 깎아주는 혜택을 주기도 한다. 그 '수정신고'를 종교인에게는 '안내하여야 한다'라고 의무 사항으로 신설했다. 납세자가 세금 계산을 잘못해서 덜 냈을 경우 수정신고를 안내 받으면 좋을 것이다. 다들 마찬가지 심정일 것이다.

그런데 국세청이 세금 덜 낸 걸 확인할 때마다 이렇게 친절하게 '수정신고 하세요' 하고 안내해 주는가? 기재부 관계자는 취재진에게 수정신고를 안내해 주는 건 다른 사람에게나 기업에도 마찬가지라고 했다. 종교인에 대한 특혜가 아니라는 취지의 주장이었다. 국세청도 취재진에게 보내온 답변에서 "소득세 사무처리규정에서는 신고 내용에 탈루 또는 오류가 있는 경우 구체적인 근거를 제시해 수정신고를 안내하도록 규정하고 있다"라고 설명했다. 그래서 '소득세 사무처리규정'(국세청 훈령 제2223호 기준)을 확인해 봤다.

제56조(수정신고 등의 안내) ① 주소지서장(소득세담당과장)은 소득세 확정신고 내용을 검토하여 분석한 결과 신고내용에 누락 또는 오류 혐의가 있는 경우 구체적인 근거를 제시하여 수정신고를 안내할 수 있다.

국세청은 수정신고를 안내하도록 규정되어 있다고 했는데, 사무처리규정에는 '안내할 수 있다'라고 되어 있었다. 문구만 보면 수정신

　　　　　　　　　　　　　　　　　　　　　　　팩트체크의 정석

고 안내는 일반적으로 의무사항이 아니다. 국세청 출신의 세무사에게도 문의했다. 박영범 세무사는 "수정신고 안내를 안 하고 세무조사 하는 경우도 많다. 왜냐하면 구체적인 탈세 정황을 납세자가 사전에 알게 되기 때문"이라고 말했다. 반면 종교인의 경우 고의이든 실수이든 세금을 덜 냈을 경우엔 세무공무원이 '더 내세요' 의무적으로 안내해 줘야 한다. 세금을 덜 낸 것이 탈세를 목적으로 한 고의였다고 하더라도 "아, 몰랐네요, 실수였어요"라고 윤리적인 해명을 할 수 있는 여지가 생기는 셈이다.

이렇게 되면 종교단체뿐만 아니라 종교인에 대해서도 세무조사를 할 이유가 사라진다. 세금을 덜 낸 사실을 미리 안내해 주도록 되어 있으므로 종교인이 덜 낸 세금을 마저 내면 그만이기 때문이다. 서울시립대 세무학과 박훈 교수는 "세무조사의 가장 핵심적인 부분에 족쇄를 채운 것이다. 수정신고 안내를 의무화한 것은 종교인에 대한 특혜로 볼 수 있다"라고 말했다. 또 "제도 정착 초기에 세금을 제대로 신고하지 못할 경우에 대비한 고려라고 할 수도 있겠지만 다른 납세 의무자와 마찬가지로 예외를 인정해서는 안 된다"라고 박 교수는 덧붙였다.

종교인이 안내를 받고 수정신고를 하면 앞서 설명한 대로 가산세를 감면받는 데다, 탈세범죄의 경우에는 처벌을 감경 또는 면제받을 가능성이 있다. 개신교인인 김진표 의원은 "탈세 제보가 들어오는 경우에도 국세청에서 목사님에게 먼저 우편을 보내서 '이런 제보가 왔는데 확인해 보시고 자기 시정을 해주시기 바랍니다' 해서 자기 시정을 하면 그것으로 끝나고 세무조사 없도록 하겠다는 것"이라고 이 제도를 설명했다.

종교인에게 수정신고 안내를 의무화한 조항은 어떻게 만들어졌을까. 국회 기획재정위원회 회의 속기록에 그 과정이 남아 있었다. 국회 기재위는 기재부와 국세청으로부터 종교인 과세 준비 상황을 보고받았다. 속기록을 보면, 종교인에 대해 수정신고를 안내하고 세무조사 하도록 한 조항에 국세청은 반대했다. "다른 직종과 형평성에 너무나 차이가 난다"라는 이유였다. 기존 국세청 규정은 '안내할 수 있다'인데, 이걸 종교인에 대해서만 의무화하는 건 특혜라고 판단한 것이다. 자신들의 세무조사 권한에 사실상 족쇄를 채우는 일이니까 반대하는 것이 당연하다. 회의에서 기재부 차관은 "국세청장한테 얘기를 해봐도 수정신고 안내를 의무화하는 제도를 만드는 건 어렵다는 의견"이라고 말했다.

국세청과 기재부는 반대했지만 일부 개신교 의원의 압박이 이어졌다. 당시 자유한국당 이현재 의원은 종교인에게 수정신고 안내를 의무화하는 적절한 문구를 검토해 달라고 정부에 요구했다. 결국 수정신고를 "안내하여야 한다"라는 조항이 국무회의를 통과해 확정되었다. 소득을 얻고 세금을 내는 과정에서, 다른 집단과 비교해 제도적인 혜택을 주는 것은 명백한 특혜다. 납세자가 세금을 덜 냈을 경우에는 세무조사를 받기 전에 "더 내세요"라고 안내를 해주고, 세금을 더 냈을 경우에는 가산세 감면 혜택을 준다면 누가 세무조사를 두려워하겠는가? 이현재 의원은 취재진에게 "종교인과 다른 납세자의 차이에 대해서는 잘 몰랐다. 시행령 내용을 명확히 해달라는 취지였다"라면서, 회의에서 그렇게 말한 것은 자신이 교회를 다니는 것과는 무관한 일이었다고 해명했다.

참여연대 이창식 세무사는 "수정신고를 하면 세금 탈루에 대한 조사가 안 되니까, 종교인에게 안내를 의무화한 것은 특혜라기보다 '악법'"이라고 평가했다. 시행령 하나로 종교인에 대한 세무조사를 완전히 무력화했다는 것이다. 일반적으로는 누군가 세무조사를 받을 때 뒤늦게 수정신고를 하겠다고 나서면 세무서에서 아예 받아주지도 않는다고 한다. 참여연대는 이 조항의 입법예고 기간에 "세무조사에서 과세 당국이 사실상 아무것도 할 수 없게 만드는 조문을 신설해 공평 과세의 취지를 무너뜨리고 있다"라고 기재부에 의견서를 냈다. 경실련은 이 조항을 "일반적인 세무조사 대상자에 비해 엄청난 특혜를 주는 꼴"이라고 꼬집었다. 하지만 보수 개신교계의 바람대로 기재부 원안은 그대로 국무회의를 통과했다.

⑥ 종교인이 내는 세금보다 국고에서 지원 받는 돈이 더 많다?

기재부는 종교인 과세 시행으로 걷게 되는 세금 총액이 100억 원 정도 될 것이라고 예상한 적이 있다. 100억 원의 근거는 딱히 찾을 수 없었다. 앞서 본 여러 특혜를 감안하면 100억 원이 안 될 가능성이 오히려 높아 보였다. 각종 특혜로 세금 줄이는 길을 열어놨기 때문이다. 반면 종교계는 과세 논의 초기에 "어떻게 종교인을 노동자라고 할 수 있느냐", "세금 내라는 게 말이 되느냐"라고 반발했는데, 김진표 의원이 발의한 개정안 덕분에 이제 '근로장려금'을 타갈 수 있게 되었다. '노동자'가 아니라고 주장하다가 이제는 '근로장려금'을 받게 된 것이다. 종교인에게 지급되는 근로장려금이 얼마나 될지, 그 예산을 국회 예산정책처가 2013년에 추산한 적 있다. 700억 원이 넘었다. 사실 종교인 상당수가 근로장려금을 받을 만큼 소득이 많지는 않은 것이 현실이다. 앞서 따져본 특혜들은 재정이 탄탄한 보수 개신교계와 관련이 큰 문제인 것이다.

결국 종교인 과세 시행으로 국가에 들어오는 돈보다 나갈 돈이 더 많아질 가능성이 높아졌다.

팩트체크 그 후 (종교인 과세와 관련해) 입법예고 된 시행령 개정안은 종교계의 의견을 비교적 많이 수용한 것으로 보입니다. 그러나 언론과 시민사회 등은 종교인 소득신고 범위나 종교단체 세무조사 배제 원칙 등이 과세의 형평에 어긋나는 것은 아닌가 지적하고 있습니다. 기획재정부는 종교계 의견을 존중하되 국민 일반의 눈높이도 감안하면서 조세 행정의 형평성과 투명성에 관해 좀 더 고려하셔서 최소한의 보완을 해주시면 좋겠습니다.

_ 2017년 12월 12일 당시 이낙연 총리의 국무회의 발언

'소득세법' 시행령 개정안이 국무회의를 통과하기 전, 당시 이낙연 총리는 보완 검토를 지시했다. 하지만 특혜의 핵심은 바뀌지 않았다. 종교단체가 과세 - 비과세 여부를 결정할 수 있도록 한 것, 비과세 되는 종교활동비에 상한선을 두지 않은 것, 또 종교단체와 종교인에 대한 세무조사에 사실상 족쇄를 채워놓은 것 모두 국무회의를 그대로 통과했다. 팩트체크를 통해 비판적인 보도를 이어갔지만 종교인 과세의 룰은 철저히 보수 개신교계에 유리한 쪽으로 흘러갔다. 기재부는 언론과 시민단체의 비판은 감수하고 있었다. 무서운 것은 눈에 보이는 종교단체의 반발이었을 것이다. '종교계는 엄청난 곳'이라고 기재부 담당자가 말하지 않았던가. 시민들이 촛불 들고 기재부 앞으로 몰려가지 않는 이상 특혜를 밀고 갈 분위기였고, 결국 건국 이래 최초의 종교인 과세는 그렇게 시행되었다. 제도가 특혜로 얼룩져 있다는 것을 아는 사람은 많지 않을 것이다.

한국납세자연맹과 종교투명성연대는 종교인 과세가 조세평등의 원칙에 위배된다고

주장하며 헌법소원을 제기했다. 대형 종교단체가 종교인 급여를 종교활동비 명목으로 지급할 경우 비과세 혜택뿐만 아니라 세무조사도 받지 않게 된다면서, 종교활동비를 주지 않는 소규모 종교단체 입장에서는 평등권을 침해당한다는 주장이었다. 이 사건은 2018년 5월 헌재 전원재판부에 회부되었는데 아직 결론이 나지 않았다. 이와 별도로 목회자 125명도 종교인 과세가 헌법상 종교의 자유와 정교분리의 원칙에 위배된다면서 헌법소원을 청구했다. 헌법재판소는 그러나 법률에 의해 직접적으로 기본권을 침해당한 사실이 인정되지 않는다면서, 헌법소원을 각하했다. 종교인 과세가 '정교분리 원칙에 위배'된다는 것은 이미 취재 당시 헌법학자들이 설득력이 없고 이상한 논리라고 지적한 바 있다.

과세 시행 뒤 종교인은 과연 소득세를 얼마나 납부하고 있을까? 2020년 초 국세청에 정보공개를 청구했지만 "종교인의 종합소득세 납부 건수와 총액은 현행 신고서식으로는 파악할 수 없어서 정보가 존재하지 않는다"라는 답변을 받았다. 종교단체나 종교인에 대한 세무조사 현황도 궁금해 정보공개를 청구했지만 여기에 대해서도 국세청은 "세무조사 실시 횟수 정보는 별도로 관리하고 있지 않다"라고 답했다. 국세청은 또 "2019년 이후 소득을 신고한 종교인에게 근로장려금과 자녀장려금을 지급하고 있지만, 전체 지급 건수와 총액에 대한 정보는 없다"라고도 밝혔다. 특혜로 얼룩진 종교인 과세의 룰이 어느 정도의 특혜로 이어지고 있는지, 그 실증적인 데이터는 베일에 가려져 있는 셈이다.

국가에 임대료 달라는 한유총,
사실은 '특혜' 요구

　　서울의 한 사립유치원장이 개인 승용차를 빌리는 데 필요한 돈 4000만 원을 유치원비로 냈다가 교육청에 적발된 적이 있다. 교육청은 검찰에 이 사실을 통보했다. 검찰은 어떻게 했을까. 형법상 횡령이라고 볼 수 없다며 무혐의 처리했다. 검찰이 유치원장을 봐준 걸까? 아니다. 대법원 판례가 그렇다. 물론 유치원비는 당연히 아이들 교육 목적에만 써야 한다. 그렇게 하라는 정부 규칙도 있다. 하지만 형사사건으로 재판에 넘겨지면 무죄가 나온다. 일부 사립유치원장은 유치원비를 엉뚱한 곳에 쓰면서 '이렇게 하더라도 어차피 무죄야'라고 생각했을지 모른다. 설령 교육청에 적발되어도 돈을 돌려놓으면 그만이다.

　　왜 이렇게 되었을까. 아이 부모가 내는 유치원비(보육비용 및 정부 지원금)는 '돈을 어디다 써야 한다'라고 목적과 용도를 한정해서 유치원에 준 것이 아니다. 돈의 소유권은 부모들로부터 완전히 떠나 유치원으로 넘어간다. 돈을 승용차 빌리는 것처럼 개인 용도로 쓰더라도 횡령죄가 성립하지 않는다. 돈에 '꼬리표'가 없으니까 어디다 써도 유치원의 자율에 맡겨져 있다는 뜻이다. 한때 언론이 '유치원 3법'이라는 표현을 많이 썼는데, '사립학교법' 일부개정안이 그 가운데 하나다. 앞으로 유치원비는 아이들 교육 목적에만 쓰도록 하자는 내용이다. 개정안이 국회 본회의를 통과하면 사립유치원장이 개인 승용차를 빌리는 데 유치원비를 함부로 못 쓰게 된다. 명품백을 사면? 당연히 처벌 받을 수 있다.

무엇을 팩트체크 할 것인가

한유총은 법안 통과를 막기 위해 국회 교육위원회 위원들을 상대로 설득 작업에 들어갔다. 법안이 본회의에 올라가기 전 상임위원회 단계에서 통과를 막아보겠다는 뜻으로 읽혔다. 일반인들은 잘 모를 수도 있지만, 국회에서 돈과 관련한 룰이 정해질 때는 정말 치열한 로비가 벌어진다. 룰이 법으로 한번 정해지고 나면 다시 고치기가 쉽지 않기 때문에 이해관계자는 법안 통과 과정마다 필사적으로 매달릴 수밖에 없다.

한유총이 의원실마다 배포한 입장문을 받아서 검토했다. 유치원비를 교육 목적에만 쓰자는 것은 상식적이고 '명분'이 있다. 그런데 무슨 근거로 반대하고 있을까. 한유총은 그 법안이 '시설사용료'를 징수하지 못하게 하려는 것 아니냐고 의심하고 있었다. '사립학교법' 시행령에 엄연히 '시설비'를 받을 수 있게 되어 있는데, 왜 법을 고쳐서 시설비를 못 받게 하려는 것이냐며 반대했다.

'시설비'라는 표현이 생소하다. 쉽게 말해 '임대료'로 이해하면 된다. 사립유치원의 땅이나 건물은 개인의 사유재산인데 이걸 유치원을 통해 공익적으로 쓰고 있으니 국가로부터 그에 따른 대가, 즉 임대료를 받아야 한다는 게 한유총의 논리였다. 유치원비를 교육 목적에만 쓰자는 주장에 반대하려면 "아니다, 교육 목적 이외에도 써야 한다"라고 반대하는 게 상식적인데 그런 주장을 대놓고 할 수는 없었을 것이다. 한유총의 주장대로 법 시행령에 시설비(임대료)를 받을 수 있게 되어 있는지 팩트체크 할 필요가 생겼다.

어떻게 팩트체크 할 것인가

이런 사안은 법령을 차근차근 잘 따져봐야 한다. 한유총이 억지 주장을 하는지, 정말 억울한 측면이 있는지 취재에 들어갔다. 우선 한유총이 유치원 땅과 건물에 대해 임대료를 받을 수 있는 법적 근거라고 주장한 '사립학교법' 시행령을 확인했다. 제13조 제1항에 실제로 "학교시설의 사용료 및 이용료"라는 항목이 있었다. '학교시설'에는 사립유치원도 포함된다. 한유총에는 고문 변호사가 있기 때문에 아예 있지도 않은 법 조항을 근거로 내세우지는 않았을 것이다. 처음에 한유총 주장만 취재했을 때는 실제로 법 조항도 있는 만큼 나름 설득력 있게 들리기도 했다.

한유총 주장을 교육부에 크로스체크할 차례다. 교육부 담당자는 그 '시설사용료'의 뜻이 무엇인지 구체적으로 설명했다. 한 마디로 '제3자'에게만 적용되는 조항이라는 것이다. 이 말의 뜻은, 예를 들어 조기축구회가 주말 아침 사립초등학교의 운동장을 빌려서 축구를 했다고 하자. 그렇다면 조기축구회는 운동장 시설을 썼으니 그에 따른 시설사용료를 사립학교에 주어야 한다. 그러면 사립학교는 수익금을 회계 항목으로 잡을 수 있는데, 그 행위의 법적 근거가 시행령에 규정되어 있다는 뜻이다. 그런데 한유총은 그 얘기를 하는 게 아니었다. 사립유치원이 아닌 제3자가 유치원 건물이나 땅을 썼으면 당연히 돈을 받을 수 있지만, 한유총은 자신들이 건물과 땅을 쓰면서 본인들이 직접 돈을 받아야 한다고 주장하고 있는 것이었다. '내 건물을 교육에 쓰고 있으니 국가가 내게 임대료를 줘야 한다'는 뜻이다.

한유총의 논리를 그대로 가져온다면 전국의 모든 사립학교가 일제히 궐기할 일이다. 국가에 임대료를 달라고 일어서야 한다. 사유재산을 교육에 쓰고 있으니 국가가 마땅히 임대료를 지불해야 하는 것 아닌가? 그런데 한유총을 제외한 그 어느 사립학교도 그런 주장을 하지는 않았다. 그리고 그 땅과 건물은 국가가 강제로 가져간 게 아니었다. 교육 목적과 함께 유치원을 통해 어느 정도 영리 행위가 가능하다고 보고 자발적으로 사립유치원의 문을 연 것이다. 그런데 내 땅을 쓰고 있으니 임대료를 달라? 이상하게 들렸다. 사립유치원의 땅과 건물은 여전히 국가의 것이 아니고 개인의 사유재산이다. 한유총은 다른 사립학교와 다른 사실상 '특혜'를 요구하고 있었다. 보도에서 '특혜'라는 단어를 쓰기 위해서는 다른 사립학교의 경우 임대료 명목의 돈을 받는 경우가 없다는 점을 재차 확인해야 했다.

이제 다시 한유총에 크로스체크할 차례가 되었다. 언론 접촉을 하지 않겠다는 것을 반론 차원에서 반드시 들어야 한다고 설득해 한 임원과 어렵사리 통화했다. 임원은 예상 외로 교육부의 논리가 맞다고 쉽게 인정했다. "자기 시설 가지고 자기가 임대료 받는 건 안 된다, 교육부는 그 말이거든요. 그 논리는 맞아요, 논리는 맞습니다." 한유총은 임대료를 받아야 하는 법적 근거가 있다고 주장했지만, 그건 전혀 사실이 아니었다. 이래서 특정 이익단체의 주장을 사실인 것처럼 기사화하는 것은 늘 조심해야 한다. 따지다 보면 본인들의 논리가 잘못되었다는 실토를 받아낼 때도 있다. 한유총 임원은 그러면서 사유재산을 투자한 대가를 받을 수 있는 회계 기준이 필요하다는 취지에서 그렇게 주장했다고 설명했다.

한유총의 반론을 담아 팩트체크 보도했다. 취재 막판에 통화한 한유총 임원의 설명에 그의 속내가 잘 드러나서 따로 덧붙인다.

> "예를 들어, 50억 원을 들여서 사립유치원을 지었어요. 근데 그 50억 가운데는 내 돈도 있고, 하다못해 친정에서 빌린 돈도 있을 것이고, 그 다음에 안 되면 또 은행에서 빌려왔을 것이고. 이건 이자가 발생하잖아요. 기회비용이 있잖아요. 내가 50억 원을 투자했을 때 이걸 은행에 가만히 묶어놔도 한 달에 4%라고 하면 매달 적어도 한 1500만 원 받거든요. 결국 그 1500만 원을 내가 못 받는 거잖아요. 그렇죠? 내가 물어보겠습니다. 유치원을 지어가지고 그 1500만 원 받지 않고 운영한다, 그게 말이 될까요?"

간단한 팩트체크가 하나 더 있다. 사립유치원은 만약 비리가 드러나면 교육청이 유치원장한테 해당 교원의 징계를 요구할 수 있었다. 그런데 유치원장 혹은 사립학교장이 그 요구를 따를 '의무'는 없었다. 자연스럽게 징계 요구를 한 귀로 듣고 한 귀로 흘리는 일이 비일비재했다. 그래서 특별한 사유가 없으면 교육청의 징계 요구를 따르도록 하는 법 개정안이 발의되었다. 그런데 한유총은 그렇게 하면 "당사자의 해명 기회가 사라진다", "기본권이 침해된다"라고 반발했다. 이건 사실일까? 교육부 징계 담당자를 취재했더니 사실이 아니었다. 현행법상 징계 대상자에게 의견 진술 기회를 주지 않은 징계는 그 자체가 무효다 ('교육공무원법' 제50조 제3항).

한유총에 반론을 요청했더니, 징계 대상자가 소명을 한들 그게 받아들여지지 않을 것 같아서 그렇게 주장했다고 한다. 결국 추측을 근거로 한 정치적 주장이었던 것이다.

팩트체크 그 후   유치원 교비를 사적으로 사용하지 못하도록 한 '사립학교법' 개정안은 2020년 초 국회 본회의를 통과했다. "교비 회계에 속하는 수입이나 재산은 교육 목적 외로 부정하게 사용해서는 아니 된다." 이 당연한 문장을 법에 집어넣는 데 꽤 오랜 시간이 걸렸다. 이 조항은 물론 사립유치원에만 적용되는 것이 아니다. 사립학교 법인의 이사장과 사립학교의 경영자 모두가 적용 대상이다. 이 조항을 위반했을 때는 '1년 이하의 징역 또는 1000만 원 이하의 벌금'에 처한다는 처벌 규정도 신설되었다. 다만 법안 공포 후 1년이 경과한 날부터 시행하도록 유예 규정을 두었다. 본회의를 통과한 법안에는 한유총의 숙원 사업이던 '시설사용료'(임대료 규정)는 포함되지 않았다.

이와 별도로 한쪽에서는 새로운 소송전이 전개되고 있다. 한유총은 법안 개정에 반대하면서 2019년 3월 개학을 하루 앞둔 시점에 돌연 '개학연기' 투쟁에 돌입했다가 3월 4일 철회했다. 사립유치원에 아이를 보내는 학부모들은 가슴이 철렁했을 것이다. 서울시교육청은 한유총의 개학연기 투쟁이 '공익을 해하는 행위'라면서 한유총의 설립허가를 취소했다. 한유총은 이에 맞서 행정소송을 냈다. 서울행정법원은 2020년 1월 1심에서 한유총의 손을 들어줬다. 법원은 개학연기 투쟁이 위법하고 공익을 침해했다는 점을 인정하면서도 한유총 조직 자체를 없앨 정도는 아니었다는 취지로 판결했다. 서울시교육청은 항소했다.

한유총은 개학연기라는 극단 투쟁으로 자신들에 대한 이미지를 스스로 추락시켰지만, '사립학교법' 개정안은 통과되었고 결국 얻어낸 것은 거의 없어 보인다.

팩트체크의 정석

위기의 자율형사립고,
가급적 죽이는 쪽으로 평가?

지금 부모인 세대라면 학창 시절 누구나 『수학의 정석』을 한 번쯤 봤을 것이다. 그 책의 저자 홍성대 씨가 전북 전주에 세운 학교가 있다. 상산고등학교다. 1980년대부터 있던 학교인데, 2002년 '자립형 사립고'로 지정되었고 지금은 '자율형 사립고'로 이름이 바뀌었다. 어쨌든 줄여서 '자사고'라고 부른다.

그런데 이 학교가 2019년 여름, 전북교육청으로부터 자사고 '지정 취소' 결정을 받았다. 이런 교육 소재는 학교에 아이를 보내는 학부모가 아니면 사실 관심이 크지 않은데, 자사고 지위를 아예 취소한다는 소식에 이례적으로 보도량이 급증했다. 학부모 500여 명은 전북교육청에 이어 교육부 앞으로 이동해 항의 집회를 열었다. 교육청의 결정이 최종 확정되려면 교육부 장관이 동의하는 절차가 추가로 필요했기 때문이다.

무엇을 팩트체크 할 것인가

상산고 기사는 난해했다. 기사를 자세히 읽어봐도 무슨 말인지 파악하기 힘들었다. 자사고 평가 항목이 복잡하고 배점도 간단치 않아서 이 뉴스를 소비하는 사람들이 이해할 수 있을까 걱정되었다. 팩트체크할 만한 쟁점을 뽑아내기도 힘들었다. 당시 논란이 된 문제는 전북교육청만 다른 교육청과 다르게 자사고 통과 점수를 10점 높여서 상산고가 불이익을 당했다는 것, 또 상산고는 사회통합전형 학생을 의무적으로 뽑아야 하는 학교가 아닌데 학교를 이 항목으로 평가한 것은 부당하다는 주장 등이었다. 이런 사안과 관련한 팩트는 비교적 간단했기 때문에 굳이 취재진이 검증에 나서지 않아도 되는 상황이었다.

그런데 국회에서 나온 발언 하나가 애매했다. 당시 바른미래당 하태경 의원의 주장이었다. 하 의원은 "상산고는 2019년 2월까지가 평가를 받는 기간인데, 상산고에 평가 기준이 통보된 건 2018년 12월이었다"라고 주장했다. 무슨 말인가 하면, 교육청은 '5년' 단위로 자사고를 평가하는데, 이번 평가 기간은 '2014년 3월부터 2019년 2월'까지 5년이었다. 그런데 평가 기준을 거의 막판이 되어서야 상산고에 알려줬다는 것이다. 그러니 자사고를 가급적 죽이는 쪽으로 평가한 것이고 공정하지 않다는 주장이었다.

'어, 진짜?' 하는 느낌이 들었다. 팩트체크를 하려면 이렇게 처음 들었을 때 '진짜 그런가?' 하는 궁금증이 생기는 쟁점이 좋다. '에이, 그게 말이 돼? 당연히 거짓말이지' 이런 반응이 나오면 힘들게 팩트체크해도 시청자가 기사를 볼 만한 특별한 이유가 없다. 평가 기준에 대한 하태경 의원의 문제제기는 쟁점도 명확하고 자사고 평가의 기본적인

평가 대상 기간과 평가 세부 배점이 상산고에 통보된 시점

2013   2014   2015   2016   2017   2018   2019

← ——— 평가 대상 기간은 5년 ——— →   평가 기간 막판에
세부 배점 통보

틀이 잘못되었다는 주장이어서 검증할 만한 가치가 있어 보였다.

어떻게 팩트체크 할 것인가

어느 기관에 물어봐야 정확한 팩트를 알 수 있을까? 평가 기준을 막판에 통보했다는 문제 제기이니까 전북교육청을 우선 취재하기로 했다. 전북교육청 담당자는 "2014년에도 자사고 평가를 했는데, 그때는 평가 기준을 더 늦게 알려줬다. 또 당시 평가 기준과 큰 지표에서는 달라진 게 없다"라고 설명했다. 평가 기준 통보가 늦은 건 사실이지만, 5년 전 기준과 비교하면 평가 기준이 거의 그대로라는 주장이었다. 특히 '사회통합전형' 항목을 평가하겠다는 건 이미 상산고에 공문으로 보낸 내용이라고 했다.

그렇다면 전북교육청이 상산고에 보낸 공문은 무엇일까? 공문이 "평가 기준을 미리 알려줬다"라는 주장의 근거가 될 수 있는지 확인했다. 이 공문은 상산고 측으로부터 받았다. 공문 제목은 "일반고 교육역량 강화방안 확정안"(2013.12.24)이었다. 취재 시점을 기준으로 6년 전 공문이었다. 공문 일부에 이런 내용이 있었다.

구 자립형 사립고(상산고 등 6개교)는 사회통합전형 의무선발 비율을 10%까지 확대 권장. 2014년부터 시작되는 자사고 5년 단위 평가에 '사회통합전형 선발비율 및 선발을 위한 노력 정도'를 포함하여 사회통합전형 선발을 유도

결국 2019년 자사고 평가를 할 때 사회통합전형을 평가하겠다는 '큰 틀'의 방향은 교육청이 공문을 통해 전달한 것이 일부 사실이라고 볼 수 있었다. 다만 공문을 보낸 시점이 6년 전이고 공문의 제목도 '일반고'로 되어 있어서, 교육청이 자사고에 "평가 기준을 미리 전달"한 근거라고 보기는 부족했다. 이 공문의 핵심 내용은 향후 자사고 평가를 어떻게 할 것인가가 아니었다. 상산고 같은 자사고가 아니라 일반고의 교육역량에 대한 내용이 주를 이루고 있고, 그 가운데 자사고 평가에 대한 내용이 일부 포함된 것이다. 상산고가 일반고의 교육역량에 대해 설명된 6년 전 공문의 일부 내용을 기억해 내 평가를 준비할 것을 기대하기는 힘들어 보였다.

다음으로 "과거 평가 기준과 큰 지표에서 달라진 게 없다"라는 전북교육청 담당자의 주장도 따져봐야 했다. 2014년과 2019년 평가 항목을 비교해 보니, 담당자 설명대로 항목 자체는 그대로였다. 그런데 각 평가 항목에 부여하는 점수, '배점'이 달라져 있었다. 사회통합전형 관련 항목만 따로 모으면 다음 표와 같이 변화한 것을 볼 수 있다.

사회통합전형 관련에서 2014년에는 2점 만점이었는데, 2019년에는 14점 만점이 되었다. 전북교육청은 2019년 자사고 평가에서 다른 항목의 배점을 조금씩 줄이는 대신, 사회통합전형 항목의 배점을 대폭 늘린 것이다. 과거 전북교육청이 상산고에 보낸 공문에는 없는 내용이

2014년과 2019년 사회통합전형 관련 배점 변화(전북교육청 기준)

평가지표	2014년 배점	2019년 배점
사회통합전형 대상자 선발 노력	2.0	4.0
사회통합전형 대상자 프로그램 학생 참여율	없음	4.0
사회통합전형 대상자 프로그램 내용 및 시행의 충실도	없음	4.0
사회통합전형 대상자 1인당 재정 지원 현황	없음	2.0

다. 그렇다면 상산고는 배점이 이렇게 바뀌었다는 것을 언제 알았을까? 2018년 말에 통보받았다. 상산고는 통과 기준 80점에서 0.39점이 부족했는데, 이 4개 지표에서만 3.2점이 깎였다. 평가 항목이 5년 전과 같다는 걸 근거로 '평가 기준이 크게 달라지지 않았다'라고 주장할 수 있을까? 오히려 하태경 의원의 문제제기가 일리 있게 보였다.

일선 교육청이 자사고를 평가할 때는 보통 교육부의 배점 가이드라인에 따르지만, 사실 자사고 평가는 교육감의 고유 권한이다. 강원도교육청은 그래서 다를 수 있었다. 그곳도 이른바 진보교육감이다. 강원도에는 상산고와 같은 1기 자사고인 민족사관고가 있다. 강원교육청은 이 4개 항목을 어떻게 평가했는지 추가 취재에 들어갔다. 강원교육청은 '사회통합대상자 선발 노력' 4점짜리를 하나 남기고 나머지는 평가에서 아예 뺀 것으로 확인되었다. 적절한 평가가 아니라고 본 것이다. 민사고에는 사회통합대상자 전형으로 입학한 학생이 아예 없었다. 만일 강원교육청이 전북처럼 평가 기간 막판에서야 민사고에 사회통합전형과 관련해 14점을 평가하겠다고 통보했다면, 민사고도 지정 취소를 피하기 힘들었을 것이다.

이 사안을 보도하게 된 이유가 하나 더 있다. 평가 기준을 자사고에 언제 통보해 줘야 하느냐에 대해서는 사실 명시적인 규정이 없다. 5

년의 기간 전체를 평가하는데 1년차에 평가 기준을 알려주면 평가 기준에 맞도록 학교를 운영할 것이다. 다만 자사고가 평가를 통과하는 데만 온 신경을 기울이는 부작용이 생길 수 있다. 그렇다고 지금처럼 5년차 막판에 알려주는 건 합리적일까?

정부의 업무평가는 어떻게 이루어지고 있는지 취재하면 판단에 참고가 될 것 같았다. 이 사례는 법에 규정되어 있다. '정부업무평가 기본법'에 보면, 국무총리가 매년 3월 말까지 연도별 평가 계획을 수립해서 대상 기관에 '미리' 알려주도록 되어 있다. 총리실에 전화를 걸어 계속 취재했다. 법은 그해 평가 기준을 매년 3월 말까지 알려주도록 되어 있었지만 실제로는 법보다 더 일찍, 이미 전년도 말에 모두 통보해 준 상태라고 총리실 담당자는 설명했다.

상산고를 평가한 전북교육청도 물론 업무에 대한 평가를 받는다. 이 규정까지 모두 확인해야 했다. 교육부 훈령에 따르면, 교육부 장관은 평가 계획을 '전년도' 8월 31일까지 수립해 시도 교육감에게 통보해야 한다. 그러니까 중앙정부 부처는 물론이고 교육청도 본인들이 평가를 받을 때는 규정에 따라 기준을 '미리' 통보받고 그에 맞게 업무를 진행해 온 것이다. 반면 자사고를 평가할 때는 별다른 규정이 없어 배점을 막판에 알려주고, 이는 자사고 지정 취소 여부에 사실상 영향을 미칠 수 있게 되어 있었다. 교육청이 자사고에 평가 기준을 늦게 알려줄수록 자사고는 깜깜이 평가를 받는 구조다.

자사고 평가 기준을 왜 늦게 알려주는지 교육부 담당자에게 이유를 물었지만 납득할 만한 설명은 들을 수 없었다. 단지 평가 기준을 자사고에 늦게 알려줬다고 문제가 되는 것은 아니라는 해명뿐이었다.

팩트체크 그 후 보도 9일 뒤 교육부는 상산고에 대한 자사고 취소 결정에 "동의하지 않겠다"라고 밝혔다. 교육부 장관이 동의를 해야 일반고로 전환되는 상황이었다. 상산고는 5년 뒤 다음 평가를 받을 때까지는 자사고 지위를 유지하게 되었다. 교육부는 전북교육청의 상산고 평가가 위법했다고 판단했다. 사회통합대상자를 안 뽑아도 되는 학교인데 그 선발 비율로 상산고를 평가한 것은 교육청의 재량권을 넘어섰다는 취지였다.

전북교육청은 교육부의 '부동의' 처분을 취소해 달라고 법원에 소송을 냈다. 소송은 진행되겠지만, 현행 자사고 평가 방식이라면 5년 뒤 또 배점 기준을 막판에 깜짝 공개하고, 자사고는 평가 결과에 불만을 가질 수 있다. 공무원이 1년간 앞만 보면서 열심히 일해왔는데 자신에 대한 평가 기준을 연말이 되어서야 갑자기 통보받는다면 어떤 기분일까?

박근혜 전 대통령 석방론,
과연 현실성 있나?

박근혜 전 대통령과 관련해서는 형집행정지와 비슷한 이슈가 하나 더 있었다. 2018년 말 정치권에서 박 전 대통령 석방론이 솔솔 나오기 시작한 것이다. 구속만기 날짜가 다가오니까 석방을 하거나, 아니면 진행 중인 재판의 형이 확정되는 대로 사면을 하라는 주장이다. 이 내용을 주제로 국회에서는 토론회가 열리기도 했다. 당시 2020년 총선을 1년 반 앞두고 힘을 키우려는 친박계와 박 전 대통령의 고정 지지층을 껴안으려는 비박계의 이해관계가 맞닿은 것 아니냐는 분석도 나왔다.

석방론이 과연 현실성 있는지 팩트체크 해보면 어떻겠냐고 후배 기자가 먼저 제안을 해왔다. 계속 관심을 가져온 소재이고 석방을 주장하는 목소리가 커지고 있던 상황이어서 제안을 덥석 물었다. 박 전 대통령에 대한 지지자이든 아니든 시청자가 관심을 가질 만한 소재이기도 했다.

당시엔 박 전 대통령과 관련된 재판 세 개가 동시에 진행되고 있었다. 국정농단 사건, 국정원 특수활동비 사건, 그리고 공천개입 사건이다. 이 가운데 당시 구속된 이유는 첫 번째 사건, 즉 국정농단 사건 때문이었다. 이 사건으로 대법원이 2018년 8월부터 박 전 대통령을 구속해 놓은 상태였던 것이다.

현행법상 대법원의 구속 기간은 최장 8개월까지 가능하다. 법에 정해진 구속 기간은 '2개월씩'인데, 이걸 최대 세 번 연장할 수 있도록 되어 있다. 기본 2개월 + 6개월(2개월씩 × 3번 연장) = 최장 8개월이 되는 것이다. 이 8개월로 계산을 해보면, 박 전 대통령의 구속기간은 2019년 4월 16일까지다.

그런데 국회 토론회에 나온 변호사는 구속기간 만료가 4월이 아니라 2월 16일이라고 주장하고 나섰다. 대법원이 박 전 대통령을 2월에 풀어줘야 한다는 것이었다. 근거는 이랬다. 대법원이 피고인의 구속기간을 세 번까지 연장할 수 있는 것은 맞지만, 세 번째 연장할 때는 오직 피고인(박 전 대통령)의 사유로 부득이한 경우에만 연장해야 한다는 것이다. 그런데 박 전 대통령에게 부득이한 사유가 없기 때문에 대법원은 세 번째 연장을 해서는 안 되며, 두 번만 연장해서 2019년 2월 16일이 구속기간 만기라는 주장이었다.

이런 발언은 정치적 이해관계에 따라 계속 나오고 있었고 관련 보도도 이어지고 있었다. 과연 사실인지, 팩트체크 할 만한 쟁점이었다.

어떻게 팩트체크 할 것인가

변호사의 주장인 만큼 법을 정밀하게 확인해야 했다. 법조 전문기자가 아닌 이상 취재 과정에서 법 조항을 정확히 이해하지 못하고 헤매게 되는 경우가 많다. '형사소송법'을 우선 살펴봤다.

제92조(구속기간과 갱신)
① 구속기간은 2개월로 한다.
② 제1항에도 불구하고 특히 구속을 계속할 필요가 있는 경우에는 심급마다 2개월 단위로 2차에 한하여 결정으로 갱신할 수 있다. 다만, 상소심은 피고인 또는 변호인이 신청한 증거의 조사, 상소이유를 보충하는 서면의 제출 등으로 추가 심리가 필요한 부득이한 경우에는 3차에 한하여 갱신할 수 있다.

'형사소송법'을 읽어보니 박 전 대통령을 2월에 풀어줘야 한다던 변호사 말이 맞는 건가 하는 생각이 들었다. 딱 봐도 가짜뉴스 티가 나는 헛소문은 시간 들여 팩트체크 할 필요가 없는데, 이런 변호사의 주장과 근거는 꽤 그럴듯하다. '형사소송법'에는 분명히 "피고인 또는 변호인이 신청한 증거의 조사, 서면의 제출 등으로 추가 심리가 필요한 부득이한 경우"에는 3차에 한해 구속기간을 갱신할 수 있다고 되어 있다. 이 조항이 대체 무슨 뜻인지 여러 변호사에게 물어봤다.

취재 과정에서 『법원실무제요 형사』라는 책자가 있다는 걸 알게 되었다. 법원행정처가 발행한 책자다. 온라인에 원문이 통째로 공개되어 있는 것은 아니지만 법원도서관 사이트에서 일부 원문을 검색할 수 있었다. 법원이 형사재판을 어떻게 해야 하는지에 대한 실무 지침을 내부적으로 정해놓은 것이다. 『법원실무제요 형사』에는 구속기간의 연장에 대해 아래와 같이 설명되어 있었다.

> 종전에는 상소심의 경우에도 2차까지만 갱신할 수 있었으나, 상소심의 경우 상소기간, 상소기록의 송부기간, 상소이유서 제출기간 때문에 실제로 심리를 할 수 있는 기간이 3개월 정도로 지나치게 짧았다. 그래서 항소심은 사실심의 최종심으로서 충실한 심리를 하지 못할 가능성이 있었고, 상고심의 경우 전원합의나 공개변론이 필요한 사건 또는 법리 등 쟁점이 복잡한 사건에 대한 충실한 심리에 지장을 초래하기도 하였다. 법 개정을 통하여 상소심은 부득이한 경우 3차까지 갱신할 수 있게 되었다. 여기서 "피고인 또는 변호인이 신청한 증거의 조사, 상소이유를 보충하는 서면의 제출"은 추가 심리가 필요한 부득이한 경우를 예시한 규정이지 추가 심리가 필요한 경우를 열거한 규정이라고 볼 수는 없다.
>
> _『법원실무제요 형사』 1권

대법원이 구속기간을 왜 3차까지 연장할 수 있도록 해놓았는지 잘 설명되어 있다. 핵심은 마지막 문장이다. 앞서 '형사소송법' 제92조 제2항 규정을 법원이 실제로 어떻게 적용하고 있는지에 대한 설명이다. 그것은 "예시 규정"이지 추가 심리가 필요한 경우를 "열거한 규정이라고 볼 수 없다"라는 것이다. 즉, 앞서 국회 토론회에 나온 변호사의 주장은 구속기간 3차 연장이 가능한 하나의 '예시' 규정을 마치 '필수적인' 조건인 것처럼 이용한 것이다. 법을 잘 모르거나 법 조항의 원문만 확인한 사람은 변호사의 말이 설득력 있다고 생각했을지 모른다. 2019년

2월에 박 전 대통령을 석방해야 하는지에 대한 팩트는 일반인들이 평소에 전혀 볼 일이 없는 법원 실무 지침 안에 숨어 있었다.

또한 국회 토론회에서는 만일 구속기간 만료가 2월이 아니라 4월이라면 4월에 곧바로 박 전 대통령을 풀어줘야 한다는 주장도 나왔다. 앞서 박 전 대통령 재판은 세 개라고 설명했는데, 이 가운데 두 개는 진행 중이었고 '공천개입' 사건은 재판이 끝난 상황이었다. 2018년 11월에 '징역 2년'이 확정되었다. 그런데 당시 박 전 대통령이 구속되어 있던 것은 이 공천개입 사건의 '징역 2년' 때문이 아니었다. 징역은 아직 집행되지 않고 있었다. 법원 구속기간이 끝나면 검찰이 공천개입 사건의 징역 2년을 언제 집행할지 추가로 확인해야 했다. 그런 경우는 잘 없다지만 만일 검찰이 구속기간이 끝난 뒤 바로 형을 집행하지 않으면 박 전 대통령은 구치소 밖으로 일단 나왔다가 형을 집행할 때 다시 수감되어야 할지도 모르는 상황이었다.

이건 검찰로부터 정확한 서면 답변을 받았다. 취재진의 질의에 검찰은 "서울고등검찰청 검사가 2018년 11월 29일 서울구치소에 공직선거법 위반으로 확정된 징역 2년은 '석방사유 발생 익일로부터' 형을 집행하도록 형집행 지휘를 한 상태"라고 답했다. 2019년 4월 16일 대법원의 구속기간이 끝나면 다음날인 4월 17일부터 '공천개입' 사건으로 확정된 징역 2년을 시작한다는 뜻이었다. 그런데 사실 '징역 2년'은 대법원에서 확정된 게 아니었다. 2심에서 징역 2년이 나왔는데 박 전 대통령이 상고하지 않아 형이 그대로 확정된 것이다. 만일 대법원에 상고해 3심 재판이 2019년 4월 16일을 넘어갔다면, 박 전 대통령은 구속기간이 끝나는 대로 잠시라도 석방되었을 가능성이 있다. 이 때문에 박 전 대통령 지지자들 가운데는 공천개입 사건에서 변호사가 대체 왜 상고를 안 했느냐고 비판하는 사람들이 있다.

팩트체크 보도를 위해서는 박 전 대통령 석방의 마지막 가능성, 즉 대통령의 특별사면도 따져봐야 했다. 수면 위로 올라온 주장이 아니어도 석방 가능성이 정말 없는 건지 여러 가능성을 최대한 확인한 뒤 보도해야 하기 때문이다. 우선 재판이 진행 중인 사건은 특별사면 대상이 아니다. 재판 세 개 가운데 '공천개입' 사건은 형이 확정되었으니 이건 대통령이 특별사면을 해줄 수 있는 상황이었다. 그 사건만 콕 찍어서 특사를 해주고 나머지 두 개 재판은 불구속으로 진행하는 것도 생각해 볼 수 있다.

하지만 설령 대통령 특사로 석방된다고 해도, 다른 두 개 재판(국정농단 사건, 국정원 특활비 사건)에서 실형이 선고되면 다시 수감되어야 하므로 현실성이 떨어진다는 의견이 많았다. 대통령 특사야 팩트체크라기보다는 전망에 가까웠지만, 아무리 따져봐도 박 전 대통령 석방론은 일부 정치세력의 희망에 가까워 보였다.

팩트체크 그 후　　　　보도 이후 박 전 대통령 석방론은 정치권에서 더 이상 확산되지 않았다. 대법원은 예상대로 박 전 대통령의 구속기간을 세 번 연장했다. 이로써 구속기간은 2019년 4월 16일 자정까지로 늘어났다. 구속기간이 끝난 뒤에는 검사 지휘에 따라 '공천개입' 사건의 형집행이 시작되었다. 같은 해 8월에는 국정농단 사건에 대한 대법원 판결이 나왔다.

대법원은 박 전 대통령 사건을 파기환송했다. 대법원은 현행법상 대통령이 재임 중에 직무와 관련해 뇌물을 받아 재판에 넘겨질 경우 다른 죄와 구분해서 선고해야 하는데, 2심(징역 25년)에서 여러 혐의를 한데 묶어서 선고해 잘못되었다는 취지로 사건을 고등법원으로 돌려보냈다. 이렇게 분리해서 선고하면 각각의 형량을 더해서 최종 형량을 계산하기 때문에 형량이 더 늘어날 수도 있다. 박 전 대통령은 2020년 총선을 앞두고 "거대 야당을 중심으로 힘을 합해달라"라는 입장을 옥중에서 밝힐 수밖에 없었다.

이해찬 민주당 대표가
가짜 5·18 유공자?

매년 5월이면 5·18 민주화운동 관련 루머가 쏟아진다. 팩트체크하기 버거울 정도로 루머의 양은 압도적이다. 2019년엔 유독 심했다. '보수'라는 이름이 아까운 사실상 극우 성향인 한 유튜버는 광주에서 몇 달째 집회를 이어오고 있었다. 당시 윤석열 서울 중앙지검장에게 협박성 발언을 했다가 검찰 소환 조사를 통보받은 남성이다. 그는 유튜브에서는 윤 지검장을 죽일 듯이 말하더니 소환 전날 태도가 돌변했다. "유튜브 중계는 웃자고 한 일이었으며, 공포심을 느꼈다면 남자로서 사과한다"라는 말을 남겼다. 말은 그럴싸하게 했지만 사실상 반성하고 있으니 본인 좀 조사하지 말고 봐달라는 뜻으로 들렸다.

무엇을 팩트체크 할 것인가

그는 '5·18 민주유공자' 중에 가짜가 많다고 주장해 왔다. 유공자가 5800명 정도 되는데, 그중에 3000여 명이 가짜로 판명되고 있다는 것이다. 5·18 민주화운동 40년이 다 되어 가는데, 아직도 유공자가 매년 100명씩 나온다는 게 말이 되느냐며 유공자 명단과 선정 절차를 공개해야 한다고 주장했다.

그가 내세운 여러 주장 가운데 여의도 정치권으로 번진 주장도 있었다. 민주당 이해찬 대표가 '가짜 5·18 유공자'라는 주장이다. 가짜 유공자란 과연 무엇인지 궁금했고, 일반인들이 듣기엔 정말 그런가 하고 의심할 수도 있을 것 같았다. 일개 유튜버의 주장이 정치권으로 번져 국회 정론관(기자회견장)에서 다뤄진다면 팩트체크 할 만한 사안이 된다.

어떻게 팩트체크 할 것인가

이런 류의 팩트체크는 당연히 그 주장을 한 사람에게 근거를 묻는 것이 첫 번째 절차다. 그런데 좀처럼 통화가 되지 않았다. 사무실에 전화를 걸어도 다른 사람이 받을 뿐 당사자를 끝내 연결해 주지 않았고, 취재 내용을 충분히 설명했지만 어떠한 피드백도 없었다. 할 수 없이 취재진이 직접 팩트체크 해야 했다. 정치적인 주장을 하는 건 아주 간단하지만, 막상 팩트체크를 하려면 간단한 게 별로 없다. 이해찬 대표가 5·18 유공자가 맞는지, 어떤 절차를 거쳐 유공자로 선정되었는지 그 법적 절차를 하나씩 다 따져봐야 했다.

이 대표는 어떻게 5·18 유공자가 되었을까? 여러 법 조항을 한참 따져본 결과 복잡한 것은 빼고 결국 다음 조항 하나가 가장 중요했다.

'그 밖의 5·18 민주화운동 희생자'에 해당하는 사람은 이 법에 따른 예우를 받는다.

_ '5·18 민주유공자 예우에 관한 법률' 제4조 제3호

5·18 민주화운동에서 숨지거나 부상을 당한 게 아닌데 유공자로 지정되는 경우는 이 조항이 법적 근거가 된다. 그렇다면 '그 밖의 희생자'(과거에는 '기타 광주민주운동 희생자'로 칭했음)에 해당하는 사람은 누구일까. 5·18 민주화운동과 관련해 생계 지원이 필요하다고 인정되는 사람에게는 광주광역시가 심의해 지원금을 줄 수 있는데, 이 지원금을 받은 사람이 '그 밖의 5·18 희생자'가 되고 결과적으로 5·18 유공자가 될 수 있다. 쉽게 말하면 광주광역시에서 지원금을 받으면 국가보훈처가 그걸 근거로 삼아 5·18 유공자로 등록할 수 있다는 뜻이다.

법은 나뭇가지처럼 하위 법으로 연결되어 있다. 광주광역시가 아무한테나 마음대로 지원금을 줄 수 있는 것은 아니다. '5·18 보상법' 시행령에는 어떤 사람한테 '기타지원금'을 줄 수 있는지가 나와 있다. 시행령 제21조에는 "5·18 민주화운동에 적극 참가한 사실이 원인이 되어 생업 등에 종사할 수 없었던 것으로 인정되는 자"에게 기타지원금을 줄 수 있게 되어 있다. '적극 참가'라는 문구가 중요해 보였다.

순서를 정리하면 이렇게 된다.

• 광주광역시 5·18보상심의위원회가 심의 → 기타지원금 지급 결정 → 국가보훈처가 5·18 유공자로 등록

이렇게 복잡한 룰을 하나씩 따지고 들어가면, 결국 이해찬 대표가 '가짜 유공자'인지 판단할 수 있는 핵심은 어떤 사유로 지원금을 받았는

가 하는 것임을 알 수 있다. 국가보훈처는 광주의 5·18보상심의위가 결정한 내용을 바탕으로 유공자 등록 여부를 판단하기 때문이다. 광주시에 문의해 보니, 이 대표에 대한 심의 기록은 남아 있지 않았다. 이 대표 측은 "1980년 5월 김대중 내란음모사건으로 구속되어 당시 기타 광주민주화운동 희생자로서 보상금을 받았다"라면서, "광주에서 직접 희생되거나 부상당한 것은 아니지만 신군부의 재판으로 부당하게 감옥살이를 했다"라고 설명한 바 있다.

김대중 내란음모사건으로 구속된 것을 5·18 민주화운동에 '적극 참가'했다고 볼 수 있을까? 이 사안은 팩트를 판단할 수 있는 영역이 아닌 것 같다. 5·18보상심의위는 이를 5·18 민주화운동에 '적극 참가'한 것으로 인정했지만, '가짜 유공자'라고 주장하는 사람들은 그 심의 자체가 엉터리라고 주장하는 것이었다.

팩트체크를 하다 보면, 단어의 뜻 하나하나가 모호해질 때도 있다. 5·18 민주화운동에 '참가'한 것은 무엇이며, 또 '적극' 참가한 것은 무엇일까. 이 대표는 당시 서울에 있었다고 했는데, 1980년 5월에 어디에 있었느냐가 '적극 참가' 여부를 판단하는 데 결정적인 근거가 될 수는 없어 보였다. 한화갑, 김옥두 전 의원도 같은 사건으로 5·18 유공자가 되었다. 그렇다고 이런 사실을 근거로 이 대표가 '진짜 유공자'라고 하는 것도 옹색해 보였다. 물론 '적법한 절차를 거쳐 유공자로 등록했으면 진짜 유공자인 것이지 무슨 근거가 더 필요하다는 것이냐'라고 반박할 수 있지만, '가짜'라고 주장하는 측은 유공자가 된 절차를 트집 잡는 것이 아니기 때문에 사안이 복잡했다.

누군가가 가짜 유공자라고 정치적 선동을 하는 것은 쉽지만 이것이 사실인지 검증하려고 하면 단어의 정의부터 모호해지고 결론을 내기 어려울 때가 종종 있다. 분명한 것은, 이해찬 대표가 5·18 유공자가 되는 절차에 문제가 드러난 것은 없었고, 극우 유튜버가 가짜 5·18 유공자라고 주장하면서 내놓은 근거는 단 한 가지도 없다는 것이다.

극우 유튜버의 주장 가운데 사실 여부를 판단할 수 있는 몇 가지 주장이 있었다. 먼저, 5·18 유공자가 5800명이라는 유튜버의 주장은 사실이 아니었다. 5800명은 광주시 심의를 통해 1990년부터 지난 29년간 보상금을 받은 사람의 수였다. 보상금을 받은 사람 수를 '유공자 수'로 헷갈리거나 고의적으로 왜곡한 것이다.

또한 5·18로 숨지거나 다친 사람보다 유공자 숫자가 훨씬 많으니까 나머지는 다 가짜가 확실하다는 주장도 있다. 이것도 법을 한 번이라도 읽어봤으면 알 텐데, 규정에는 관심이 없는 것 같다. 법에는 사망자와 부상자 본인뿐만 아니라 가족도 유공자로 신청할 수 있게 되어 있다. 가족이 포함되어 있으니까 유공자 수가 사상자보다 더 많은 건 당연한 일이다.

과거에 5·18 가짜 유공자가 무더기로 적발되었다는 주장도 있다. 확인해 보니 2000년 광주시에서 보상금을 허위로 받았다가 적발된 사람이 실제로 있었는데, 보상금을 받는 것과 유공자가 되는 것은 서로 절차가 다르다. 허위 보상금으로 적발된 사람들이 5·18 유공자로 등록될 리가 있는가? 국가보훈처에 확인한 결과 이 역시 사실이 아니었다.

팩트체크 그 후   '가짜 5·18 유공자' 발언은 여전히 반복 재생산되고 있다.

유공자가 실제로 가짜로 드러나면 법에 따라 적용 대상에서 제외한다. 예우를 멈추도록 되어 있다. 특히 거짓이나 그 밖의 부정한 방법으로 예우를 받은 사람은 '5년 이하 징역이나 5000만 원 이하 벌금'에 처하도록 되어 있다. 이런 절차가 진행된 적이 있으면 국가보훈처에 공식 기록으로 남는다. 가짜 유공자가 있었다면 이를 주장하는 국회의원이 보훈처에서 이 기록을 입수해 언론에 진작 공개했을 것이다. 하지만 아직 그런 보도는 없다.

정말 '가짜'라는 근거가 있다면 유튜브에서 정치 선동을 할 것이 아니라 국가보훈처에 신고해야 한다. 가짜 유공자로 잘못 알려진 과거 사례들은 광주시에서 주는 보상금을 허위 수령했다가 적발된 경우였다.

가짜 유공자를 주장한 극우 유튜버는 윤석열 당시 지검장을 협박한 혐의로 구속되었다가 지금은 풀려나 불구속 재판을 받고 있다. 그는 불구속 재판이 진행되는 와중에 한때 검찰청사 앞에서 '윤석열 지킴이'로 변신해 연일 "검찰 힘내라"를 외치기도 했다. 윤석열 협박 혐의를 받는 피고인이 돌연 '윤석열 지킴이'로 변신한 속사정은 알 수 없다.

카톡의 '받은 글', 친구한테 전달만 해도 처벌?

'받은 글'이라는 문구로 시작하는 누군가의 은밀한 이야기를 받아 본 적이 있는가? 사실 '받은 글'이라는 표현 뒤에는 최초 작성자가 숨어 있을 때가 있다. 본인이 '쓴 글'인데 '받은 글'이라 이름 짓는 것이다. 일 명 '지라시'다. 한때는 주로 증권사 정보지가 미확인 정보의 유통 경로 였는데, 이제 SNS '받은 글'이 그 악역을 맡고 있다.

2019년 봄에는 연예인의 실명이 거론된 '받은 글'이 난무했다. SBS가 가수 정준영 씨의 성관계 영상 불법 유포 사건을 최초로 보도하 면서, 그 영상에 '여성 연예인 누가 나오더라'라는 식의 루머가 빠르게 퍼졌다. 뉴스에서는 여성 연예인의 이름은 물론이고 이니셜조차 공개 하지 않았지만, 추측은 추측을 낳았다. 그에 앞서 한 방송사 PD와 여성 연예인이 불륜 관계라는 '받은 글'도 카톡 대화방을 통해 확산되었다. '받은 글'이 이렇게 빨리 퍼지는 이유는 '난 받았을 뿐, 이걸 쓴 사람은 아니다'라는 심리적인 위안 때문이다.

무엇을 팩트체크 할 것인가

불륜설에 이름이 거론된 연예인은 루머를 퍼트린 사람을 경찰에 고소했다. 경찰은 '받은 글'을 역추적해 아홉 명을 찾아냈고 기소 의견으로 검찰에 넘겼다. 불륜설 루머는 크게 두 갈래로 전파되었다. '받은 글' 하나는 프리랜서 작가가 최초 작성자로 확인되었다. 주변에서 들은 소문을 대화체로 만들어 전송했고, 이 루머는 50여 단계를 거쳐 카카오톡 오픈 채팅방에 도달했다. '받은 글'의 다른 버전은 방송작가가 처음 만들었다. 이건 70여 단계를 거쳐 카톡 오픈 채팅방에 퍼졌다. 유포되는 데 2~3일밖에 걸리지 않았다. 한 사람이 두 명한테만 유포해도 최초 작성자로부터 2명, 4명, 8명, 16명으로 늘어나고, 머지않아 1000명이 '받은 글'을 받게 된다. 50단계, 70단계면 얼마나 많은 사람이 루머 유통에 연루되었을까. 그런데 검찰에 넘겨진 사람은 단 아홉 명이었다. 수천 명 중에 아홉 명만 걸렸다니 중간에서 단순히 전달만 한 사람은 괜찮은 건가라는 생각이 들 만했다. 당시는 '정준영 지라시'가 본격적으로 유포되던 때였다.

해당 사건을 최초 보도한 언론사로서 '지라시'를 단순 전달만 하면 처벌을 면하는 것인지, 팩트체크 할 필요가 있었다.

어떻게 팩트체크 할 것인가

이런 사안은 법 조항을 확인하는 게 기본이다. 경찰이 루머 작성자에게 적용한 건 '정보통신망법'상 명예훼손죄다. 제70조 제2항이다. 흔히 인터넷 명예훼손, 사이버 명예훼손이라고 부른다. 사람을 비방할 목적으로 정보통신망에 공공연하게 '거짓'을 드러내 다른 사람의 명예를 훼손한 사람은 7년 이하의 징역 또는 5000만 원 이하의 벌금에 처해진다. 온라인에 사실을 공개해 누군가의 명예를 훼손하더라도 죄가 되는데, 거짓말을 퍼트린 것은 형량이 더 세다. 특히 거짓을 정보통신망에 퍼트리는 것은 확산 속도가 빠르기 때문에 형법상 명예훼손(거짓으로 누군가의 명예를 훼손했을 경우 5년 이하 징역이나 1000만 원 이하 벌금)보다도 형량이 세다.

그런데 이 죄는 '반의사불벌죄'다. 피해자(방송사 PD와 여성 연예인)가 가해자의 처벌을 원하지 않는다는 의사를 구체적으로 표시하면 처벌하지 못한다. 여성 연예인이 루머 작성자와 유포자를 경찰에 고소했으니까, 고소를 취하하지 않았다면 처벌 의사는 확실히 있는 셈이다. 만일 재판 중이라도 피해자가 처벌을 원하지 않으면 법원은 '공소기각'을 선고해야 한다. 형을 선고하지 않고 재판을 끝내야 하는 것이다. 공소기각과 관련해 '형사소송법' 제327조에는 "피해자의 명시한 의사에 반하여 죄를 논할 수 없는 사건에 대하여 처벌을 희망하지 아니하는 의사표시가 있거나 처벌을 희망하는 의사표시가 철회되었을 때"라고 되어 있다. 결국 '지라시'를 단순 유포한 사람도 처벌을 받는 것인지에 대한 정답은 없었다. 피해자가 고소장에서 누구의 처벌을 원한다고 적시했느냐에 따라 달라질 수 있기 때문이다.

핵심 정보는 경찰이 갖고 있었다. 경찰은 "피해자가 불륜설의 최초 유포자 및 블로그 게시자를 특정해 고소했기 때문에 중간 유포자는 입건하지 않았다"라고 설명했다. 처벌해 달라는 사람을 딱 찍어서 고소했다는 것이다. 하지만 원래 '반의사불벌죄'는 루머의 중간 전달자가 누구인지 확인되었을 경우 피해자 의사에 상관없이 검찰이 재판에 넘길 수 있다. 재판을 하다가 피해자가 처벌을 원치 않으면 멈추는 식이다. 변호사들에게 확인해 보니, 이런 사건은 보통 최초 유포자를 중심으로 고소하기 때문에 수사기관이 중간 유포자는 수사를 하지 않는 경향이 있다고 했다. '받은 글'을 자신이 본 뒤 다른 누군가에게 전달하는 연결 고리가 수백, 수천 명에 달할 수도 있기 때문에 모든 사람을 입건하는 것은 현실적으로 어렵다는 취지다. 하지만 피해자가 단순 전달자도 특정해 고소하면 경찰은 당연히 수사해야 한다. 단순 전달자가 무조건 처벌을 받지 않는다는 건 사실이 아니다.

　　확인할 만한 쟁점이 하나 더 있었다. 인터넷 명예훼손은 사실이든 거짓이든 온라인에 '공공연하게' 퍼트렸을 때 죄가 된다. 국어사전을 찾아보면 '공공연하다'라는 건 '숨김이나 거리낌이 없이 그대로 드러나 있다'라는 뜻이다. 여기에는 '숫자'의 개념이 없다. 단 한 명한테라도 공공연하게 루머를 전달할 수 있다는 뜻이다. 대법원 판례도 마찬가지다. 개별적으로 한 명한테만 유포했더라도 그 사람에게서 불특정 다수에게로 전파될 가능성이 있다면 '공연성'의 요건을 충족한다고 본다. 심지어 개인 블로그의 비공개 대화방에서 상대방으로부터 "내가 진짜 비밀 지킬게"라는 약속을 받고 뭔가 알려줬어도 인터넷 명예훼손죄가 될 수 있다. 사실 친구끼리 비밀을 지키겠다는 약속은 단순히 '빨리 얘기해 달라'는 뜻일 때가 있다. 법원도 '비밀을 지킨다'라는 말을 100% 믿을 수는 없다고 판단한 것으로 보인다.

　　연예인 지라시는 주지도 말고 달라고 하지도 말자. 잘못하다 수사기관에서 연락이 올 수 있다.

팩트체크 그 후　　　PD와 연예인의 불륜설을 퍼트린 작가는 1심에서 벌금 300만 원을 선고받았다. '정준영 지라시'를 작성하고 퍼트린 여섯 명도 경찰에 붙잡혔다. '카톡방에 뜬 여자 연예인'이라면서 유명 걸그룹 멤버와 여배우 열 명의 이름이 거론되었지만 모두 사실이 아니었다. 경찰에 입건된 사람은 '일간베스트(일베)'와 '디시인사이드'에 아무 근거 없는 '소설'을 사실인 것처럼 올린 것으로 확인되었다. 이들의 이름이 포털 사이트 실시간 검색어에 오르내리면서 2차 피해만 생겼다. 그 즈음에는 또 송중기 - 송혜교 부부가 이혼하면서 한바탕 루머가 휩쓸고 지나갔다.

언론이 '단순 전달'도 처벌 대상이라고 팩트체크 보도해도 루머의 생산과 유통은 쉽게 사라지지 않는다. '단순 전달'만으로 수사기관에서 줄줄이 소환 통보를 받고 결국 처벌로 이어진 사례가 아직 없기 때문이다.

'미투'에 연루된 고은 시인,
훈장 박탈 가능할까?

고은 시인에 대한 '미투' 폭로는 시(詩)에서 시작되었다. 최영미 시인이 2017년 문학지에 기고한 시「괴물」은 En 선생이라는 문단의 원로가 상습적으로 성추행을 한다는 내용으로 시작하는데, En 선생이 바로 고은 시인이라는 폭로가 나온 것이다.

> En선생 옆에 앉지 말라고
> 문단 초년생인 내게 K시인이 충고했다
> 젊은 여자만 보면 만지거든
>
> K의 충고를 깜박 잊고 En선생 옆에 앉았다가
> Me too
> 동생에게 빌린 실크 정장 상의가 구겨졌다
>
> _「괴물」중에서

최영미 시인은 SBS 〈주영진의 뉴스브리핑〉에 출연해 1994년 고은 시인으로부터 성추행을 당했다는 구체적인 정황을 폭로했다. 최영미 시인은 「괴물」을 발표할 때 상당한 용기가 필요했다고 말했다. 원고를 계간지 ≪황해문화≫에 보낼 때도 '이걸 실어줄까?' 염려하면서 보냈는데 뜻밖에도 실어줘서 고마웠다고 최 시인은 말했다. 또 자신이 폭로한 것은 고발보다는 개선을 위해 문제를 제기한 것이었고 판도라의 상자는 아직 다 열지 않았다고 말했다.

무엇을 팩트체크 할 것인가

고은 시인은 국내 언론과의 접촉을 줄곧 피하다가 영국의 일간지 ≪가디언≫을 통해 공식 입장을 내놨다. 자신의 이름이 거론된 것이 유감스러우며, 일부에서 제기한 상습적인 추행 의혹은 단호히 부인한다는 내용이었다. 성추행 의혹의 시점은 1994년, 20년이 더 지난 일이었다. 어제 벌어진 성추행도 언론이 사실 여부를 가리기 힘든데, 20년이 더 지난 일을 취재진이 확인할 방법은 거의 없었다.

사실인지 여부와 무관하게, 성추문에 휩싸인 문인의 흔적을 지워야 한다는 여론은 거셌다. 서울시는 서울도서관에 조성된 고은 시인의 전시 공간 '만인의 방'을 철거했다. 교육부는 교과서에 실린 고은의 시를 다른 작품으로 대체하기 위한 연구에 들어갔다.

고은 시인은 2002년 '은관문화훈장'을 받았는데, 이 훈장을 박탈해야 한다는 여론도 거셌다. 배우 강수연, 전도연 씨는 외국영화제에서 여우주연상을 받고 그 공적으로 '옥관문화훈장'을 받은 바 있다. 그런데 배우 김민희 씨는 2017년 베를린영화제에서 여우주연상을 받았지만 홍

상수 감독과의 부적절한 관계가 알려지면서 문화체육관광부로부터 훈장 추천을 받지 못했다. 결국 고은 시인처럼 이미 훈장을 받은 사람은 지금이라도 박탈해야 형평성에 맞는 것 아니냐는 주장이었다. 고은 시인에 대한 훈장 박탈이 현실적으로 가능한 일인지 따져보기로 했다.

어떻게 팩트체크 할 것인가

취재 당시에는 이미 정부가 훈장 박탈을 검토하고 있다는 보도가 있었다. 사실인지 확인했다. 문체부 관계자는 "신중하게 검토하고 있다"라고 말했다. 훈장을 줬다가 뺏는 것, 즉 '취소'할 수 있는 조건은 '상훈법'에 정해져 있다. 고은 시인이 '상훈법'에 정해진 훈장 취소 사유에 해당하는지만 보면 이 사안은 비교적 간단하게 확인할 수 있다. 취소 사유는 다음 세 가지였다.

'상훈법' 제8조
① 훈장 또는 포장을 받은 사람이 다음 각 호의 어느 하나에 해당될 때에는 그 서훈을 취소한다.
1. 서훈 공적이 거짓으로 밝혀진 경우
2. 국가안전에 관한 죄를 범한 사람으로서 형을 받았거나 적대지역(敵對地域)으로 도피한 경우
3. '형법', '관세법' 및 '조세범 처벌법'에 규정된 죄를 범하여 사형, 무기 또는 3년 이상의 징역이나 금고의 형을 받은 경우

세 가지 조건 가운데 최소한 하나를 충족해야 한다. 1번 '공적이

거짓'으로 밝혀져 실제로 훈장이 취소된 사례가 있다. 인촌 김성수의 경우다. 독립운동으로 훈장을 받았는데 나중에 친일행위가 드러난 것이다. 정부는 2018년 국무회의를 열어 인촌 김성수가 1962년에 받은 건국공로훈장의 취소를 의결했다. 56년 만에 훈장을 박탈한 셈이다. 고은 시인의 경우는 성추문 논란이 공적과는 무관했기 때문에 1번 사유에 해당하지 않았다. 2번 국가안전에 관한 죄도 마찬가지다. 성추행이 사실이어도 국가안전과는 관련이 없다.

3번, 형법상 규정된 죄를 범해 3년 이상 징역이나 금고의 형을 받은 경우도 보도 시점에서 해당 사항이 아니었다. 1994년의 일이었다. 성추행이 사실이어도 이미 공소시효가 지나 처벌할 수 없는 상황이었다. 3년 이상 징역이나 금고형을 선고받을 가능성은 없었다. 이와 관련해 최영미 시인은 성범죄 처벌의 걸림돌로 꼽히는 공소시효 문제를 없애는 운동에 나서겠다고 밝힌 적도 있다.

고은 시인에 대한 여론은 따가웠지만 '상훈법'상 훈장을 박탈할 근거가 없었다. 훈장 박탈 조건을 규정한 다른 법이 있는 것도 아니어서, 이건 '상훈법' 조항만 따져보면 되는 사안이다. 앞서 훈장 업무를 담당하는 문체부 관계자가 취재진에게 "훈장 박탈을 신중하게 검토하고 있다"라고 말한 것은 아마 국민 여론을 고려한 정치적 수사였을 가능성이 높다.

팩트체크 그 후 이 아이템을 돌아본 이유는 고은 시인의 소송과 '상훈법'의 변화가 의미 있기 때문이다. 고은 시인은 의혹을 제기한 최영미 시인을 상대로 2018년 소송을 제기했다. 시 「괴물」이 공개된 지 7달 만이었다. 성추행 의혹은 사실이 아니라면서 최영미 시인을 상대로 1000만 원을 달라는 손해배상 소송이었다. 사건에 대한 형법상 공소시효는 지났지만, 민사재판에서 사실 여부를 가리게 된 것이다. 최영미 시인은 "누군가로부터 소송을 당하는 건 처음이다. 힘든 싸움이 시작되었다"라는 글을 남겼다.

소송 7달 만에 1심 결과가 나왔다. 법원은 1994년 고은 시인이 성추행을 했다는 주장을 사실로 인정했다. 물론 민사에서는 형사재판만큼 사실 여부를 엄밀히 따지지는 않는다고 하지만, 어쨌든 법원은 최영미 시인의 손을 들어줬다. 법원은 "최 시인이 허위 사실을 꾸며 음해할 동기를 찾아볼 수 없다"라면서 "고은 시인의 문단 내 지위를 두려워해 밝히기를 주저하던 최 시인이, 다수의 목격담이 나오자 폭로에 나선 것으로 보인다"라고 밝혔다.

결정적 증거는 1994년 6월 2일, 최영미 시인의 일기였다. 그날 일기에는 "광기인가 치기인가 아니면 오기인가. 고 선생 술자리 난장판을 생각하며"라는 글이 남아 있었다. 최영미 시인은 2심에서도 이겼다. 최 시인은 "성추행 가해자가 피해자를 상대로 소송을 하면 건질 게 없다는 걸 보여줘서 통쾌하다"라고 했다. 이 판결은 최종 확정되었다.

1994년 성추행을 법원이 사실로 인정했지만, 이건 민사소송일 뿐이고 형법으로 처벌이 확정된 것은 아니기 때문에 훈장 박탈 조건은 여전히 충족하지 않는다. 고은 시인이 제기한 민사재판이 끝날 즈음, 국회는 본회의를 열어 '상훈법' 개정안을 통과시켰다. 정부는 훈장을 박탈할 수 있는 기준이 약하다고 보고 2016년 개정안을 발의했는데, 그게 3년 만에 통과된 것이다. '상훈법'상 훈장 취소 사유의 세 번째는 이제 다음과 같이 바뀌었다. 어떤 법을 위반하든 1년 이상의 징역이나 금고형만 확정되면 훈장을 취소할 수 있게 되었다.

'상훈법' 제8조

① 훈장 또는 포장을 받은 사람이 다음 각 호의 어느 하나에 해당될 때에는 그 서훈을 취소한다.

3. 사형, 무기 또는 1년 이상의 징역이나 금고의 형을 선고받고 그 형이 확정된 경우

이 개정안에 따르더라도 고은 시인의 훈장은 역시 취소 대상이 아니다. 공소시효 때문에 그렇다. 그나마 민사재판을 통해 정의가 일부 실현된 것일까. 훈장 취소라는 정의까지 실현하기에는 시간이 너무 지연된 것 같다.

제6장

보고서 더미에서 찾아낸 팩트

출산장려금 250만 원,
돈 주면 애 낳을까?

출산장려금이라는 소재는 대중의 큰 관심사다. 저출산이라는 국가적 위기와 관련되어 있기도 하고, 무엇보다 출산장려금에 대해 '내 이야기'라고 느낄 만한 사람이 많기 때문이다. 아이를 가질 만한 연령대는 '애를 낳으면 얼마를 준다는 거지?'라고 자연스럽게 관심을 가질 수 있다. 반대로 '내 이야기'라고 느끼지 않는 사람들도 출산장려금 같은 소재에는 관심이 많다. 내 주머니에서 나가는 세금인데 정작 혜택은 내가 받지 못한다는 불만 심리가 있기 때문이다. '헛돈' 쓰지 말라는 비판 의견이 그래서 많다. 제도에 찬성하는 사람도 반대하는 사람도 많은 소재인 만큼 언론이 다룰 만한 이슈 가운데 하나다.

무엇을 팩트체크 할 것인가

2018년 말, '내년부터 신생아 1인당 출산장려금 250만 원이 지급

될 전망'이라는 보도가 나왔다. 산후조리원 비용 수준에서 '250만 원'으로 책정했다고 한다. 아이를 낳으면 석 달간 준다고 했다. 지원 대상은 33만 명 수준이다. 국비로 50%를 대는데 2019년 총 예산이 1000억 원 수준이라고 했다.

이것이 국회 보건복지위원회가 통과시킨 복지부 예산안 내용이었다. 아직 최종 확정 단계가 아닌데도 일부 언론은 "지급된다"라고 확정적으로 쓰기도 했다. 고발 기사도 아니고 단순한 스트레이트 기사였음에도 온라인 반응은 예상대로 뜨거웠다.

출산장려금을 지지하는 사람도 있었지만 비판하는 사람들의 상당수는 효과가 없다고 주장했다. "250만 원 준다고 하면, 너 같으면 애를 낳겠냐?" 이런 댓글이 비판적인 여론을 가장 상징적으로 보여주고 있었다. 출산장려금이 과연 효과가 있는지 갑론을박이 이어지는 만큼 팩트체크 할 필요가 있었다.

어떻게 팩트체크 할 것인가

출산장려금은 전국 단위의 제도가 아니었다. 각 지자체별로 형편에 맞게 시행해 왔다. 출산장려금이 과연 효과가 있는지 여부를 취재진이 나서서 따져볼 수 없는 노릇이다. 이럴 땐 정책 연구 보고서를 확인해 봐야 한다.

각 지자체에서 몇 년간 누적된 데이터를 분석해 출산장려금 효과가 있는지를 따져본 사람들이 많았다. 이 정책을 연구한 사람도 대중과 취재진이 궁금해 하는 내용, 즉 출산장려금이 얼마나 효과가 있는지가 궁금했을 것이다. 물론 연구 대상과 방법은 저마다 달랐다. 보도가 가능할지 불투명한 상황에서 정책 효과를 따져본 논문이나 보고서를 최대한 모으기로 했다. 총 13개를 확보했다.

13개의 결론은 일치하지 않았다. 당연한 일이다. 만일 모든 연구 결과가 일치했다면 '출산장려금을 꼭 줘야 되나?' 이런 논란은 일찌감치 사그라들었을 것이다. 그런데 특이한 점이 있었다. 13개 가운데 전국을 대상으로 한 논문은 7개였다. 하나같이 출산장려금을 준 "효과가 나타났다"라고 결론 내렸다. 나머지 6개는 일부 지역을 분석한 논문이다. 여기서는 반대로 "효과가 없다"라는 결론이 많았다. 특히 서울과 수도권을 대상으로 한 연구에서는 출산장려금 몇 년을 줘봐야 효과가 없다, 헛돈 쓰는 거다라는 취지의 결론이 많았다. 어떤 지역을 연구하느냐에 따라 결론이 달라지는 경향이 나타났다.

이런 경향성을 취재진이 처음 발견했을까? 그럴 리는 없다. 이 분야에 관심 있는 전문가가 한둘이 아니다. 알고 보니, 기존 연구를 분석한 최근 논문[김우영·이정만, 「출산장려금의 출산율 제고 효과: 충청 지역을 대상으로」, 《노동정책연구》(2018), 제18권]에 이미 담겨 있는 내용이었다. "국내 연구를 종합해 보면 전국을 대상으로 한 연구에서는 대체로 출산장려금이 출산율을 높이는 데 긍정적인 영향을 미쳤지만, 수도권을 대상으로 한 연구에서는 영향이 없다고 나타난 연구들도 많이 있음을 알 수 있다."

학계에서도 이런 판단을 하고 있으니까 충분히 보도할 수 있다고 생각했다. "출산장려금이 전국적으로 보면 돈을 쓴 효과가 있는 것으로 나타나고 있긴 한데, 사실 수도권에서는 별 효과가 없어요", 이렇게 말해준 보도를 거의 접하지 못했기 때문에 팩트체크에 더해 '뉴스'로서의 가치도 있다고 봤다. 팩트체크도 뭔가 새로운 것을 알려주는 뉴스여

야만 기사의 상품성이 높아지고 시청자가 찾아서 보게 만들 수 있다.

서울은 인구가 많은 만큼 출산장려금에 대한 관심이 좀 더 클 것 같아서, 25개 자치구를 분석한 논문을 소개한다(석호원, 「출산장려금 정책의 효과성에 관한 연구」, ≪지방행정연구≫(2011), 제25권 제2호). 서울의 자치구는 2006년부터 출산장려금을 지속적으로 주고 있는데, 이 논문은 출산장려금과 2005~2009년까지의 합계출산율(여성 한 명이 평생 낳을 것으로 예상되는 평균 출생아 수) 간의 관계를 분석한 것이다. 결론은 아쉽게도 "효과 없음"이다. 출산장려금은 합계출산율, 출생아 수, 그리고 연령별 출산율에도 영향을 미치지 못하는 것으로 나타났다. 출산장려금의 수혜 범위와 예산액, 그리고 출산장려금액이 달라도 출산율을 높이지 못했다고 논문은 설명하고 있다.

서울 이외의 지역에서는 충청 지역을 연구한 논문이 특히 흥미로웠다. 앞서 제시한 「출산장려금의 출산율 제고 효과: 충청 지역을 대상으로」라는 논문에 따르면, 충청 지역에서 출산장려금은 출산율을 높이는 데 어느 정도 효과가 있다고 한다. 하지만 출산장려금 도입 후 8년까지는 꾸준히 출산율이 올랐지만 그 뒤로는 영향이 감소한 것으로 나타났다.

흥미로운 건 "출산장려금 지급액 측면에서 본다면 평균 지급액이 약 250만 원까지는 출산율이 증가하다가 그 이후 감소하는 효과를 나타내고 있다"라는 내용이다. 즉, 250만 원에서 더 줘봤자 효과가 없기 때문에 줄 거면 250만 원만 주는 게 가장 효율적이라는 뜻이다. 앞서 국회 보건복지위원회가 의결한 출산장려금이 신생아 1인당 딱 250만 원이었다.

팩트체크 그 후　　　이 팩트체크 보도에 달린 온라인 댓글은 8400여 개로, 폭발적인 양이었다. 가장 공감을 많이 받은 댓글은 저출산의 본질을 꿰뚫고 있었다. "꼴랑 250 없어서 안 낳는 게 아닙니다. 제가 없는 건, 안정적인 내 집이 없어요. 퇴근이 없어요. 안심하고 아이 맡길 곳이 없어요. 입시지옥 앞줄에 세워줄 수 있을 만큼의 돈이 없어요. 깨끗한 공기가 없어요. 성인 범죄자만큼 잔인한 소년범들로부터 아이를 지켜줄 수 있는 제도가 없어요." 1만 7000여 명이 이 댓글에 '엄지' 아이콘을 눌러 공감을 표현했다. 서울시 자치구의 출산장려금이 효과 없다는 논문들도 같은 점을 지적하고 있었다. 중요한 것은 "자녀 양육비용 및 사교육비 절감 정책, 일과 가정의 양립, 육아시설 확충"이며, 이것이 출산율 제고에 긍정적인 영향을 미칠 수 있다는 것이었다.

보도 사흘 뒤 국회 기류가 바뀌었다. 당시 더불어민주당과 자유한국당은 "연구용역 등을 통해 출산장려금 등 출산 지원 제도의 획기적인 발전 방안을 마련"하기로 합의했다. 당장 이듬해 예산에 출산장려금을 반영하지는 않고 연구 용역을 한 뒤에 결정하겠다는 뜻이다. 팩트체크 보도가 기류 변화에 영향을 준 것일까? 2019년 복지부 예산에는 출산장려금이 효과가 있는지를 파악하기 위한 연구 용역비가 반영되었다. 연구 결과는 아직 나오지 않았다.

출산장려금은 2002년 전남 함평군에서 시작된 제도다. 그 뒤 지자체를 중심으로 우후죽순 퍼졌다. 출산율이 너무 떨어져서 큰일 났다고, 국가 위기라는 얘기가 나온 게 언제인데 중앙 정부는 이제야 정책의 효과를 따져보고 있다. 그 사이 저출산 기록은 매번 경신되고 있다. 통계청 인구동향에 따르면, 2019년에는 1970년 집계 이래 가장 적은 30만 3100명의 신생아가 태어났다. 혼인 건수는 8년째 감소세가 이어졌다. 여성 한 명이 평생 낳을 것으로 예상되는 자녀의 수(합계출산율)는 0.92명밖에 되지 않았다. OECD 국가 중에 한국보다 더 낮은 나라는 없다. 지금은 여성 한 명이 평생 아이 한 명도 낳지 않는 시대다.

논란의 청년수당,
근거 없는 포퓰리즘일 뿐일까?

온라인에 뜨기만 하면 매번 네티즌이 부글부글 들끓는 기사가 또 있다. 앞서 출산장려금도 그렇지만 서울시 '청년수당' 보도가 그렇다. 단순히 '다음 달부터 접수 받습니다'라고 소식을 전하는 스트레이트 기사에도 이 제도를 비난하는 댓글이 줄줄이 달리기 일쑤다. 출산장려금과 비슷한 맥락이다. 내가 낸 세금으로 지원되는 청년수당이 나한테 오는 것도 아닌 데다, 과연 '효과'가 있느냐, 괜히 헛돈 쓰는 거 아니냐는 비판이다. 특히 수당을 받은 청년 가운데 일부가 과거 부적절한 곳에 돈을 썼다가 적발되는 바람에 비판 여론에 불을 지르기도 했다.

서울시의 청년수당뿐만 아니라 고용노동부의 '청년구직활동지원금'도 그렇다. 일부 청년은 이 지원금으로 게임기를 사기도 했고, 문신을 제거하거나 치아를 교정하기도 했다. 사람에 따라서는 게임기로 구직 스트레스를 풀었을 수도 있고 면접 준비하느라 문신을 제거하고 치아를 교정했다고 생각할 수도 있다. 하지만 여론이 마냥 좋지만은 않았

팩트체크의 정석

다. 내가 낸 세금이 취업 준비를 빙자해 누군가의 게임기를 사주는 데 보탬이 되었다고 생각할 수 있는 것이다. 이런 일탈이 극히 일부 사례일 뿐이라는 사실은 청년수당을 비판하는 사람들에게 그리 중요하지 않게 여겨지는 것 같았다.

서울시의 청년수당과 노동부의 청년구직활동지원금은 지원 조건이 약간 다르긴 하지만 큰 틀에서는 지원 가능한 나이나 목적이 비슷하다. 서울시가 2016년, 노동부보다 더 빨리 제도를 시작했다. 노동부는 문재인 정부 출범 뒤 발표된 '국정운영 5개년 계획'에 따라 2019년부터 지급했다. 둘 다 매달 50만 원씩, 최장 6개월을 준다. 두 곳에서 동시에 받으면 문제가 되니까, 노동부는 졸업한 지 2년이 안 된 사람, 서울시는 졸업한 지 2년이 넘은 사람을 대상으로 지급한다. 서울시만 청년 지원금을 지급하는 게 아니다. 2019년 3월 기준으로 경기도와 대전, 부산, 대구, 울산, 인천 등 14곳에서 청년수당과 비슷한 이름으로 지원금을 주거나 지급을 준비 중이다.

무엇을 팩트체크 할 것인가

지자체 가운데 청년수당 제도를 가장 먼저 시행한 곳은 서울시다. 공식 명칭은 '청년활동지원사업'이다. 그런데 네티즌의 비난은 2016년 이후 매년 반복되어 왔다. 출산장려금과 마찬가지로 정책 효과에 대한 논란이 좀처럼 해소되지 않고 있었다. 청년수당은 포퓰리즘일 뿐이라는 것이 단골 비판 메뉴였다. 사실 서울시가 정책 효과에 대해 설명하지 않은 것은 아니다. 2019년 청년수당을 신청받기 시작한다는 서울시 보도자료에도 이 부분에 대한 홍보가 나온다.

2017년 참여자 추적조사 결과, 취업 및 창업률 40.8%, 프리랜서 등 창작활동 6.4%의 성과를 나타냈고, 참여자들의 만족도도 2016년 66.8%, 2017년 98.8%, 2018년 99.4%로 지속 상승하고 있다.

서울시는 수당을 준 효과가 있다는 것이다. 청년수당을 받은 사람을 나중에 조사해 봤더니 38.7%는 취업한 상태였고, 또 창업을 한 청년은 2.1%였다는 것이다. 그런데 이게 정책 효과를 입증하는 데이터가 될 수 있을까? 이해할 수 없었다. 청년수당을 받지 않은 사람도 취업하고 창업한다. 그런데 수당 받은 사람의 40% 정도가 취업하고 창업했다는 것이 어떻게 정책 효과가 있다는 근거가 된다는 것일까? 한 마디로 대조군이 없었다. 과연 서울시가 주장하는 정책 효과의 근거는 무엇일까? 혹시 다른 자료가 더 있을까? 팩트체크 할 쟁점이 명확하게 좁혀졌다.

어떻게 팩트체크 할 것인가

서울시에는 청년수당을 담당하는 별도 부서가 있다. 그곳에 물어보는 것이 당연히 가장 빠르다. 청년수당을 시행한 지 만 3년째이고 시범사업 기간도 지난 만큼, 정책 효과에 대한 근거가 될 만한 자료 제공을 요청했다. 한참을 기다려 청년수당과 관련된 세 개의 보고서를 받았다.

① 「2017년 서울시 청년활동지원사업 참여자에 대한 2018년 추적조사 분석」
첫 보고서는 서울시가 한 대학 연구소에 의뢰해 작성한 것이었다. 청년수당을 받은 사람이 나중에 어떻게 생활하고 있는지 추적조사

를 한 것이다. 앞서 서울시는 청년수당을 받은 사람의 40%가 취업하
거나 창업했다고 효과를 설명했는데, 그 데이터의 출처가 바로 이 보
고서였다.

대조군이 있을까? 조사를 어떻게 설계했는지 살펴봤다. 모집단이
'2017년 서울시 청년활동지원사업 수혜 대상자'로 명시되어 있었다.
즉, 대조군이 없었다. 처음부터 청년수당을 받은 사람만 조사한 것이
다. 청년수당의 효과를 입증하는 근거로 들기는 힘들다고 판단했다.
수당을 받고 취업하거나 창업한 40% 가운데 일부는 수당을 받지 않았
어도 비슷한 결과를 냈을지 모른다.

② 「서울시 청년활동지원센터 연구보고서」

서울시가 보내온 두 번째 근거 자료를 살펴봤다. 이것은 두 가지
연구를 묶어서 서울시가 펴낸 보고서였다. 한 연구는 조사 대상을 '참
여자 전원'으로 하고 있었다. 역시 청년수당을 받은 집단과 받지 않은
집단을 비교한 연구는 아니었다. 다른 연구는 청년수당 제도의 효과에
대해 정량적으로는 정확하게 평가하기 어렵다는 취지로 결론을 내고
있었다. 물론 지원금을 통해 청년들이 경제적·시간적 여유를 찾고 심
리적 안정에 도움이 되는 것으로 나타났다는 내용도 있다. 하지만 대조
군은 없었다. 서울시 입장에서는 적지 않은 예산을 써왔는데 수당 받은
사람만 대상으로 한 조사에서 별다른 효과가 없는 것으로 나타났으면
무척 곤혹스러웠을 것이다.

③ 「청년특화 심리정서 자가진단 검사 사전사후 결과분석 보고서」

서울시가 보내온 마지막 근거는 한 대학의 박사가 서울시로부터

의뢰를 받아 작성한 보고서였다. 보고서 제목이 어려운데, 쉽게 말하면 청년수당을 받는 사람들을 대상으로 심리적인 변화를 연구한 보고서다. 역시 청년수당을 받지 않는 사람과 비교한 연구가 아니었다. 수당을 받는 564명을 조사했다. 결론은 청년수당을 받는 경험이 청년들에게 심리적인 불안감을 완화했고 구직 과정에서 건강성을 높이는 데 기여했다는 것이다. 만일 청년수당을 받지 않은 집단을 설정해 조사한 결과 심리적으로 더 불안해하는 것으로 나타났다면 의미 있었을 텐데, 그런 연구는 아니었다.

서울시가 보내온 자료는 모두 청년수당 정책이 효과가 있다는 근거로 삼기는 어려워 보였다. 청년수당을 신청하면 심사를 거쳐 적지 않은 돈을 주는데 제도에 대한 만족도가 높게 나오는 건 당연하지 않을까. 참여자들의 만족도는 이미 99%를 넘어선 상태였다.

이쯤에서 서울시 주장에 대해 "근거 없다"라고 보도해도 되겠지만, 팩트체크는 취재를 좀 더 해야 한다. 어떤 주장을 한 정치인이 근거를 제시하지 않거나 못했다고 해서 그 주장이 사실이 아니라고 단정하기는 어렵다. 이번 취재도 마찬가지였다. 혹시 서울시가 놓친 부분이 있는지, 취재진에게 미처 제공하지 않은 자료가 있는지 기자가 최대한 확인해야 했다. 아무리 찾아도 안 나온다? 그럼 '근거 없다'라고 보도할 수 있겠지만 마음속엔 불안감이 가시지 않을 것이다. '근거 없다'라고 보도했는데 어느 박식한 네티즌이 무식한 기자를 질타하면서 한번에 팩트를 제시할 수 있기 때문이다.

'있는 것'은 입증할 수 있지만 '없는 것'은 입증할 수 없다. 그래서 청년수당을 주는 외국 사례도 조사해야 했고, 청년수당과 관련한 여러 보고서를 작성한 국내 전문가도 수소문해야 했다.

　그 과정에서 프랑스에서 청년수당과 관련된 보고서가 나온 적이 있다는 것을 알게 되었다. 이렇게 간단히 쓰면 모든 취재가 매끄럽게 착착 진행된 것처럼 보일 수 있지만, 이 보고서를 파악하기까지는 꽤 오랜 시간이 걸렸다. 프랑스는 서울시보다 3년 먼저 '청년보장'이라고 부르는 제도를 시작했다. 2013년 10곳에서 시범사업으로 출발해, 2017년부터는 전국적으로 시행했다. 매달 484유로(한화 약 64만 원)를 1년간 준다. 이 제도에 대해 프랑스 ORSEU 연구소가 '수당을 받는 집단'과 '수당을 받지 않는 집단'을 비교 연구한 보고서가 있다는 것이다. 담당 연구원이 2018년 한국에서 열린 청년수당 관련 포럼에 참석해 기조발제를 한 사실도 알게 되었다. 국내 전문가를 통해 보고서를 받아 검토했다.

　프랑스의 청년수당 관련 보고서의 핵심은 다음 표를 보면 알 수 있다.

프랑스의 청년보장 정책이 취업률에 미친 영향 평가

	취업률	통제집단
4개월 뒤	32%	17.4%
10개월 뒤	39%	27.5%

자료: DARES, "report of the Scientific Committee of the YG"(2018).

　프랑스에서는 청년수당을 지급하고 나서 4개월 뒤 상황을 조사해보니, 수당을 받은 집단의 취업률이 32%, 그렇지 않은 집단이 17.4%였다. 청년수당을 받은 집단의 취업률이 14.6%p 높았다. 청년수당을 받고 10개월 뒤의 상황을 조사해도, 수당을 받은 집단의 취업률이 더 높았다. 당시 프랑스는 지원 대상을 전국에 15만 명으로 확대한 상태였다.

　　이 사례를 보면, 청년수당 제도가 '전혀 근거 없는 포퓰리즘일 뿐' 이라는 주장은 사실이라고 보기 힘들었다. 프랑스에서 취업률을 높이는 효과가 나타났다는 연구 결과가 있기 때문에 우리 정부나 지자체가 제도를 시행해 볼 만한 근거 자료가 된다. 다만 우리나라에서도 프랑스처럼 효과가 나타날 것인가, 그것을 검증해 보는 게 시급해 보였다. 추가 취재한 내용까지 꾹꾹 눌러 담아 팩트체크 보도했다.

팩트체크 그 후　　팩트체크 보도를 7개월 뒤, 서울시는 청년수당 수혜자를 2020년부터 대폭 늘리겠다고 공식 발표했다. 연간 7000 명한테 주던 것을 3년에 걸쳐 10만 명까지 늘린다는 것이다. 서울시는 "청년수당의 효과가 사회적으로 인정받았다"라고 제도 확대 배경을 설명했다. 청년수당의 효과를 인정한 '사회'가 누구인지 궁금했다. 수당을 받은 집단을 대조군과 비교 연구한 결과는 그때까지도 없었다.

서울시는 10만 명 확대 계획을 브리핑하면서 다음 쪽의 그림과 같은 자료를 제시했다. 2018년에 청년수당을 받은 사람 가운데 47.1%가 자기 일을 찾았다는 것인데, 수당을 받지 않았어도 자기 일을 찾은 사람이 있었을 것이다. 제도를 대폭 확대하는 근거로는 부실하게 보였다.

서울시는 대조군과 비교 연구하는 게 전혀 필요 없다고 판단했을까? 그렇지 않다. 서울시 관계자를 접촉해 물어보니, 프랑스처럼 수당을 받지 않은 집단과 비교하는 연구를 진행하고 있다고 설명했다. 서울시도 대조군과 비교 연구하는 것이 정책 효과를 검증하는 데 필요하다고 판단했을 것이다. 2020년 초에 결과가 나온다고 했는데 아직 소식이 없다. 그렇다면 연구 결과를 파악한 뒤에 '청년수당 10만 명 확대'를

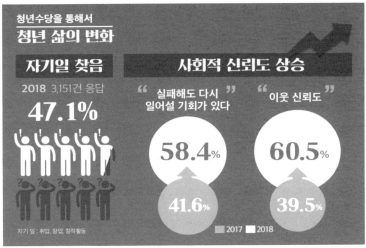

청년수당을 통해서
청년 삶의 변화

자기일 찾음

2018 3,151건 응답

47.1%

사회적 신뢰도 상승

" 실패해도 다시 일어설 기회가 있다 "

58.4%

41.6%

" 이웃 신뢰도 "

60.5%

39.5%

자기 일 : 취업, 창업, 창작활동

■2017 ■2018

서울시가 '청년수당 10만 명 확대 계획'을 발표하면서 제시한 자료.

발표하는 게 순서 아니었을까? 그래야 포퓰리즘 논란이나 사회적 갈등을 줄일 수 있을 것이다.

하지만 서울시 관계자는 수당을 받지 않은 집단과 비교하는 게 무슨 의미가 있느냐는 취지로 취재진에게 되물었다. 청년들의 상황이 너무나 절박하기 때문에 수당을 받은 사람의 '전후'를 비교하는 게 더 중요하지 않느냐고 했다. 그렇다면 수당을 받은 사람만 조사해 만족도가 100%에 달하는 것으로 나오는 연구 결과가 무슨 큰 의미가 있을까 궁금했다. 연구를 설계하는 룰에도 연구진의 의도와 시각이 담기는 것 같았다.

서울시 청년수당은 정책 효과에 대한 검증이 부실한 상태에서 3년간 10만 명에게 지급될 예정이다. 청년수당 기사가 나올 때마다 포퓰리즘 비판은 계속될 것이며 서울시로서는 똑 떨어지게 반박할 자료가 부족할 것이다.

양심적 병역거부에 대한 무죄 판결,
여호와의 증인이 급증할까?

유남석 헌법재판소장이 인사청문회 후보자 시절이었던 2017년 11월, 양심적 병역 거부 문제를 취재한 적이 있다. 병역 거부를 처벌하는 '병역법' 조항이 당시에는 합헌이었는데, 이게 뒤집힐 가능성이 있느냐를 짚어봤다. 이 문제를 취재한 이유는 유 후보자가 양심적 병역 거부를 인정하자는 취지의 논문을 쓴 적이 있기 때문이다. 30여 년 전 논문이었다.

유 후보자는 사법연수원을 마치고 육군 법제장교로 근무할 때 쓴 논문에서 병역 거부를 국가안보 저해 요인으로 일축할 게 아니라, 병역 특례를 인정하는 쪽으로 법을 만들어야 한다고 결론 내렸다. 1985년 전두환 정권 시절에, 그것도 군인 신분으로 쓴 논문이라는 점을 감안하면 보통 강한 소신이 아니고서는 쓰기 힘든 내용이었다. 물론 유 후보자가 헌법재판관이 된다고 해서 합헌 결정이 뒤집힌다고 확신하기는 힘들었다.

팩트체크의 정석

그는 헌법재판관이 되었다. 2018년 6월, 헌재는 '병역법' 조항에 '헌법불합치' 결정을 내렸다. '병역법' 제5조 제1항 '병역의 종류'에는 현역, 예비역, 보충역 등이 있는데 여기에 대체복무제를 마련해야 한다는 것이다. 그리고 몇 달 뒤, 대법원은 양심적 병역 거부자에 대해 '무죄'를 선고했다.

무엇을 팩트체크 할 것인가

양심적 병역 거부 얘기가 나올 때마다 온라인에서는 늘 이런 비판이 나온다. "너만 양심 있냐? 난 양심 없어서 군대 갔냐?", "병역 거부를 인정해 주면 세상에 누가 군대를 가겠냐?" 군 생활에 대한 뼛속 깊은 불만이 묻어나는 댓글이다. 같은 맥락에서 양심적 병역 거부가 허용되면 현역 자원이 부족해질 것이라는 우려도 매번 제기되었다.

헌법재판소 결정에 이어 대법원에서까지 양심적 병역 거부에 대해 무죄 판결이 나오자 몇몇 언론은 이런 우려를 담은 기사를 보도했다. 여호와의 증인에 대한 군 미필 남성들의 문의가 급증한다거나, 신도가 갑자기 늘고 있다는 보도도 나왔다. 양심적 병역 거부가 허용되면 여호와의 증인 신도가 정말 급증할 것인가?

헌재와 법원에서 역사적인 결정이 잇따르고 있는 만큼 양심적 병역 거부에 대한 오래된 우려에 과연 근거가 있는지 팩트체크 하기로 했다.

어떻게 팩트체크 할 것인가

양심적 병역 거부에 대해 대법원 무죄 판결이 나온 뒤 여호와의 증인에 문의가 급증하고 있을까? 문의 여부는 '현재'에 대한 사안이지만, 신도 숫자가 급증할 것인지는 '미래'에 대한 일이다. 팩트라고 할 만한 게 나오기 힘들다. 오직 전망만 가능하다. 대체 누가 이런 것을 전망할까. 보고서와 논문을 뒤져봐도 찾기 힘들었다.

취재진은 여호와의 증인 측을 통해 참고할 만한 글을 딱 하나 발견했다. 2008년 서울대학교 주최로 국회에서 "양심적 병역거부자, 어떻게 할 것인가"라는 제목의 공청회가 열렸는데, 그 자리에서 발표된 글로, 당시 토론자로 참석한 한국은행 소속 한 박사의 분석이었다. 양심적 병역 거부에 대한 규제 강도와 여호와의 증인 신도 수의 관계를 분석한 것으로는 국내에서 거의 유일한 글이었다.

그는 세계 71개 국가를 대상으로 양심적 병역 거부에 대한 관용지수라는 것을 만들었다. 그리고 관용지수를 그 나라 여호와의 증인 신도 수의 증가율과 비교 분석했다. 결론은 일반인들의 상식과 달랐다. 병역 거부를 허용해 주면 여호와의 증인 신도 수가 폭발적으로 늘어날 거라고 생각하는 사람들이 있겠지만 오히려 반대로 나타났다. 관용지수가 일정한 숫자를 넘어서면, 즉 관용적인 나라일수록 여호와의 증인 신도 수의 증가율은 내리막길을 걸었다. 가장 관용적인 나라는 증가율이 마이너스로 나타났다. 신도 수가 거꾸로 줄었다는 뜻이다. 또 한국에서 여호와의 증인 신도는 1인당 1년에 평균 430시간을 전도한다고 했다. 여호와의 증인은 한마디로 노동 집약적인 종교다.

취재진은 글쓴이를 수소문해 어렵게 찾아냈다. 그는 당시 청와대에서 근무하고 있었다. 통화해 보니, 분석에 사용한 신도 수 데이터의 출처는 '여호와의 증인 연감'이었다. 이 자료는 여호와의 증인 홈페이지에 1년에 한 번씩 올라오는 데이터라서 그 자체는 신뢰할 수 있었다.

다만 이 글 하나만을 근거로 신도 수에 대한 향후 전망을 보도하기에는 미흡하게 느껴졌다. 10년 전 분석이어서 시의성도 아쉬웠다. 또 '관용지수'라는 것은 양심적 병역 거부를 인정해 주는지를 포함해 10개의 변수를 반영한 숫자였다. '관용지수'가 헌법재판소의 헌법불합치 결정, 또 대법원의 무죄 판결과 전혀 무관한 것은 아니었지만, 당시 한국 상황을 정확하게 반영한다고 보기는 어려웠다.

팩트체크 보도를 위해서는 취재의 폭을 조금 더 넓혀야 했다. 우선 대법원 이전에 하급심에서 무죄가 인정된 사유를 파악하기로 했다. 2004년 처음 나온 무죄 판결문을 비롯해 여러 판결문을 분석했다. 단순히 "난 여호와의 증인이에요"라는 선언만으로 무죄 판결이 나오는 건 아니었다. 법원이 신앙의 진실함을 인정해 주는 조건은 생각보다 대단히 까다로웠다. 우선 종교를 언제부터 믿었는가, 종교를 믿게 된 과정은 어땠는가, 매주 종교활동을 꾸준히 해왔는가, 종교적 자원봉사 활동은 했는가, 예비군 불참으로 벌금은 몇 번이나 냈는가 등을 판단 기준으로 삼았다. 현역 신체검사를 앞두고 갑자기 자신이 여호와의 증인 신도라고 선언한다고 해서 '병역법' 무죄가 나올 가능성은 없어 보였다. 법원은 피고인의 종교 활동을 인생 전반에 걸쳐 총체적으로 판단하고 있었다.

다음으로는 여호와의 증인인 한 변호사에게 '신도가 되는 법'도 취재하기로 했다. 그냥 아무 때나 가서 휴대전화 개통하는 것처럼 신청서나 가입서를 쓴다고 신도가 되는 게 아니었다. 여호와의 증인 신도 통계에 잡히려면 일정한 절차를 거쳐야 한다. 먼저 '성서 연구'를 평균 6개월에서 1년 정도 한다. 일주일에 1~2번 한다고 한다. '집회'라고 부르는 예배 모임도 일주일에 두 번 무조건 참석해야 한다. 한 번에 2시간 정도 걸린다. 중요한 건 전도활동을 해야 한다는 것이다. 지금 같은 코로나 시국에는 상상할 수 없는 일이지만 집집마다 돌아다니면서 전도를 한다. 이것을 '호별 방문'이라고 부른다. 광장이나 시내 번화가에서 하는 전도활동은 '전시대 봉사'라고 한다. 일반적으로는 13~14시간을 하고, 침례를 받은 사람은 50~70시간을 전도한다고 한다.

아직 끝난 게 아니다. 정식으로 신도가 되려면 교리 문답 테스트, 침례 문답 테스트를 통과해야 한다. 교리 문답은 교리 지식만 물어보는 게 아니다. 교리 문답에 통과하려면 평소 술에 취하면 안 되고, 혼전 성관계나 혼외 관계를 맺어서는 안 되며, 욕설을 심하게 하거나 거짓말을 해서도 안 된다. 옷차림도 단정해야 한다. 폭력적인 온라인 게임도 하면 안 된다. (참고로, 총을 쏘는 온라인 게임을 한 양심적 병역 거부자에 대해서는 하급심의 유무죄 판결이 엇갈리고 있다. 온라인에서 총을 쐈으니 양심적 병역 거부를 인정하지 않는 판결이 있고, 총 쏘는 게임을 했지만 신앙의 진정성을 인정한 판결도 있다.) 한편, 신도가 되기 위한 침례 문답 테스트는 총 3일에 걸쳐 세 명으로부터 받는 문답이라고 한다.

이 두 가지 테스트를 통과하면 정식으로 여호와의 증인 신도가 된다. 이런 과정은 잘 알려져 있지 않다. 단순히 현역 대신 대체복무 좀 해볼까 하는 생각으로 여호와의 증인 문을 두드린다면 이런 과정을 알게 된 뒤 곧 돌아설 사람이 많을 것이다. 대체복무 기간은 현역보다 훨씬 길기도 하다. 양심적 병역 거부가 허용되면 여호와의 증인 신도 수가 급증할 것이라는 통념은 현실과 거리가 멀 가능성이 높다는 내용으로 팩트체크 보도했다.

팩트체크 그 후 대법원의 무죄 판결 뒤 서울남부지법에서는 현역 입영을 거부한 피고인에 대해 무죄 선고가 나왔다. 보도 제목은 "신도 된 지 1년 만에 '양심적 병역거부'… 여호와의 증인 무죄"였다. 신도가 된 지 겨우 1년 만에 무슨 무죄냐, 신앙이 진실하다고 할 수 있느냐, 이런 의심의 뉘앙스가 담긴 기사 제목이었다. 댓글은 험악했다. "나라가 점점 미쳐가는구나", "판사들아, 너그들도 여호와의 증인 신도들이냐", "20대 남성 전부 여호와 증인 출석하면 대한민국 군대 없어지는 거야~? ㅋㅋ" 비난 일색이었다. 신도가 된 지 얼마 만에 병역 거부를 해야 진실하다고 할 수 있는지, 그 기준을 정할 수 있을까? 언젠가는 신도가 된 지 1년이 안 된 '6개월차' 병역 거부에도 무죄가 나올 것 같다.

헌법재판소는 대체복무를 규정하지 않은 '병역법' 제5조 제1항에 대해 헌법불합치 결정을 내리면서 입법의 공백을 막기 위해 2019년 12월 31일까지 국회가 법을 개정해야 한다고 결정한 바 있다. 국회는 헌재 결정대로 '병역법'을 개정했다. '병역의 종류'에 '대체역'을 신설했다. 대체역은 "대한민국 헌법이 보장하는 양심의 자유를 이유로 보충역 또는 예비역의 복무를 대신해 병역을 이행하고 있거나 이행할 의무가 있는 사람"을 뜻한다. 대한민국 '병역법'에 '양심의 자유' 다섯 글자가 처음 표기된 것이다. 국회는 또 '대체역의 편입 및 복무 등에 관한 법률'을 제정해 대체복무의 세부 내용을 확정했다. 대체복무 요원은 교도소와 구치소 같은 교정시설 등에서 합숙 복무하고, 기간은 현역보다 긴 36개월로 정해졌다.

여호와의 증인 신도들은 양심의 자유를 지키기 위해 오래 전부터 대개 1년 6개월짜리 징역형을 선고받고 교정시설에서 일해오고 있었다. 이제 여호와의 증인뿐만 아니라 다른 신앙을 가진 사람들도 양심의 자유를 실천하기 위해 전과자가 되어야 하는 시대는 끝났다.

김영란법 탓에
음식점 매출이 8.5조 원 줄어든다?

2016년 이른바 김영란법이라고 불리는 '청탁금지법'(부정청탁 및 금품 등 수수의 금지에 관한 법률)이 시행되었다. 법 시행 전후에 집중해서 '식당 다 망한다'는 아우성을 담은 보도가 잇따라 나왔다. 당시 한 경제신문의 기사 제목은 "김영란법은 이렇게 우리 경제를 망가뜨린다"였다. 기사인데 제목은 사설 같았다. 기사는 한국외식산업연구원의 '외식업 영향 조사 결과'를 인용해 '청탁금지법'이 시행되면 외식 업계의 연간 매출이 약 5%(4조 1500억 원) 감소할 것으로 추정된다고 보도했다. 당시 그 신문만 유독 그런 기사를 보도한 것이 아니다. 많은 언론이 유사한 뉘앙스의 기사를 대량 생산했다.

무엇을 팩트체크 할 것인가

팩트체크 아이템도 때로 '총을 맞는다'. '총을 맞는다'는 표현은 아

　　　　　　　　　　　　　　　　　　　팩트체크의 정석

이템 제작 지시를 받는다는 기자들 사이의 은어다. 부장이 '청탁금지법' 시행 1년이 되었으니 뭔가 해보자고 했다. 소재는 정해주되 주제는 알아서 잡아보라는 지시였다. '총'은 보통 이런 형태다. 법이 시행되던 즈음에 식당에 타격이 클 거라는 전망이 워낙 많았기에 한번 짚어볼 만하다고 생각했다.

보통 제도 시행 뒤 1년이면 그 제도의 영향을 따져보기에는 짧은 기간이다. 하지만 워낙 뜨거운 이슈였던 만큼 관련된 데이터나 이를 연구한 보고서가 있을 것 같아 취재를 시작했다. 하지만 '청탁금지법' 때문에 외식업 매출이 수조 원 줄어들 것이라는 보도가 판을 쳤는데도 실제로 나중에 어떻게 되었다는 식의 팩트체크 보도는 없었다.

'청탁금지법'이 우리 경제에 미칠 타격을 분석한 보고서 가운데 한국경제연구원의 전망을 따져보기로 했다. 한국경제연구원은 재계 쪽 이해관계를 대변하는 전국경제인연합(전경련)의 유관 기관이었다. 연구원에서는 '청탁금지법'이 시행되기 전에 이런 보도자료를 냈다. "김영란법이 시행되면 음식점에서 8조 5000억 원의 피해가 예상된다." 즉, 매출이 그 정도 줄어들 것이라는 전망이었다. '2017 식품통계'에 따르면 2015년 기준 우리나라 음식점의 전체 매출액은 89조 원 정도였다. 따라서 8조 5000억 원의 피해가 예상된다는 전망은 우리나라 모든 식당의 매출이 평균 10% 가까이 줄어들 것이라는 의미였다.

이 전망을 팩트체크 대상으로 삼은 이유는 간단했다. 한국경제연구원 전망을 인용한 보도가 워낙 많았기 때문이다. 연구원은 『2016 시장경제연구백서』라는 문건에서 「김영란법의 경제적 손실과 시사점」이라는 제목의 연구 보고가 주요 매체에서 132번 인용되었다고 밝혔다. 시의성 있는 연구를 했다고 자체적으로 호평했다. 원래 연구원 보

한국경제연구원이 시의성 있는 연구였다고 자평한 보고서.
자료: 한국경제연구원, 『2016 시장경제백서』, 40쪽.

도자료에는 "음식점 8.5조 원, 골프장 1.1조 원, 선물 1.97조 원의 피해
가 예상되어 관련 산업 전체적으로 11.6조 피해"라고 나왔는데, 사후
검증을 하기 위해서는 대상을 음식점으로만 좁힐 필요가 있었다. 한국
경제연구원 전망을 나중에 현실과 비교해 보면 당연히 차이가 날 수밖
에 없지만, 그것이 오차 정도였는지 아니면 과장된 공포였는지는 판단
할 수 있을 것 같았다.

어떻게 팩트체크 할 것인가

'청탁금지법'이 우리 경제에 미치는 영향을 짚어본 보고서가 몇 개 있었다. 핵심적인 보고서를 골라내는 게 중요했다. 그중에 「2016 외식업 경영실태 조사보고서」를 가장 신뢰할 수 있었다. 이유는 여러 가지였다. 우선 이 보고서는 한국농촌경제연구원이라는 정부 출연 연구기관에서 낸 것이었다. 또 실무적인 조사 기관이 한국외식업중앙회였다. 외식 업계의 이해관계를 대변하는 곳이 조사에 참여했기 때문에 데이터에 대한 반론의 소지가 적었다. 조사 규모도 컸다. 일반 음식점 2037곳에 전문 조사원을 3주간 투입했다. 보고서에는 '청탁금지법 시행 이후 매출액 증감률 비교' 항목이 있어서 '8조 5000억 피해 전망'과 실제 현실을 직접적으로 비교해 볼 수 있었다.

보고서에는 일반 음식점 2037곳을 대상으로 한 조사 결과가 있었다. 법이 시행된 것은 2016년 9월 말이다. 그래서 '청탁금지법' 시행 직후인 2016년 10월 매출이 그해 1~9월 매출과 비교해 얼마나 떨어졌는지 물어봤다. 일반음식점은 매출이 평균 1.34% 하락한 것으로 나타났다. 보고서에는 2016년 10월 매출을 전년도 같은 달과 비교해 물어본 데이터도 있었다. 그 응답은 -10% 정도로 나왔다. 하지만 보고서를 쓴 사람과 통화해 보니 1년 전과 비교해 매출이 10% 떨어졌다는 데이터에는 전혀 무게를 두지 않았다. 1년 전과 비교하면 매출액에 미치는 변수가 너무 많아지기 때문에 그럴 것이다. 그는 취재진에게 "'청탁금지법'이 음식업계 전반에 미친 영향이 클 줄 알았는데, 실제로 조사를 해보니 영향은 미미했다"라고 말했다.

매출이 줄었다고 아우성치는 곳은 그렇다면 엄살을 부리는 것일

	사례 수	감소			유지	증가		평균 (증감 비율)
		20% 초과	10% 초과 20% 이하	5% 초과 10% 이하	-5% 이상 +5% 미만	5% 이상 10% 미만	10% 이상	
일반음식점 평균	2037	11.0	13.2	9.1	42.3	6.2	18.2	-1.34
고밀도 주거지	244	8.3	10.3	10.9	43.7	15.0	11.8	-1.07
저밀도 주거지	771	11.7	14.5	8.3	43.5	3.7	18.2	-2.08
대학 및 학원가	64	11.5	14.5	7.0	43.2	3.1	20.7	-1.44
역세권	77	2.9	14.6	14.2	38.1	3.7	26.5	0.50
오피스	29	12.3	3.6	8.4	61.9	12.0	1.8	-4.84
유흥상업지	65	28.8	13.0	5.2	34.5	3.1	15.4	-11.60
일반상업지	761	10.3	13.4	10.2	39.9	6.8	19.4	-0.15
재래시장	71	8.3	12.5	7.9	51.7	5.5	14.1	-2.01
기타	54	16.2	6.8	6.2	36.4	6.1	28.2	2.41

자료: 한국농촌경제연구원, 「2016 외식업 경영실태 조사보고서」, 174쪽.

까? 그렇지 않다. 일반음식점에서는 평균 1% 안팎의 매출 감소가 나타났지만, 유흥상업지에 있는 식당에서는 매출이 1~9월과 비교해 평균 11.6% 감소한 것으로 나타났다. "내 주변 식당들은 다 죽겠다더라"라는 얘기는 이런 데이터에 의해 뒷받침되는 것 같았다.

　일반음식점 데이터에는 한식, 중식, 일식, 서양식이 모두 포함되어 있는데, 이 가운데 한식만 따로 떼어내서 보면 매출 감소는 두드러진다. 보고서에도 한식만 별도로 분석되어 있다. 일반음식점 2037곳 가운데 한식당은 1239곳이다. 이곳 사장님들에게 '청탁금지법' 시행 직후인 2016년 10월 매출이 직전 1~9월보다 얼마나 줄었냐고 물어보니 235쪽과 같은 표가 나왔다.

　한식당 사장님들은 매출이 평균 1.48% 줄었다고 답했다. 법이 시행되기 전 아홉 달과 비교할 때 '청탁금지법'이 시행되었다고 해서 10

한식 기준 상권별 2016년 10월 평균 매출액 증감률 분포(2016년 1~9월 대비) 단위: 명, %

	사례 수	감소			유지	증가		평균 (증감 비율)
		20% 초과	10% 초과 20% 이하	5% 초과 10% 이하	-5% 이상 +5% 미만	5% 이상 10% 미만	10% 이상	
한식 평균	1239	11.5	13.0	9.4	41.9	6.1	18.1	-1.48
고밀도 주거지	139	8.7	10.8	11.6	42.4	15.5	11.0	-1.31
저밀도 주거지	508	12.3	14.3	8.5	43.4	3.4	18.0	-2.27
대학 및 학원가	33	13.6	15.2	6.2	41.7	2.3	21.1	-2.39
역세권	37	3.5	13.3	15.4	34.5	4.4	28.8	0.78
오피스	17	14.7	4.3	8.7	58.0	14.3	0	-6.08
유흥상업지	34	30.8	12.8	5.0	33.1	2.9	15.3	-12.77
일반상업지	446	10.7	13.0	10.7	39.0	6.9	19.6	0.00
재래시장	44	7.8	13.3	7.4	53.9	5.6	12.0	-2.77
기타	37	15.7	7.6	6.5	37.7	3.7	28.9	2.34

자료: 한국농촌경제연구원, 「2016 외식업 경영실태 조사보고서」, 215쪽.

월 매출에 당장 큰 타격이 나타난 것은 아니었다. 여기서도 식당의 위치에 따라 매출 하락폭이 달랐다. 역시 유흥상업지에 있는 한식당의 매출 하락폭이 가장 컸다. -12.8%에 달했다. 다른 곳도 대개 매출이 하락하긴 했지만 폭이 유흥상업지만큼 크지는 않았다. 한식당 1239곳 가운데 유흥상업지에 있는 곳은 34곳밖에 되지 않아서, 매출이 12.8% 떨어졌다는 것이 전체 평균에 큰 영향을 주지 못했다. 한식당은 저밀도 주거지와 일반상업지에 가장 많은데, 이들 지역의 식당 매출은 '청탁금지법' 시행 직후 살짝 떨어졌거나 거의 변함이 없는 것으로 나타났다. 접대와는 거리가 먼 지역이기 때문에 그럴 것이다.

사후 검증이긴 하지만, 한국경제연구원이 132회 인용되었다고 홍보한 데이터는 현실과 많이 달랐다. 결과적으로 전망은 과장된 것으로 보였다. 매출액이 10%가량 떨어진 곳이 없는 것은 아니었지만 소수였다. 이런 곳은 유흥상업지에 있는 식당이 대부분이었는데 전체 식당에서 차지하는 비중은 크지 않았다. 그 소수의 사례를 근거로 '식당들 다 망한다'라는 기사가 나온 것은 아니었을까. 대중에게는 일부 나무에 대한 기사가 전체 숲에 대한 기사로 받아들여졌을 가능성이 있다.

앞서 한 경제신문 기사에 한국외식산업연구원의 데이터가 인용되었다고 소개했는데, 이 연구원은 '청탁금지법' 시행 이후에도 외식업의 위기를 강조하는 자료를 계속 쏟아냈다. 법 시행 1년 뒤 나온 보도자료 제목은 "김영란법 시행 1년, 거듭된 악재들로 외식업체 고사 위기"였다. 보도자료에는 외식업체의 평균 매출 감소율이 22.2%에 달한다고 되어 있었다. 이건 한국경제연구원이 전망한 감소율을 훌쩍 넘어 현실에서는 매출이 더 떨어졌다는 얘기다. 조사 방법을 확인해 보니, 전국 외식업체 420곳을 '모바일 및 전화'로 5일간 조사한 것이었다. 매출이 떨어졌다는 실제 자료가 반영된 것이 아니고 식당 관계자의 '응답'을 기초로 한 데이터였다. 이 숫자를 여러 언론이 인용 보도했다. 지금도 검색을 해보면 기사가 잔뜩 나온다.

그런데 식당 관계자의 응답과 완전히 다른 데이터도 있었다. 한국농촌경제연구원의 보고서다. 「청탁금지법 시행에 따른 농식품 분야 영향과 정책 패러다임 전환」이라는 제목의 보고서인데, '청탁금지법'이 시행된 뒤 외식업체에서 법인카드 사용액이 어떻게 변했는지 실증적인 데이터가 담겨 있었다. 앞서 식당 관계자한테 '매출이 얼마나 떨어졌어요?' 물어보는 방식보다는 좀 더 객관적인 데이터로 볼 수 있다. 조사 대상은 승인실적 규모를 기준으로 비씨카드, 신한카드, 삼성카드 세 곳이었다. 물론 모든 카드사의 데이터를 반영한 것이 아니고 법인카드 승인 금액을 100% 접대라고 단언하기도 어려웠지만, 그래도 현실의 일부가 녹아 있는 데이터로 참고할 수 있다.

'청탁금지법' 시행 뒤 법인카드 승인 금액은 얼마나 줄어들었을까? 사실은 줄어들지 않고 오히려 늘어난 것으로 나타났다. 팩트체크 데이터는 때로 통념을 간단히 뒤집기도 한다.

- 일반음식점 매출 22.2% 감소(외식업중앙회 산하 외식산업연구원, 2017년 9월, 식당 420곳에 대한 모바일 및 전화 응답 기준)
- 법인카드 음식점 결제액 2.4% 증가(농촌경제연구원, 2016년 10월~2017년 5월, 카드 3사 결제액을 전년도 같은 기간과 비교)

물론 현실에서는 두 수치가 공존할 수 있다. 법인카드 결제액은 늘고 식당 전체 매출은 떨어질 수 있다. 두 수치 가운데 '22.2% 감소'는 많이 기사화되었다. 외식산업연구원에서 보도자료를 냈기 때문이다. 하지만 음식점에서 실제로 승인된 법인카드 결제액이 '청탁금지법' 시행 전보다 2.4% 증가했다는 내용은 거의 보도되지 않았다. 아마 보도자료가 안 나와서 그랬을 것이다. 기자들이 이 수치를 접하기란 쉽지 않다. 온라인에서 검색한다고 바로 나오는 수치가 아니고, 두꺼운 보고서의 한 구석에 숨어 있는 데이터이기 때문이다.

팩트체크 그 후 취재 당시만 해도 뚝 떨어지는 데이터가 부족했지만 지금은 다르다. 전국 음식점의 총 매출액 데이터가 2017년까지 집계되었기 때문이다. 가장 최근에 나온 '2019 식품통계'에 나와 있다. '청탁금지법'이 시행된 2016년 9월 이후 전체 음식점 매출액은 많은 이들의 우려와 달리 증가한 것으로 나타났다. 사업체 숫자도 꾸준히 늘고 있다.

'청탁금지법' 시행 전후 음식점 총 매출액

연도	2015	2016	2017
매출액	89조 8000억 원	99조 3000억 원	107조 4000억 원

자료: 농림축산식품부, 연도별 식품통계.

음식점 매출이 '8조 5000억 떨어질 것'이라고 했던 한국경제연구원 보고서는 지금
온라인 어디서도 찾을 수가 없다. 취재 당시 연구원 홈페이지에서도 찾을 수 없었다.
보고서 작성자를 확인해 물어봤더니, 그때 보도자료만 내고 보고서는 출판하지 않
았다고 했다. 홈페이지에 보고서를 올렸다가 내린 것이 아니라 아예 처음부터 공개
하지도 않았다는 것이다. 이런 경우는 흔치 않다. 대개는 보고서가 나오면 그 내용을
홍보하는 보도자료를 비슷한 시기에 배포하는 것이 보통이다. '8조 5000억 피해'는
거꾸로 보도자료만 나오고 보고서는 숨어버렸다. 그런데도 언론에 100번 넘게 인용
보도되었다.

"게임중독은 질병"이라는 WHO 규정에
서구권은 반대한다고?

추억의 오락실에는 이런 문구가 꼭 붙어 있었다. "지능계발, 두뇌발전." 아이의 아빠가 된 지금에 와서 생각해 보면 이 홍보문구는 애들보라고 써놓은 것이 아닐 것이다. 오락실에 빠진 아이의 부모를 달래는 한 줄기의 심리적 희망이 아닐까. 오락실이 하나둘 사라지고 그 자리에 PC방이 들어섰다. 2010년에는 PC방에서 게임을 하던 대학생 한 명이 숨지는 사건이 발생했다. 12시간째 게임을 하던 학생이었다. 정신건강을 연구하는 의료계는 고민에 빠졌다.

2014년 세계보건기구(WHO)는 중독과 정신건강 전문가를 중심으로 태스크포스를 꾸렸다. 그 모임에서 '게임사용장애(gaming disorder)'라는 표현이 처음 나왔다. 2016년 진단기준이 공개되었고 의견 수렴이 계속되었다. 그리고 2019년 5월 WHO 회원국 총회에서 '게임사용장애'가 포함된 새로운 국제표준 질병분류체계가 의결되었다. 언론이 흔히 '게임중독'이라고 표현하는 증상이 '질병'의 체계로 들어온 것이다. 그러자 국내 게임업계 일부에서는 프로게이머를 중독 환자 취급하는 거냐며 반발이 터져 나왔다.

무엇을 팩트체크 할 것인가

어느 쪽을 먼저 취재할 것인가. WHO는 장기간에 걸쳐 의학적 근거를 축적했을 가능성이 높았다. 그래서 국내 게임업계 주장을 먼저 검토하기로 했다. 공식 성명서를 살펴봤다. 팩트체크 하기에 애매한 주장이 많았다. "게임과 중독의 인과관계에 대한 사회과학적 연구가 매우 부족한 상황이다." 이런 주장처럼 어느 정도를 '매우 부족'하다고 판단할지 명확하지 않은 경우가 많았다.

한국에서 게임중독을 연구한 논문이 한쪽으로 편향되어 있다는 주장도 눈에 들어왔다. 한국과 달리 서구권은 그렇지 않다는 것이다. 게임업계는 "미국과 영국, 프랑스와 독일은 52%가 게임중독이라는 개념에 대해 부정적이거나 중립적인 논문을 내놓았다"라고 주장했다. 여러 매체가 게임업계의 이런 주장을 그대로 보도하고 있었다.

게임중독이라는 개념에 대해 서구권 논문의 절반 이상이 부정적이거나 중립적이라고? WHO가 서구권 연구 결과와 다른 결정을 내렸다는 뜻이어서 이상했다. 팩트체크 아이템이 될 것 같다는 촉이 왔다.

어떻게 팩트체크 할 것인가

게임업계 성명서를 누가 작성했는지부터 확인해 바로 근거를 물어봤다. 한 보고서가 근거라고 했다. 제목은 「게임과몰입 연구에 대한

〈표 2-14〉 국가별 게임과몰입에 대한 입장 비율

국가	논문편수	동의	비동의	중립 및 기타	자료 없음
대한민국	91	89.0%	2.2%	5.5%	3.3%
중국	85	90.6%	0.0%	7.1%	2.4%
미국	83	54.2%	6.0%	24.1%	15.7%
독일	64	60.9%	0.0%	7.8%	31.3%
호주	38	63.2%	5.3%	18.4%	13.2%
영국	37	59.5%	16.2%	21.6%	2.7%
프랑스	32	37.5%	0.0%	9.4%	53.1%
스페인	25	72.0%	0.0%	8.0%	20.0%
타이완	24	91.7%	0.0%	4.2%	4.2%
터키	21	57.1%	0.0%	19.0%	23.8%
이탈리아	14	64.3%	7.1%	14.3%	14.3%
네덜란드	13	84.6%	7.7%	7.7%	0.0%
캐나다	11	36.4%	9.1%	36.4%	18.2%
노르웨이	10	60.0%	10.0%	20.0%	10.0%
스웨덴	10	80.0%	0.0%	20.0%	0.0%

게임업계 주장의 근거가 된 보고서 데이터.

자료: 한국콘텐츠진흥원, 「게임과몰입 연구에 대한 메타분석 연구」(2018), 31쪽.

메타분석 연구」였다. 메타연구라는 것은 기존에 나온 여러 문헌을 연구했다는 뜻이다. 게임에 중독된 사람을 대상으로 장기간에 걸친 추적 조사를 해서 신체나 생활에 어떤 변화가 나타나는지 새로 연구한 것이 아니라, 그런 식으로 나온 기존의 여러 연구 결과를 종합한 연구라고 볼 수 있다.

　연구를 진행한 사람은 국내 한 대학교의 교수였는데 의료계 사람이 아니었다. 보고서 작성에 예산을 댄 기관은 한국콘텐츠진흥원이었다. 국내 게임 산업의 진흥을 돕는 기관이다. 게임업계 주장을 뒷받침하는 쪽으로 연구 결과가 나왔을 가능성을 염두에 둬야 한다는 뜻이다.

　미국과 영국, 프랑스, 독일의 논문은 절반 이상이 게임중독이라는 개념에 부정적이거나 중립적이라는 주장의 근거가 바로 위에 제시한 표였다. 게임중독 개념에 대해 국가별 논문이 몇 가지 항목으로 나뉘어 있는데, 게임중독 개념을 전제하거나 동의한 상태에서 진행한 연구는 '동의', 그렇지 않으면 '비동의', 중립적이면 '중립 및 기타', 나머지는 '자료 없음'으로 분류되어 있다. 논문을 쓴 교수에게 전화해 '동의, 비동의, 중립 및 기타, 자료 없음'으로 분류된 기준을 물어봤다. 얘기를 들어보니 논문 분류를 엄밀하게 한 건 아닌 것 같았다. '동의'나 '비동의', '중립'이라는 판단이 서지 않으면 '자료 없음'으로 분류했다고 교수는 설명했다.

이제 네 나라의 데이터를 잘 살펴봐야 한다. 게임업계 주장을 검증하기 위해 미국, 영국, 프랑스, 독일 4개국 논문에서 게임중독 개념에 대한 '비동의' 비율과 '중립 및 기타' 비율을 더했다. 우선 미국은 30.1%다. 영국은 37.8%로 나타났다. 프랑스는 9.4%이고, 마지막 독일은 7.8%다. 이상했다. 게임업계는 분명 성명서에 네 나라의 논문 가운데 52%가 게임중독 개념에 부정적이거나 중립적이라고 했다. 네 나라 평균을 내봐도 그런 비율은 22%정도밖에 안 되었다. 30%p나 차이가 나서 계산 실수라고 보기는 어려웠다. '자료 없음', 즉 게임중독 개념에 대한 찬반 입장을 알 수 없는 논문까지 게임업계 자신들에게 유리한 쪽으로 집어넣어 계산했을 가능성이 있었다.

게임업계에 반론을 요청했다. 아무리 계산해도 '비동의 + 중립' 비율이 50%를 넘지 않는데 어떻게 계산한 것인지 물었다. 반론하느라 아주 곤혹스러웠을 것이다. 담당자는 게임중독 개념에 대한 입장을 알 수 없는 논문도 그 개념에 동의한 건 아니기 때문에 '비동의'로 넣어서 계산했다고 해명했다. 황당한 답변이었다. 논문에 '비동의' 항목은 별도로 있는데 '자료 없음'을 임의로 '비동의'에 집어넣어 두 항목을 더해버린 것이다. 한국 논문은 편향적이고 서구권은 그렇지 않다고 주장하기 위해 데이터를 보고서의 원래 취지와 달리 입맛에 맞게 재가공한 것이다.

이렇게 업계의 공식 성명서에 나온 데이터라 해도 100% 믿을 수 없는 경우가 있다. 게임업계의 반론은 설득력이 전혀 없었지만 반론권이 있으므로 내용을 그대로 반영해 팩트체크 보도했다.

팩트체크의 직접적인 검증 대상은 아니었지만 게임중독을 질병으로 분류한 WHO 결정의 과학적인 근거가 무엇인지도 사전에 확인해야 했다. 그래야 게임업계에 대한 기사의 뉘앙스를 조절하고 내용을 쉽게 쓸 수 있다. WHO에 파견된 우리 정부 관계자를 통해 WHO 언론 담당자를 접촉했다. 이틀 만에 이메일로 답을 받았다. 이메일에는 주요 연구 결과가 소개되어 있었다. 과도한 게임이 뇌의 회백질을 줄어들게 하고 뇌 구조의 변화를 가져올 뿐만 아니라 뇌의 도파민 결핍과도 관련이 있다는 걸 밝혀낸 논문이었다. 이 논문과 관련한 내용을 국내의 한 의과대학 교수로부터 정확하게 설명을 듣기도 했다.

게임업계는 이에 대해 앞서 소개한 같은 보고서를 근거로 "학계의 합의가 필요하다"라고 주장했다. 한쪽은 의학의 언어로, 한쪽은 사회과학의 언어로 서로 소통이 힘든 다른 차원의 얘기를 하고 있었다.

팩트체크 그 후

보도 이후에도 양측의 입장 차이는 좁혀지지 않았다. WHO가 게임중독을 질병으로 분류한 결정에 대해 게임업계는 여전히 과학적 근거가 부족하고 진단 기준도 모호하다고 주장하고 있다. 사실 WHO 기준에 따라 게임중독으로 진단하려면 필수적 증상이 나타나야 한다. 우선 게임에 대한 조절력을 상실해야 한다. 또 게임이 다른 일상생활에 비해 현저히 우선적인 활동이 되어야 한다. 일상생활 다 제쳐놓고 게임부터 하는 사람이어야 한다는 뜻이다. 또 부정적인 문제가 생기는데도 지속적으로 과도하게 게임을 해야 한다.

중요한 것은 이 세 가지 패턴이 최소한 1년간 지속되거나 반복되어야 한다. 의료계에서는 이런 진단기준을 적용하면 100명 가운데 1명 안팎이 게임중독으로 진단될 수 있다고 추정하고 있다.

우리나라도 WHO 결정에 따라 게임중독을 질병으로 받아들일 것인가? 게임업계는 3년간 11조 원의 경제적 손실이 날 것이라고 우려하고 있다. 언젠가 또 한 번의 팩트체크가 필요할 것 같다.

제7장

그 분야의 전문가,
팩트체크의 '찬스 카드'

병역면제 노린 청력 마비,
5시간 뒤면 청력 회복?

기가 막히게 병역을 회피한 일당이 병무청에 적발되었다. 시작은 브로커의 어린 시절에 대한 기억이었다. 흔히 '빵빵이'라고 부르는 자전거 경음기를 갖고 놀다가 귀가 먹먹해진 경험이 떠오른 것이다. '잘하면 경음기로 귀를 먹먹하게 해서 군 면제를 받을 수 있겠구나.' 브로커는 아이디어를 실행에 옮겼다. 그는 고의적으로 청각장애인이 되는 데 성공했고, 병무청 신체검사에서도 장애가 인정되어 군 면제를 받았다.

그는 자신의 경험을 주변에 나누고 돈을 벌어야겠다고 마음먹었다. 브로커로서의 첫발이었다. 처음엔 자신의 무용담을 과시했다. 상대방이 솔깃해 하면 조금씩 노하우를 알려주고 돈을 챙겼다. 1인당 수천만 원을 받았다. 돈을 건넨 사람들에게는 청력검사 직전 차 안에서 20분 간격으로 경음기를 2회 실시하라고 교육했다. 경음기만 되는 건 아니다. 축구장에서 응원할 때 사용하는 에어혼을 쓰기도 했다. 다섯 명의 청각장애인이 더 생겼고 군대를 안 가는 데 성공했다. 물론 결말이 여러모로 좋지 않았다. 군 미필자들은 이 방법을 절대 따라하면 안된다.

무엇을 팩트체크 할 것인가

이 사건은 병무청 특별사법경찰이 수사했다. 사건의 배경을 기자들에게 설명하는 자리에서 병무청 관계자는 이렇게 설명했다. 일시적으로 청력이 마비될 수 있지만 "5시간 정도면 정상 회복"된다고 했다. 그렇지 않으면 브로커가 장사하기 힘들었을 것이다. '어차피 5시간이면 정상으로 돌아온다는데 일시적으로 안 들리는 게 대수겠어? 군대를 안 가는데?' 브로커에게 돈을 건넨 사람들은 이렇게 생각했을 것이다.

병무청 관계자의 발언을 인용해 "5시간이면 정상 회복"된다는 보도가 이어졌다. 보도를 접한 사람도 돈이야 좀 들지만 황금 같은 시간을 군대에서 썩지 않아도 되니까 한번 해볼 만하다고 여길지 모를 일이었다. 이 사안은 반드시 팩트체크를 해야 했다. 그렇지 않으면 군 미필자들이 너도나도 에어혼 구입을 검색할 수도 있었다.

고의적으로 청력을 마비시켰을 때 5시간 만에 정상으로 회복되는 것은 사실일까? 병역 면탈은 대중의 관심이 많은 소재이기도 하지만 무엇보다 공익적인 성격이 컸다.

어떻게 팩트체크 할 것인가

우선 자전거 경음기이든 응원용 에어혼이든 몇 데시벨까지 소리를 내는지 알아야 했다. 소리는 에어혼이 더 크다. 병무청 담당자에게 정확한 제품명을 확인했다. 115데시벨까지 소리가 나는 제품이었다. 이 정도 소음을 들으면 청력이 어떻게 될 것인가. 취재진이 판단할 수 없는 영역이었다. 청력 전문가, 세 명의 이비인후과 의사에게 자문을 구했다. 사람의 귀는 소음에 대한 감수성이 저마다 다르다는 것이 전문가들의 설명이었다. 똑같이 115데시벨의 소음을 들어도 일시적으로 귀가 먹먹해지는 사람이 있는 반면, 그렇지 않은 사람도 있다고 했다.

실제로 병무청에 적발된 사람 가운데는 아무리 노력을 해도 청각 장애 등급을 얻는 데 실패한 사람이 한 명 있었다. 브로커 입장에서는 답답한 노릇이었을 것이다. 자기가 했을 땐 분명 귀가 먹먹해져서 군 면제를 받았는데, 돈 받아놓은 사람한테 코치를 해줘봐야 별 효과가 없었으니 말이다. 그 사람은 결국 브로커한테 돈만 날리고 군대에 가야 했다. 군 생활을 하면서도 미련이 남았던 것 같다. 그는 군에서 마치 정신질환이 있는 것처럼 허위 진단서를 받아 집에 돌아갔고, 그 틈을 타서 또 다시 귀에 에어혼을 울려댔다. 그러다가 병무청에 적발되었다.

사람에 따라 일시적인 청력 마비가 올 수 있는 것은 분명했다. 하지만 청력이 마비되었을 때 5시간 만에 정상으로 회복될 수 있을까? 그것도 상황에 따라 달랐다. 신촌세브란스병원 문인석 교수는 "120데시벨 이상의 소리를 단 몇 초만 들어도 청력이 돌아오지 않는다는 연구 결과가 많다"라고 했다.

그렇다면 청력이 돌아올지 돌아오지 않을지 미리 알 수는 있을까? 불가능했다. 용인세브란스병원 이비인후과 손은진 교수는 "일시적인 청력 마비 증상이 왔을 때 그것이 일시적일지 아니면 영구적일지는 미리 알기 어렵다. 청력이 매번 다 돌아오는 건 아니다"라고 설명했다. 대한청각학회 조성일 교육이사(조선대 이비인후과 교수)도 마찬가지 답변을 줬다. 영구적인 난청을 일으킬 정도의 소음이 아니면 청력이 일시적으로 떨어졌다가 다시 돌아올 수도 있는데, 그걸 반복하면 점점 회복되지 않고 누적된다는 것이다. 물론 소음의 강도가 더 세거나 소음을 지속적으로 들었을 경우 영구적인 난청이 될 수도 있다. 병무청에 적발된 사람들은 귀에 에어혼을 울리는 행위를 반복했다. 그로 인한 난청이 일시적일지 아니면 영구적일지 여부를 청력검사 때 구별할 수 있는 방법은 없다는 게 조성일 교수의 설명이었다.

브로커를 포함해 병역 면탈에 성공한 여섯 명은 이비인후과 전문의한테 물어보고 했을까? 당연히 아닐 것이다. "내가 해봤는데, 몇 시간 지나니까 다시 들려"라는 브로커 개인의 경험담만 믿었을 것이다. 특수한 개인의 경험담이 병무청 관계자의 발언을 통해 마치 일반적인 사실인 것처럼 기사화된 것이다. 고의적으로 청력을 마비시켰을 경우, 그 청력은 5시간은커녕 영원히 돌아오지 않을 수 있다는 게 전문가에게 확인한 팩트다. 브로커는 아직 젊어서 청력이 돌아왔을 수 있지만 나이가 들면 노화성 난청이 더 빨리 올 수도 있다. 군대 안 가겠다고 귀에 에어혼을 불어대는 건 평생 청각장애를 얻을 수 있는 대단히 무모한 짓이다. 전문가의 자문을 담아 팩트체크 보도했다.

'5시간' 팩트체크와 별도로 취재 과정에서 이 사건에 대한 궁금증을 좀 더 풀어야 했다. 병역 면탈자들은 대체 귀가 얼마나 안 들리게 만들었을까? '병역법'에 보면 심신장애 때문에 병역을 감당할 수 없는 사람은 병역을 면제받거나 전시근로역에 편입된다. 사건 당시 이 조항은 '장애인복지법'에 따라 장애등급을 받고 장애인으로 등록된 사람 등에게 적용됐는데, 장애등급 기준은 다음 표와 같았다(현재 장애등급제는 폐지되었다).

청각장애 등급 기준

장애등급	장애 정도
2급	두 귀의 청력 손실이 각각 90데시벨(dB) 이상인 사람
3급	두 귀의 청력 손실이 각각 80데시벨(dB) 이상인 사람
4급1호	두 귀의 청력 손실이 각각 70데시벨(dB) 이상인 사람
4급2호	두 귀에 들리는 보통 말소리의 최대의 명료도가 50% 이하인 사람
5급	두 귀의 청력 손실이 각각 60데시벨(dB) 이상인 사람
6급	한 귀의 청력 손실이 각각 80데시벨(dB) 이상, 다른 귀의 청력 손실이 40데시벨(dB) 이상인 사람

자료: 보건복지부 고시, '장애등급판정기준'(현재는 장애 정도를 6단계가 아닌 2단계로 분류함).

고의적으로 귀를 망가트려 청각장애 등급을 받을 경우 보통 5급이나 6급이 된다. 6급은 한쪽 귀가 80데시벨 미만의 소리를 못 듣는 것인데, 이것은 귀가 거의 기능을 하지 못한다는 것을 의미한다. 5급은 두 귀가 60데시벨 미만의 소리를 듣지 못한다. 사람이 일대일로 대화할 때 보통 50데시벨 정도이기 때문에 일반적인 대화가 안 들릴 정도가 되어야 현역 복무를 피하게 된다. 즉, 장애등급을 받을 정도로 귀에 에어혼을 불어댔다는 건 정말 심한 소음을 오랫동안 들려줬다는 얘기다. 군대에 안 가기 위해 옆 사람 말이 안 들릴 정도로 나름대로 정말 열심히 노력한 셈이다. 한 전문가는 한 귀를 80데시벨에 맞추는 것보다 두 귀를 60데시벨에 맞추는 게 상대적으로 쉬웠을 것이라고 말하기도 했다.

취재 과정에서 가장 궁금했던 것은 청력검사를 할 때 무조건 "안 들려요" 하면 아무나 장애등급을 받을 수 있는 것 아닐까 하는 점이다. 들리고 안 들리고는 본인만 아는 사실이라고 생각했다. 전문가 답변은 명쾌했다. 조용한 부스에 들어가 헤드폰을 착용하고 작은 소리가 들릴 때 버튼을 누르는 식의 일반적인 청력검사는 3번 실시한다고 했다. 검사 사이에 3~7일의 간격을 둔다. 3번의 검사 결과가 오차 범위를 벗어

나지 않아야 된다. 이건 버튼 누르는 타이밍만 잘 기억하면 사실 귀에 에어혼까지 불지 않아도 마치 잘 안 들리는 것처럼 의사를 속일 가능성이 있다. 하지만 이 방법으로 안 들리는 척 연기에 성공하더라도 빠져나갈 수 없는 또 하나의 검사가 있다.

의사는 '청성뇌간반응검사'를 소개했다. 일반인들 가운데 이 검사를 해본 사람은 많지 않을 것이다. 이비인후과에 이 검사를 할 수 있는 장비를 갖춘 곳도 많지 않다. 이건 귀에 소리를 들려주고 뇌파를 측정하는 검사다. 앞서 버튼을 누르는 방식은 '주관적 검사', 이 뇌파 측정은 '객관적 검사'라고 불렀다. 아무리 "안 들려요" 연기력을 뽐내도 뇌파가 생기면 금세 거짓말이 드러난다. 개인의 의지가 반영되지 않는다. 주관적 검사 3번, 객관적 검사 1번, 총 4번의 검사 결과가 일치해야 의사의 진단이 나온다. 그러니까 병역 면제의 헛된 희망을 안고 굳이 버튼 누르는 타이밍을 연습할 필요가 없다.

팩트체크 그 후   병무청은 이 사건을 계기로 최근 7년간 청각장애로 병역 면제를 받은 1500여 명을 전수 조사하겠다고 밝혔다. 아직 추가 적발 소식은 들려오지 않았다. 이번에 적발된 사람들은 재판에 넘겨졌다. '병역법' 제86조는 병역 의무를 기피할 목적으로 "신체를 손상하거나 속임수를 쓴 사람은 1년 이상 5년 이하 징역"에 처하도록 되어 있다. 대구지방법원은 2019년 1심에서 브로커에 대해서는 징역 3년, 병역을 면제받은 피고인들에 대해서는 징역 1년 6월에 집행유예 3년을 선고했다. 브로커를 제외한 사람들은 1심 판결에 항소하지 않아 형이 확정되었다.

브로커에 대한 2심 재판에서는 약간의 반전이 일어났다. 일부 무죄가 선고된 것이다. '병역법'에는 병역 기피를 위해 '신체를 손상하거나 속임수를 쓴 사람'을 처벌하도록 되어 있는데 브로커가 방법을 알려준 피고 가운데 한 명은 아무리 가르쳐준 대로 해도 귀가 아프기만 하고 청력 마비까지 이르지 않았던 것이다. '신체를 손상한 사람'이 처벌 대상인데 신체가 손상되는 결과가 없었다는 이유로 그 부분에만 무죄가 선고된 것이다.

법은 '속임수를 쓴 사람'도 처벌하도록 되어 있는데 왜 무죄가 나왔을까? 그 속임수도 신체 손상처럼 '병무행정의 적정성을 침해할 정도로 직접적인 위험 단계에 이르러야 처벌한다'는 취지의 대법원 판례가 있었다. 일부 언론은 "군대 안 가려고 '경음기로 청각장애 유발' 시도했으나 무죄"라고 보도했지만 오해의 소지가 있는 제목이다. 마치 병역 회피에 성공한 행위에 대해서도 무죄가 선고된 것처럼 읽힐 수 있다. 병역 회피에 성공한 사례에 대해서는 징역 1년 6월 유죄가 선고되었다.

같은 소음을 들어도 누구는 청력이 마비되고, 누구는 귀만 아프다. 소음에 대한 감수성은 사람마다 다르다는 전문가 의견이 병역 면제 브로커를 통해 엉뚱한 식으로 또 한번 입증되었다.

일본산 화장품에서 방사능 검출,
주범은 마스카라?

"일본산 수입 마스카라에서 방사능이 나왔다." 2019년 국회 국정
감사에서 나온 보도자료 제목이다. 남성이라면 '일본 제품이 또, 쯧쯧'
하고 넘어가겠지만, 여성들은 당장 무슨 제품인지 궁금해 할 것이다.
특히 이건 눈썹에 직접 바르는 제품이다. 방사성 물질이 눈썹에 묻을
수도 있으니 더 위험하다고 생각할 수 있다.

보도자료에는 검출된 방사성 물질의 이름이 토륨이라고 나와 있
었다. 라돈침대 사건 때 나왔던 물질의 이름이다. 토륨에서는 알파선
과 감마선이 나온다. 이 가운데 감마선은 온 사방으로 널리 퍼질 수 있
는데, 눈썹에 바른 마스카라에서 감마선이 나온다면 그건 눈썹에서 시
작해 우리 몸을 뚫고 지나갈 수 있다. 마스카라에서 나온 감마선이 어
디로 갈지는 아무도 모른다. 우리 몸의 세포에 흡수되는 감마선 에너지
의 총량이 단기간에 일정 수준 이상을 넘어갈 경우 감마선은 몸에 유해
한 영향을 미치게 된다.

무엇을 팩트체크 할 것인가

화장품에서 방사성 물질이 나왔다고 하니, 이건 당연히 팩트체크할 거리가 된다. 마스카라를 사용하는 여성도 많고, 실제로 눈썹에 바를 때 어느 정도의 방사선이 나오는지도 문제가 된다. 보도자료에는 방사선량률이 '0.74μSv/h'라고 나와 있는데 이 정도면 꽤 높은 수치다. 1시간에 0.74μSv(마이크로시버트)의 에너지가 나왔다는 뜻이다. 서울에서 보통 공기 중의 방사선량률을 재면 0.11~0.12μSv/h 정도가 나온다. 이것을 '공간감마선량률'이라고 한다. 공기 중에서 감마선이 시간당 그 정도 측정된다는 뜻이다. 마스카라에서 0.74가 나왔다는 것은 서울 공간선량률의 6배가량이라는 것이다. 이런 물질을 눈썹에 바르면 사람의 눈뿐만 아니라 인체 모든 부분이 감마선에 직접적으로 노출될 수 있다. 감마선의 양이 많으면 눈에 질병을 일으킬 수 있다.

마스카라에서 방사선이 나온 것이 사실일까? 또 얼마나 나와야 위험하다고 볼 수 있을까? 방사선 문제는 아주 정밀하게 팩트체크 해야 한다. 전문가의 도움이 필요했다.

어떻게 팩트체크 할 것인가

사실 처음 취재할 때는 마스카라를 눈썹에 발랐을 때 사람에게 미치는 방사선 에너지의 양이 얼마인지에 집중했다. 보도자료에 나와 있는 '0.74μSv/h'라는 수치는 꽤 높은 것이어서 실제로 그 정도의 방사선량률이 나오는 화장품을 눈썹에 바른다는 건 있어서는 안 될 일이었다. 관련 보도를 잘 보면, 일본산 수입 마스카라 '3.3톤'에서 방사능이 검출되었다고 되어 있다. 마스카라 3.3톤이면 대단히 많은 양이다. 마스카라를 한꺼번에 쌓아놓고 쟀을 때 '0.74μSv/h'가 나왔다는 뜻으로 읽혔다. 방사선을 내는 물질은 양이 점점 많아질수록 측정기에 찍히는 수치도 당연히 올라간다. 만약 그 3.3톤 더미에서 마스카라를 하나만 집어들고 따로 측정하거나 눈썹에 바르는 정도의 양을 추출해 별도로 측정했다면 얼마가 나왔을까? 소비자에게는 그게 핵심적인 정보인데 보도를 통해서는 그 사실을 알 수 없었다.

일본산 화장품의 방사능을 측정한 건 관세청 직원이었다. 그래서 이 수치를 어떻게 측정한 것인지 관세청 직원부터 취재했다. 우선 관세청 담당자는 화장품 3.3톤을 쌓아둔 상태에서 측정한 게 맞다고 확인했다. 마스카라 하나에서 나오는 방사선량률을 알아낼 방법은 없었다. 화장품은 이미 일본으로 반송된 상태였다. 사실 마스카라 하나에서 나오는 방사선량률이 몇 μSv/h인지 알아야 그걸 근거로 마스카라를 발랐을 때 우리 몸에 어느 정도의 방사선 에너지가 흡수되는지 추정할 수 있다. 물론 단순히 '방사선이 나왔다'는 것만으로도 기사를 쓸 수 있지만 팩트체크 하려면 방사선이 얼마나 나왔는지 대략적으로라도 알아야 했다. 사람들은 잘 모르지만 사실 우리 몸에서도 방사선이 나온다. 우리 몸에서는 평균적으로 몸무게 1kg당 1초에 55개의 방사선이 나온다. 그중에는 감마선도 있다. 사람 옆에서 자기만 해도 밤새 감마선에 피폭되는 것이다.

관세청을 취재하다 보니 이상한 점이 하나 발견되었다. 당시 수입된 일본산 화장품에는 마스카라만 있는 게 아니었다. 여러 제품이 있었다. 나중에 식품의약품안전처가 조사했더니 화장품은 총 11종으로 확인되었다. 마스카라는 그 가운데 하나였다. 결국 3.3톤이라는 건 마스카라만의 무게가 아니라 화장품 11종 전체의 무게였다. 그런데 국정감사 당시 관세청이 마스카라 이름만 들어간 자료를 국회의원실에 제출하면서 보도자료도 '마스카라에서 방사능 검출'이라는 제목으로 배포된 것이다.

관세청 담당자는 수입업체가 제출한 대표품목 이름이 마스카라로 되어 있어서 자료가 그렇게 나갔다고 해명했다. '마스카라 방사능'이라는 보도자료는 그렇게 나온 것이었다. 처음에는 방사선량률을 따져보려다가 이제 '방사선이 과연 마스카라에서 나온 게 맞는 걸까?' 팩트체크의 방향이 달라지기 시작했다. 관세청은 방사능을 측정하는 전문 기관이 아니기 때문이다.

방사선 측정 방법 가운데 가장 흔한 것은 휴대용 측정기로 대보는 것이다. 관세청 직원도 이렇게 했다. 언론사 기자들이 일본 후쿠시마에 취재 갈 때도 이런 휴대용 측정기를 가져간다. 흙 주변에도 대보고, 음식에도 대보고, 어디든 측정할 수 있다. 측정값을 바로 알 수 있어서 편리하다. 다만 그 측정값을 만든 방사선이 대체 어디서 온 것인지를 실시간으로 확인하기란 쉽지 않다. 측정기에 찍힌 숫자는 우주에서 날아온 방사선 때문일 수도 있고, 세슘이 포함된 흙에서 날아온 방사선 때문일 수도 있다. 감마선의 출처를 정확히 알아내려면 측정 시료를 만들어 실험실에서 반도체 검출기로 측정해 봐야 한다. 결과가 나오려면 1주일 정도 걸린다. 가령 흙 시료를 측정했더니 세슘이 나온다면 방사선은 정확히 흙 때문이라는 사실을 알 수 있다.

11가지의 화장품은 측정 당시 어떤 상태로 쌓여 있었을까? 휴대용 측정기로 쟀다고 하니 '당시 어떻게 쌓여 있었는지'와 같은 하찮은 사실이 중요해졌다. 관세청 직원은 "화물이 한 박스씩 있었던 게 아니라 '팔

레트'라고 해서 물건이 뭉쳐져 있었다. 여러 화장품이 뭉쳐져 있는 곳에다 측정기를 딱 얹어놓고 측정했는데 경보음이 울린 거다. 무엇인지 한번 보자 해서 한 박스를 뜯어보니까 마스카라였다"라고 설명했다. 화장품 11종이 섞인 더미에 측정기를 대봤더니 경보음이 울렸고 한 박스를 뜯어보니 마스카라였다는 것이다. 다른 근거는 없었다.

관세청 직원 입장에서는 '당연히 마스카라에서 방사선이 나온 거겠지'라고 생각할 수 있다. 하지만 그렇지 않다. 감마선은 투과력이 매우 강하다. 우리 몸뿐만 아니라 얇은 철판 정도는 그냥 뚫고 지나간다. 화장품이 잔뜩 쌓여 있었다면 화장품 더미 맨 뒤쪽에 있던 다른 화장품에서 나온 감마선일 수도 있다. 화장품 포장지에서 나왔을 수도 있고 마스카라와 다른 화장품에서 동시에 나온 감마선일 수도 있다.

휴대용 측정기로는 감마선의 출처를 알아내는 것이 불가능할까? 그렇지는 않다. 방사선의 출처를 실시간으로 알아낼 수 없을 뿐 추정하는 것은 가능하다. 마스카라가 의심스럽다면 그 제품만 따로 꺼내 화장품 더미로부터 10미터만 떨어져서 재는 것으로도 충분하다. 다른 10종의 화장품에서 멀리 떨어져서 다시 재보는 것이다. 감마선은 거리가 멀어지면 급격하게 줄어든다. 화장품으로부터 1미터 거리에서 쟀다가 10미터 거리에서 다시 재면 측정치는 거리의 제곱에 반비례해서 100분의 1로 떨어진다. 마스카라만 꺼내 10미터 떨어져서 쟀는데도 경보음이 계속 울린다면 그건 마스카라가 범인일 가능성이 매우 높다. 그 다음엔 마스카라 제품의 포장지에서 울리는지, 뚜껑에서 울리는지, 다른 부분에서 울리는지, 제품을 분해하면서 같은 식으로 측정해 보면 감마선이 발생한 곳의 정체를 확인할 수 있다.

현장에서 측정기에 경보음이 울리면 방사능에 대해 잘 모르는 사람은 깜짝 놀라 가슴이 두근두근하겠지만, 사실 시간당 $0.74\mu Sv$로 수치가 높더라도 단시간만 노출되었을 경우에는 건강에 별다른 영향을 주지 않는다. 이 경우 1시간이면 $0.74\mu Sv$, 2시간이면 $1.48\mu Sv$의 방사선량에 노출되는 것인데, 일반인의 연간 선량한도는 $1000\mu Sv(1mSv)$다.

하지만 관세청 직원은 이렇게 측정하지 않았다. 그가 잘못한 것은 아니다. 그 직원은 관련 규정에 따라 식품의약품안전처와 원자력안전위원회 등에 통보했을 뿐이다. 식품의약품안전처는 해당 수입업체에 대해 방사능 검사를 지시한 결과 "방사능이 검출되지 않았다"라는 회신을 받았다고 했다. 업체의 셀프 검사에서 방사능이 나오지 않은 것은 해당 업체가 정확하지 않은 측정기를 사용했거나 수치가 안 나오는 곳에만 선별적으로 측정기를 대봤기 때문일 수 있었다. 마스카라를 잔뜩 쌓아놓았을 때 0.74가 나왔으니 업체가 마스카라를 하나만 꺼내서 쟀을 경우에는 측정기가 유의미하게 움직이지 않았을 가능성이 있다. 결국 방사선이 어디서 나온 것인지 확인이 안 된 상태에서 화장품은 전량 반송되었다.

〈8뉴스〉 팩트체크에서는 방사선이 마스카라에서 나온 것인지 확실치 않으며, 다음에 또 측정기 경보음이 울릴 경우 방사선이 어디서 나온 것인지 정확히 확인하는 매뉴얼이 필요하다는 취지로 보도할 수밖에 없었다.

팩트체크 그 후   팩트체크 이후 식품의약품안전처가 시중에 유통 중인 해당 브랜드의 마스카라를 대량 회수해 검사한 사실을 알게 되었다. 2020년 초 식약처 발표가 나왔는데, 일본 후로후시 브랜드의 마스카라 일

곱 종류와 아이라이너 세 종류에서 방사능이 나온 것으로 확인되었다. 마스카라가 범인이라는 근거가 확실치 않다고 보도했는데, 마스카라와 아이라이너 둘의 공범으로 밝혀진 것이다.

두 화장품에서는 방사성 물질인 토륨과 우라늄이 검출되었다. 국정감사 보도자료에 나온 수치와 비교해 보면, 어떻게 측정하느냐에 따라 방사선량률이 얼마나 크게 달라지는지 알 수 있다.

- 관세청 측정
  - $0.74\mu Sv/h$ = 6482.4μSv/1년 = 6.48mSv/1년 (1년 = 8760시간)
- 식약처 측정
  - 마스카라 7종은 0.00000000696mSv/1년
  - 아이라이너 3종은 0.00000936mSv/1년

관세청의 측정값은 단위가 $\mu Sv/h$(1시간당 마이크로시버트)였는데, 식약처 측정값과 비교하기 위해 'mSv/1년'으로 환산했다. 물론 관세청이 측정한 제품은 일본으로 모두 반송되었고 식약처는 국내 유통품을 측정한 것이지만, 그래도 두 측정치의 차이가 너무 크다. 한 기관이 측정을 잘못한 것이 아니다. 관세청은 마스카라와 아이라이너를 잔뜩 쌓아놓고 측정한 반면 식약처는 소량의 시료를 만들어 정밀 분석했기 때문이다. 방사선 제품을 많이 쌓아놓을수록 방사선량이 많아지는 것은 당연한 논리다.

일반인의 연간 선량한도는 1mSv이므로 후로후시 제품을 지금까지 써온 사람이라 하더라도 건강에 큰 걱정은 하지 않아도 된다. 과거 라돈 침대에서는 연간 1mSv가 넘는 방사선이 나오기도 했다. 미량이라고 해도 현행법상 화장품에는 방사성 물질을 넣으면 안 되기 때문에 해당 제품은 판매가 중단되었고 회수 조치되었다.

식약처는 앞으로 관세청과 함께 수입 화장품 통관 단계에서 모니터링을 강화하겠다고 밝혔다. 마스카라처럼 여러 제품이 뒤섞여 수입될 경우에는 어느 제품에서 방사선이 나오는지, 현장에서 출처를 빠르게 찾아낼 수 있도록 직원들에게 기본적인 방사선 교육을 실시하는 것도 필요해 보인다. 정부가 현재 보유한 측정기로도 방사선이 어디서 나왔는지 알아내는 건 어렵지 않다. 그 출처를 바로 확인해야 정부가 문제가 된 제품에 대해 판매중지를 하든, 회수를 하든, 신속한 조치를 취할 수 있다.

식약처는 또 수입업체에 방사능 검사 의무도 강화할 계획이라고 밝혔는데, 사실 수입업체 스스로 검사하는 '셀프 검사'인 이상 100% 신뢰를 담보할 수는 없다. 휴대용 측정기는 제품에서 몇 발자국만 떨어져도 값이 뚝 떨어지기 때문에, 수입업체가 원하는 대로 측정값을 만들어내기가 너무 쉽다.

이런 방사능 현안을 취재기자 혼자 팩트체크 한다는 것은 불가능하다. 시민단체를 취재하는 것도 도움이 되겠지만 팩트체크라면 방사능을 전공한 과학자의 자문을 받는 것이 무엇보다 중요하다. 취재진은 한국원자력안전기술원 조건우 박사로부터 여러 차례에 걸쳐 자문을 받았다. 방사능 관련 보도는 팩트체크 할 것들이 너무 많아서 조 박사와 함께 대담한 내용을 한 권의 책으로 내기도 했다.

SBS '사실은' 팀은 일본 방사능을 둘러싼 다양한 현안을 철저히 과학적 근거에 바탕해 팩트체크 한 점을 인정받아 2020년 제3회 한국팩트체크대상에서 다시 한 번 대상을 수상했다.

150조 보물선?
금괴의 역사적 근거는 사실인가

역사는 반복된다. 때로는 짧은 주기로 반복된다. 2003년 '보물선' 돈스코이호 이야기가 세상을 떠들썩하게 한 적이 있었다. 동해 깊은 곳에서 보물선일 수 있는 선박이 발견되어 관심이 쏠렸던 것이다. 선박을 발견한 업체의 주가는 연속 상한가를 쳤다. 하지만 보물은 확인되지 않았다.

15년이 지난 2018년, 다시 보물선 기사가 쏟아졌다. 보물선을 처음 발견했다고 주장하는 업체가 갑자기 나타난 것이다. 'A뉴스'라는 한 매체는 "150조 울릉도 보물선 돈스코이호 인양을 위한 첫 항해가 본격적으로 시작되었다"라고 기사를 썼다. 문장에 장엄함이 느껴졌다. 보물을 본 사람은 아무도 없는데 '보물선'이라고 단정해 보도한 것이다. 보물선을 발견했다는 업체는 그 기사를 홈페이지에 끌어와 홍보했다. 이렇게 사기의 냄새가 나는 사건은 팩트체크 담당 기자에게 좋은 아이템이 된다. 아이템 걱정할 일이 없다.

사기의 냄새가 나더라도 사람들이 아무 관심이 없다면 굳이 언론이 나서서 검증할 필요는 없다. 그런데 이 사안은 '보물선 발견' 주장이 여러 언론의 보도로 이어지고 보도가 다시 '보물선 발견'을 주장하는 업체의 논리를 뒷받침해 주면서 결국 투자자가 몰리는 악순환이 이루어지고 있었다.

"내가 보물선을 찾았어!" 누군가 갑자기 이렇게 주장하고 나서면 언론은 그 사람이 아무리 의심스러워도 "저건 사기야!"라고 단정해서 쓰기 어렵다. 그들은 곧 보물을 찾을 수 있다고 주장하는데 갑자기 이 사안을 취재하게 된 기자는 거기에 보물이 없다는 것을 증명할 수 없기 때문이다. '보물이 없는 것'을 어떻게 입증하겠는가? 심해의 선박에 실린 모든 상자를 열어보기 전까지는 불가능한데 선박은 수심 수백 미터 아래 가라앉아 있다. 업체는 바로 그 점을 노린 것이다.

언론이 '이것은 사기'라고 단언하지 못하는 상황에서 '그것이 진실일 수도 있지 않을까?'라고 일부 사람들은 희망을 가질 만했다. 희망은 투자 심리로 이어졌을 것이다. 한 투자자에게 전화를 걸어 물었다. 70대였다. 그는 "이거 노년에 해볼 만한 일"이라고 했다. 왜냐고 물어보니 "금괴 가치의 10%인 15조 원을 국민에게 기부하는 식으로 회원을 모집해서 국가에 기여한다고 하니까 착하다. 나도 솔선수범해야 한다"라고 말했다. 업체는 금괴 가치가 150조 원이라고 선전하고 있었다. 투자자는 전화를 걸어온 취재진에게 "이걸 선의로 보도해서 국가적 이익이 되게 해달라"라고 당부했다. 기왕 투자한 거 사기가 아니어야 하니까 언론도 금괴가 있다는 식으로 보도해 주길 바라는 눈치였다.

무엇을 팩트체크 할 것인가

선박에 실린 상자를 열어볼 수는 없다. 망망대해에서 선박 위치를 찾기도 힘들다. 다만 업체가 주장하는 보물의 근거가 사실인지는 따져볼 수 있었다.

신일그룹이라는 업체는 그럴듯하게 역사적 문헌을 근거로 들었다. 본인들 입으로 '분명 금괴가 있다'라고 말을 하지는 않지만 금괴가 언급된 기록이 있다는 식이다. 업체는 홈페이지에 "금괴와 금화 5500상자 200톤, 현 시세로 150조 원, 보물의 존재 역사적 사실과 기록들"이라는 제목의 글을 올려 홍보하고 있었다. 내용은 러일전쟁 당시 러시아 해군 제독인 크로체스 도엔스키 중장이 금괴에 대한 기록을 남겼다는 것이다. 크로체스 도엔스키 중장이 쓴 '쓰시마해전 전쟁 참전 기록'을 보면 돈스코이호에 금괴와 금화, 보물이 실려 있다는 기록이 남아 있다는 게 업체 주장이었다. 금괴는 원래 다른 배에 있었지만 침몰할 운명에 처하자 돈스코이호에 옮겨 실었다는 얘기다. 이 역사적 문헌은 과연 사실일까?

어떻게 팩트체크 할 것인가

크로체스 도엔스키라는 군인과 '쓰시마해전 전쟁 참전 기록'이라는 문헌이 존재했다는 것이 과연 사실인지를 알고 있는 전문가가 국내에 있을까 싶었다. 수소문 끝에 동북아역사재단 김영수 박사를 접촉할 수 있었다. 모스크바 국립대에서 역사학 박사 학위를 받은 전문가였다. 그는 러일전쟁의 경우 참전자 명단을 확인할 수 있다고 했다. 참전

팩트체크의 청석

자 명단에 크로체스 도엔스키라는 군인이 있는지 확인을 부탁했다. 한참 뒤 연락이 왔다. 러일전쟁 때는 그런 이름의 사람이 참전한 사실 자체가 없다고 했다. 같은 이름의 군인이 러시아에 있었는지는 확인할 수 없었다.

다음으로 '쓰시마해전 전쟁 참전 기록'이라는 문헌이 있는지도 확인을 요청했다. 예상대로 문헌 자체가 없다는 답변이 왔다. 의미가 겹치는 해전과 전쟁을 제목에 동시에 쓴 것을 보면 '해전 전쟁 기록'이라는 문헌 제목을 지어낸 사람은 해전이 바다에서 벌어진 전쟁이라는 사실조차 몰랐던 것 같다. 다른 러시아 전문가도 취재진에게 그런 이름의 문헌 자체가 없다고 답변해 왔다.

신일그룹에 혹시 문헌 기록이나 문헌을 찍은 사진이 있느냐고 반론을 요청했다. 없다고 했다. 허구의 인물이 허구의 문헌에 금괴 기록을 남겼다는 아무 근거 없는 내용을 홈페이지에 홍보하면서 투자자를 끌어모은 것으로 보였다. 그럴듯한 역사적 고증을 믿었던 것인지 투자자들은 수백에서 수천만 원을 입금했다. 전국에 지사와 지사장, 회원센터, 본부장이 단계별로 생기고 있었다.

이 사안을 팩트체크 보도하려면 배경을 좀 더 취재해야 했다. 우선 업체는 돈스코이호를 최초로 발견했다고 주장했다. 역시 의심스러웠다. 2003년에도 돈스코이호 얘기가 나왔었기 때문이다. 당시 선박을 발견한 사람을 확인해 접촉했다. 그는 돈스코이호를 소재로 논문도 쓴 적이 있었다. 그도 15년 전 자신이 발견한 선박과 이번에 등장한 선박이 같은 것인지 궁금해서 과거 수중 촬영한 영상과 이번 영상을 비교해 봤다고 했다. 그는 "함포 모양을 비교했는데 똑같은 형태다. 코인을 팔기 위해서 지금 대국민 사기극을 치고 있는 것"이라고 말했다. 과거 돈

2003년 촬영된 논스코이호 함포   2018년 촬영된 돈스코이호 함포

스코이호 발견에 참여했던 인물이 지금 신일그룹에 가서 사기에 가담한 것이라고 주장했다. 실제로 사기에 가담했다고 지목된 인물은 나중에 재판에 넘겨져 1, 2심까지 유죄 판결을 받았다.

함포 모양과 함포 아래로 늘어진 줄 모양이 실제로 비슷해 보였다. 하지만 이 비교를 근거로 이번에 발견된 배가 과거의 배와 똑같다고 단정하기는 어려웠다. 취재진이 설령 육안으로 직접 확인했더라도 과거 선박과 동일한 것이라고 쓰기는 부담스럽다. 반증 가능성이 조금이라도 있다면 되도록 조심스럽게 쓸 수밖에 없었다.

팩트로 단정 지을 수 없다면 한 쪽의 주장으로 보도해야 한다. 팩트체크 보도는 성격상 더 그렇다. 기사에서는 두 화면을 보여주고 동일 선박이라고 '주장'한다는 내용을 담았다. 물론 신일그룹은 과거 선박과 전혀 다른 것이라는 주장을 굽히지 않았다. 이것도 보물의 존재처럼 영상만을 근거로는 확실히 입증하기가 쉽지 않다.

다만 보도에 참고할 만한 점이 있었다. 돈스코이호가 존재한 것은 역사적 사실이고, 배가 울릉도 앞바다에서 침몰한 것 또한 역사적 사실이다. 당시 일부 선원은 숨겼고 남은 선원들은 울릉도에 상륙했다. 당시 구조된 선원이 울릉도 주민에게 선물을 남겼는데, 바로 동주전자였

    팩트체크의 정석

다. 울릉도 독도박물관에 동주전자가 있다. 돈스코이호에 금화가 가득했는데 선원이 동주전자를 갖고 탈출해 울릉도 주민에게 선물했다? 금화도 함께 선물했다는 얘기가 있지만 확인된 적은 없었다.

한 전문가는 "당시 돈스코이호에 수백 톤의 금괴가 있었다면 러시아가 지금까지 가만히 있겠습니까? 소유권을 주장하면서 나타났겠지요?"라고 되물었다. 금괴를 실은 적 있다는 문헌은 찾기가 힘들었고, 금괴가 있었다고 보기 어려운 정황은 많았다.

검증할 내용도 수두룩했다. 크로체스 도엔스키 중장은 허구의 인물로 보인다는 팩트체크에 이어 추가 보도를 준비했다. 업체는 군인 이름과 역사적 문헌만 금괴의 근거로 제시한 것이 아니었다. ≪뉴욕타임스≫의 기사도 근거로 들면서, 이 기사 또한 돈스코이호 금괴의 존재를 뒷받침한다고 주장했다. 업체는 1932년 11월 28일 ≪뉴욕타임스≫가 "돈스코이호에 영국 소버린 금화 5000파운드 상자 5500개가 실려 있었다. 무게 200톤으로 당시 5300만 달러의 가치를 가지고 있으며 침몰한 배의 금을 사냥하는 일본"이라고 보도했다고 주장했다. 1932년이면 대한민국이 건국되기도 전이다.

그 옛날 나온 ≪뉴욕타임스≫ 기사 내용이 사실인지 아닌지 투자자 누가 확인하려고 하겠는가? 팩트체크 하는 취재진이나 관심을 가질 만한 내용이다. 1932년 ≪뉴욕타임스≫ 원문을 확인할 수 있었다. 투자자의 바람과 달리 그런 내용이 전혀 아니었다. '돈스코이호'라는 말도 없고 '금화 200톤'이라는 표현 자체도 없었다. 돈스코이호가 발견된 울릉도 앞바다에 대한 기사도 아니었다. 기사는 일본 탐사팀이 대마도(쓰시마섬) 근처에 침몰한 배에서 보물을 탐사하고 있다는 내용을 다루고 있을 뿐이었다. 탐사 지점은 "한국의 부산과 일본의 시모노세키 사이"라고 되어 있었다. 일본이 러일전쟁 때 침몰한 배를 찾아내 보물을 탐사하려고 한다는 기사가 돈스코이호 금괴의 근거로 둔갑한 것이다.

업체는 《뉴욕타임스》가 2000년에도 보물선 얘기를 보도했다고 주장했다. 그건 사실이었다. 그런데 보도 방향이 완전히 달랐다. 당시 기사는 돈스코이호에 실렸다는 금의 양이 전 세계에서 채굴된 모든 금의 10분의 1 수준인데 배의 크기로 볼 때 그걸 다 싣는다는 것은 불가능하다는 내용이었다. 금괴의 근거가 아니라 업체 주장이 사실이 아니라는 걸 뒷받침하는 기사였다. 기사에는 러시아 학자가 보물선 얘기를 비웃었다는 내용도 있었다. 신일그룹은 단순히 금 얘기만 나오면 무슨 내용이든 다 가져다가 금괴의 근거라고 홍보하는 것 같았다. 업체는 심지어 러시아 일간지 《시보드냐지》도 근거라고 주장해서 그것까지 찾아봤지만, 해당 날짜에는 돈스코이호 보도가 아예 없었다. 도대체 사실이라고 할 만한 내용을 찾기가 힘들었다.

'보물선을 찾았다'라고 업체가 기자회견을 해서 사람들의 관심이 폭발한 지 이틀 만에 이렇게 두 건의 팩트체크 보도를 했다.

팩트체크 그 후　팩트체크 보도 뒤 1981년 한 일간지 기사에서 크로체스 도엔스키라는 이름을 찾을 수 있었다. 기사는 "한국판 보물선 인양될까"라는 제목이었다. "최소 24조 원 금괴 있다, 기대 대단, 보물 확인 되면 심해 잠수기술 도입"이라는 소제목 아래 러시아 문헌을 소개하는 대목이 나온다. 크로체스 도엔스키 중장이 돈스코이호에 상당한 금괴가 실려 있다는 기록을 남겼다는 것이다. '쓰시마 해전 전쟁 참전 기록'이라는 문헌 제목은 기사에 나오지 않지만, 신일그룹의 금괴 스토리는 상당 부분 이런 언론 보도를 짜깁기한 결과물 같았다.

일확천금을 노리는 업체의 욕망 앞에 팩트체크 보도는 당장 큰 장애물이 되지는 않는다. SBS를 비롯한 몇몇 언론의 팩트체크에도 불구하고 업체는 이름을 바꿔가며 회원을 계속 모집했다. 이미 투자금을 내서 돈이 묶인 사람들을 상대로 50만 원을 더 내면 새로 시작한 가상화폐 사업을 통해 수십 배의 이익을 돌려주겠다고 투자자를 유혹하기도 했다. 사실 가상화폐도 엉터리였다. 가상화폐는 대개 어떤 보안기술을 쓰는지 온라인에 문서 형태의 백서를 공개하는데, 신일그룹에 직접 물어보니 백서를 온라인이 아니라 뜬금없이 울릉도에서 공개하겠다고 한 적도 있었다. 물론 울릉도에서도 공개하지 않았다.

경찰은 보물선 인양 사업이 사기일 가능성이 높다고 보고 수사에 착수했다. 그들이 보물선 인양 수익을 담보로 발행한다는 가상화폐는 단순한 인터넷 포인트로 확인되었다. 싸이월드 시절 도토리 같은 것이다. 그들이 인양 업체와 맺은 계약에는 '동영상 촬영과 잔해물 수거'만 있을 뿐 선체 인양은 계약 대상도 아닌 걸로 확인되었다. 돈스코이호를 인양할 의지가 처음부터 없었다고 볼 수 있는 대목이다. 딱 보면 사기 같아도 언론이 그것을 사기라고 단정해 보도하기는 어렵다. 또 수사기관이 사기라는 것을 입증해 재판에 넘기려면 만만치 않은 인력과 시간이 필요하다.

신일그룹 관계자 두 명이 사기 혐의로 구속된 것은 '보물선을 찾았다'라는 기자회견을 하고 나서 석 달 뒤였다. 피해자는 2600여 명, 모두 90억 원을 투자한 것으로 확인되었다. 2019년 5월부터 줄줄이 유죄 판결이 나오기 시작했다. 1심에서 신일그룹 부회장은 징역 5년, 다른 사람은 징역 4년이 나왔다. 과거 돈스코이호 탐사에 참여했다가 이번에 신일그룹에 돈스코이호 위치를 알려준 사람도 징역 1년 6개월을 선고받았다. 법원은 과거 돈스코이호와 이번에 찾은 배를 동일 선박으로 판단한 것이다. 2심에서도 이들에 대한 유죄 판결은 유지되었다.

팩트체크라는 저널리즘의 틀이 없었다면 이들 주장이 사실과 다르다는 점을 조목조목 지적하기 어려웠을지 모른다. 언론 환경은 돈스코이호가 처음 발견된 2003년과 많이 바뀌었다. 누군가가 또 다시 '돈스코이호 장사'에 나선다면 아이템 발굴에 목이 마른 팩트체크 담당 기자들로부터 큰 관심을 받을 것이다.

우리집에 붉은 녹물이 나오면
'연수기' 사야 할까?

　2019년 여름, 인천 서구 주민들은 물도 마음 놓고 마실 수 없었다. 아이들 있는 집은 특히 더 그랬다. 수도꼭지에서 한눈에 봐도 불그스레한 물이 나왔기 때문이다. 물을 잔뜩 받아놓고 보면 색깔은 눈에 더 잘 띄었다. SBS는 제보를 받고 이 사안을 보도했다. 아기를 키우는 가정집에 취재진이 가서 물을 틀어보면 5분 만에 수도꼭지 필터가 붉게 변했다. 불안한 마음에 주방이나 화장실 수도꼭지에 필터를 끼워놓은 집이 많았다. 한 엄마는 이런 물로 이유식을 만들어 아기한테 먹였다며 카메라 앞에서 자책했다. 붉은 수돗물이 계속 나오자 학교 급식이 중단되었다. 아이들은 학교에서 빵과 떡을 먹었다. 수돗물 때문에 피부질환이 생겼다는 민원도 급증했다. 주민들은 집회에서 "수질 적합 좋아하네! 도대체가 며칠째냐!" 구호를 외쳤다. 사태는 가라앉을 기미가 안 보였다.

무엇을 팩트체크 할 것인가

물 들어올 때 노 젓는 것인지, 붉은 수돗물 사태가 터지니까 갑자기 '연수기'라는 것을 추천하는 글이 온라인에 퍼지기 시작했다. 아기 있는 집에서는 연수기 쓰는 경우가 꽤 있다고 했다. 한 블로거는 붉은 수돗물 사태를 보도한 뉴스 영상을 캡처한 뒤 짜깁기해서 특정 브랜드의 연수기를 사라고 권유하는 글을 올리기도 했다. 그 블로거는 두 개의 사진을 올려놓고 "이 정도로 붉은 물이 나왔던 것이 A연수기를 거치면 이렇게 깨끗합니다"라고 주장했다. 두 사진을 비교해 보면 수도꼭지 모양부터 달라서 뭔가 이상했다.

주민들이 실제로 연수기에 관심을 갖고 있을까? 관심도 없는데 그걸 검증할 수는 없다. 팩트체크는 집요하게 사람들의 관심 소재에 집중해야 한다. 연수기를 언급한 온라인 글을 살펴봤다. 연수기 대여료가 궁금하다는 문의가 줄줄이 올라오고 있었다. 인천에 사는데 지인이 추천해서 불안감에 구매했다는 글도 있었고, 아기 씻길 때 쓰려고 구입했다는 후기도 있었다. 다룰 만한 소재라고 생각했다. 특히 다른 지역에서 이런 사태가 또 터지면 그때도 연수기를 문의하는 사람들이 생길 수 있었다.

연수기가 수돗물에서 붉은 색깔을 제거해 주는 것은 사실일까? 연수기를 꼭 사야 하는 것일까? 이런 궁금증을 소비자 입장에서 정확하게 전해주는 기사가 없었다.

어떻게 팩트체크 할 것인가

블로그 글에서는 장사꾼의 냄새가 났지만 대개 그렇듯이 팩트체

한 블로거가 자신의 블로그에 올린 연수기 사용 전(왼쪽)과 사용 후(오른쪽) 사진.

크를 하자니 간단치가 않았다. 이 사안은 물 전문가를 취재하는 것이 필수적이었다. 우선 수돗물을 붉게 만드는 물질은 정확히 무엇일까? 그 물질은 물에 녹아 있을까, 아니면 입자 상태로 존재하고 있을까? 만일 입자 상태로 존재한다면 크기는 어느 정도일까? 연수기에는 필터가 있을까? 연수기에 필터가 있다면 어느 정도 크기의 입자를 걸러줄까? 온라인에서는 신뢰할 만한 정보를 찾을 수 없었다. 이걸 전문가를 통해 하나씩 취재해야 했다. 그래야 블로그 글이 사실에 부합하는지 아니면 과장된 광고일 뿐인지 판단할 수 있었다.

먼저 붉은 수돗물은 왜 붉게 보일까? 대학 화학과에서 고분자를 전공한 교수에게 자문을 구했다. 다른 대학의 화학과 교수, 또 수돗물 전문가인 사회환경공학부 교수와 건설환경공학과 교수까지 전문가 네 명으로부터 의견을 들었다. 물을 붉게 만드는 물질은 하나같이 '철(Fe)'이라고 했다. 철이 공기에 노출되어 산화철이 되고 그게 입자 형태로 수돗물에 섞이면 물이 붉게 보인다는 설명이었다. 또 철이 물에 완전히 녹은 이온 형태로 존재하더라도 그 양이 많으면 물이 불그스름하게 보일 수 있다는 의견도 있었다. 철을 원인으로 지목한 것은 마찬가지였다.

철의 크기는 어느 정도일까? 이온 형태의 철은 크기를 논하는 게 의미 없다고 했다. 나노미터 수준으로 대단히 작기 때문에 어떤 필터를 쓰더라도 걸러내기가 쉽지 않다는 것이었다. 또 철의 입자 크기는 하나로 단정 지을 수 없다고도 했다. 입자 크기는 균일하지 않지만 샤워기 필터가 금세 변색되는 것으로 대략 어느 정도 크기 이상일지 추정할 수는 있었다. 그렇다면 연수기가 과연 철 입자를 걸러줄 수 있을까?

연수기 제조업체를 취재할 차례다. 업체 두 곳에 문의했다. 두 곳 모두 연수기에 필터가 달려 있는 건 맞다고 설명했다. '전처리 필터'라고 불렀다. 연수기에 이물질이 들어가면 제품에 이상이 생길 수 있기 때문에 그걸 걸러주는 필터라고 했다. 한 업체는 취재진에게 필터의 성능이 그렇게 좋은 편은 아니라고 설명했다. 정수기와 비교하면 연수기 필터의 구멍이 더 크다는 것이다. 필터 구멍이 작으면 물이 시원하게 나오지 못하고 졸졸 나오는데, 그러면 주방이나 화장실에서 불편해지기 때문이라고 했다. 그렇다면 어느 정도 크기까지 걸러준다는 것일까? 업체는 30μm(마이크로미터)보다 큰 입자는 걸러낼 수 있다고 했다. 철 이온은 연수기 필터를 그대로 통과하겠지만 상대적으로 큰 철 입자는 거를 수 있다는 뜻이다.

연수기 필터에 대해서는 앞서 취재한 전문가도 같은 판단이었다. 다만 단서를 달았다. 연수기 필터는 전처리 필터일 뿐, 그 필터로 "물의 붉은 색깔을 제거할 수 있다"라고 말하면 안 된다는 것이다. 연수기는 본래 물의 화학적인 성분을 바꿔주는 제품이다. 제품의 취지가 다른데 마치 정수기인 것처럼 홍보하면 잘못이라는 얘기다. 다른 전문가도 같은 설명을 했다. 연수기가 수돗물에서 상대적으로 큰 철 입자를 제거해줄 수 있겠지만 그것이 연수기의 본래 기능은 아니라는 것이다. 연수기

업체도 물론 부인하지 않았다. 업체는 "붉은 수돗물이 연수기를 통과하면 깨끗해진다고 말해서는 안 된다. 연수 기능이 떨어질 수 있다고 해야 한다"라고 설명했다.

연수기가 수돗물의 붉은 빛을 어느 정도 없애줄 수 있는 것은 사실이었다. 연수기 필터는 $30\mu m$ 이상의 철 입자는 걸러준다. 온라인에서 판매하는 샤워기 필터의 성능도 확인했다. 3만 원짜리 필터가 $5\mu m$ 이상의 입자를 걸러준다고 홍보하고 있었다. 양쪽 필터의 성능을 테스트해 볼 수는 없었다. 분명한 것은 '철' 입자를 걸러내려는 목적으로 수십만 원짜리 연수기를 사는 건 돈 낭비라는 점이었다.

'철'은 현행법상 먹는 물 기준에 '유해물질'이 아니라 '심미적 영향 물질'로 분류되어 있다. 1리터당 0.3mg 이하로 유지하면 된다. '심미적 영향 물질'은 기준치를 넘는다고 해서 곧바로 유해한 것이 아니라 물맛에 영향을 미치는 물질을 말한다. 결국 붉은 수돗물이 나온다고 해서 당장 연수기를 사는 것보다는 샤워기나 수도꼭지에 상대적으로 저렴한 필터를 달고 자주 바꿔주는 것이 더 효율적이다. 연수기 필터라고 샤워기 필터보다 훨씬 장기간 쓸 수 있는 것도 아니고 주기적으로 교체해 줘야 하는 건 마찬가지다.

팩트체크 그 후　　인천시는 피해 주민들에게 총 63억 원의 보상금을 지급하기로 했다. 집단소송에 나선 주민도 있다. 서구 지역 주민 5300여 명은 잘못된 수돗물 행정에 경종을 울려야 한다면서 1인당 20만 원씩 손해배상을 청구하는 집단소송을 제기했다. 인천 청라 지역의 주민들도 별도의 집단소송에 나섰다. 인천시가 수질 정상화를 선언한 뒤에도 붉은 수돗물 사태의 여진은 계속되고 있다.

앞서 연수기 홍보 블로그에 올라왔던 사진은 엉터리로 드러났다. 인천 서구의 붉은 수돗물 사진이 아니고 2017년 경기도 성남시의 가정집에서 녹물이 나온다는 한 언론 보도에 실린 사진이었다. 성남 녹물이 인천 녹물로 둔갑되어 있었다. 연수기 글은 영업용이라는 심증이 물증으로 굳어졌다. 일부 언론도 경기도 성남의 녹물 사진을 인천 서구의 붉은 수돗물이라고 보도하기도 했다. 팩트체크의 기본은 의심이라는 것을 또 한번 배운다.

지은이

박세용

2005년 SBS에 입사했다. 사회부, 정치부, 8뉴스부 등을 거쳐 2016년 12월부터 3년간 팩트체크 '사실은' 코너를 취재 및 진행했다. 〈토요 모닝와이드〉 앵커를 맡은 바 있으며, 2018년에는 SBS 기자협회장을 역임했다.

19대 대통령선거 후보들의 발언을 정확히 검증한 점을 인정받아 2018년 3월 한국언론학회와 서울대 언론정보연구소 SNU팩트체크센터가 주는 제1회 한국팩트체크대상에서 대상을 수상했다. 또 '전두환 회고록'을 연속해서 팩트체크 보도해 이듬해에는 제2회 한국팩트체크대상에서 우수상을 받았고, 한국기자협회가 주는 '이달의 기자상'을 수상했다. 이어서 일본 방사능 문제를 과학적으로 정확히 팩트체크 해 2020년에는 제3회 한국팩트체크대상에서 다시 한 번 대상을 수상함으로써 팩트체크 분야에서 국내 최고 권위의 상을 3년 연속 받았다.

팩트체크의 정석
사실과 거짓은 어떻게 판단하는가

ⓒ 박세용, 2020

지은이 ∣ 박세용   펴낸이 ∣ 김종수
펴낸곳 ∣ 한울엠플러스(주)   편집 ∣ 신순남
초판 1쇄 인쇄 ∣ 2020년 6월 18일   초판 1쇄 발행 ∣ 2020년 6월 25일

주소 ∣ 10881 경기도 파주시 광인사길 153 한울시소빌딩 3층   전화 ∣ 031-955-0655
팩스 ∣ 031-955-0656   홈페이지 ∣ www.hanulmplus.kr   등록번호 ∣ 제406-2015-000143호

Printed in Korea.
ISBN 978-89-460-6915-2 03070

* 이 책은 한국언론진흥재단의 저술지원으로 출판되었습니다.